彳亍躓頓七十年

——恰似末代武士的一生

葉啟政◎口述
何榮幸◎執筆

兩三個月大（1944 年）

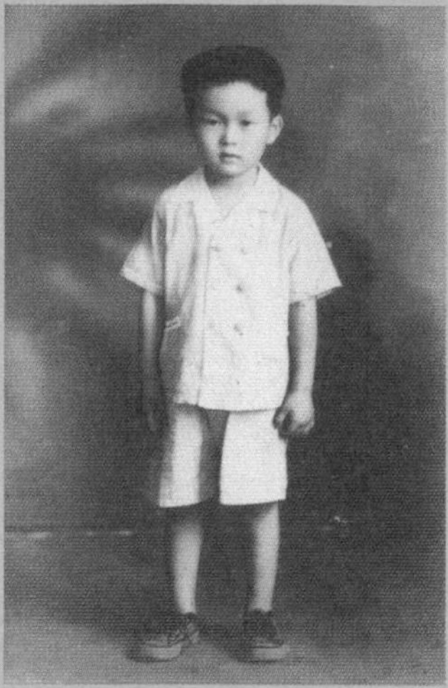
四歲（1947 年）

初中畢業前（1958 年）

高中畢業前（1961 年）

前頁照片中的建築已經在新竹市北門街與世界街交界矗立了一百多年，如今依舊。我在這兒出生、過的只是最早的十六年光陰，但，怎麼說，畢竟是我生命的源起地。裡面曾經有過的一燈、一桌、一椅，乃至一磚、一瓦或一擺設，飄盤在記憶裡或許是輕盈，但卻也是厚重的，尤其是那與母親一齊承擔的許多悲傷經歷。源起總是擁有著莫以名狀的魔喚力，呼喚著記憶的魔靈，在兒少時早已把我的情感攝走了。這是我飄泊一生中認定的唯一的家——靈魂最終歸宿之永恆不變的「家」。

這些照片如果沒有擺在一齊，或許難以相信這些相片刻畫著同一個人。相片是表象，卻是刻畫著靈魂的一種微分形式。不管生命是線性的單行道或一再的循環，微分形式是一個「點」，濃縮著存在。是的，不斷地受到歲月的滲透和侵蝕，表象老化，以至變形，但，再怎麼說，卻未必奪得走靈魂的純淨——一種相同的永恆回歸。

1990 年代，攝於中央研究院

任教於世新大學（2009 年）

大學畢業前（1965 年）

研究所畢業前（1967 年）

服預官役（1968 年）

一九八三年四月間在時任香港中文大學人類學系之喬健教授（前排右一）的籌劃下，舉辦《中國文化與現代化研討會》，邀請海峽兩岸的學者。這劃開了自一九四九年以來隔離的帷幕，兩岸人文社會學科的學者開啟了接觸的機會，意義非凡。參與的台灣學者有台大心理學系的楊國樞（二排右三）與黃光國（二排左二）、時任中央研究院民族學研究所的李亦園（三排左三）、莊英章（三排左四）、文崇一（三排右二）與蕭新煌（三排右三）、台大人類學系的芮逸夫（一排右三）等教授以及我（二排左四）。來自中國的則有四位，我還記得三位，分別是北京大學哲學系的張岱年（前排右四）、中國社會科學院的費孝通（前排左四）和趙復三（前排左三）等教授。中文大學本身出席的教授，我認得出來的，除了喬健先生與校長馬臨先生（一排正中間）之外，有社會學系的金耀基（前排左二）與李沛良（二排右四）、人類學系的王崧興（三排左一）等教授。其他的則是來自時任夏威夷大學人類學系的吳燕和教授（二排右二）、加州大學聖塔芭芭拉校區政治學系的劉平鄰教授（二排右五）以及新加坡大學社會學系的郭振羽教授（三排右一）。在此，我想特別提到，來自中國社會科學院的趙復三先生時任副院長，可謂是一位高幹。這位先生眼神內斂，看起來精明能幹，臉掛笑容，但話不多，相當有親和力。當時，我還以為是中共官方特別派來的「監督人員」。直到一九八九年六四事件發生後，我才明白他原來是一位可敬的知識份子——因強力批判中共當局而流亡海外。顯然的，當時，我看左了眼，抱歉！

對台灣的學者來說，能夠有機會到英國牛津大學（一九八二—八三年）訪問一段時間，以及到美國維吉尼亞大學擔任客座教授一年（一九八七—八八年），都可以說是特殊的緣份。牛津令我難忘的當然是到處可見的典雅細緻古蹟，總是引動了歷史的幽思，那充滿書香且琳琅滿目的布拉維爾書店（Blackwell Bookstore）更是常令我流連忘還。但是，最令我懷念的還是那裝潢簡單但古樸的談天咖啡廳（Chitchat），午後一杯英式紅茶與一份英式鬆餅，總是叫人有著詩意的滿足。維吉尼亞大學，最令我難忘的，是那特殊的傑佛遜式圓頂建築，冥冥之中似乎可以感覺得到傑佛遜的幽靈依然站在遠處的曼第伽羅山頂上拿著望遠鏡監督著工人蓋校舍一般。

1987 年於維吉尼亞大學

1983 年於牛津大學

雖然我不是喜好追求名譽的人，中間也經過一些波折，但是，台灣大學願意給我講座教授的頭銜，畢竟還是一份值得珍惜的喜緣，在此留個照片紀念，並表示謝意，或許是應該的。

二〇〇六年至二〇〇七年之學年度是從台大社會學系退休前授課的最後一年，我決定開授一門課來講授我自己的思想，以圓我一輩子的願望。儘管，相當諷刺的，這是我整個學術生涯這樣地開課的第一次，卻也是最後一次，但，怎麼說，都是令我相當珍惜的學術饗宴。我特別感謝參與這個課程的學生，他們豐富了我的學術生命，但願，在這中間可能造就出一些未來的社會思想家。

自序 1
前奏 一個不確定島嶼社會的不確定時代 5
第一章 被撕裂的土地 9
第二章 走上學術之路 41
第三章 台大社會系三十年 87
第四章 書生論政與社會實踐 141
第五章 知識份子的風骨 195
附錄 臨別前的告白 239

自序

從世俗的眼光來看，我這輩子沒有過什麼豐功偉業，既沒錢、沒名，也沒權，對社會，談不上有任何說得上口的貢獻。這絕不是謙虛客套的話，打從心底，我就認為自己是一個平平凡凡的人。若說有什麼比上不足比下有餘的話，那頂多也只不過曾經是台灣最高學府（台灣大學）的社會學教授，如此而已。我知道，許多人認為，能夠當上台大教授本身就是成就；但我可不這麼認為，因為能夠在台大當教授的，雖說未必如過江之鯽，但是從創校至今，少說也有上萬人！單就數量來說，就一點也不稀奇，何況，在台大教授中，我也只不過是平常得不能再平常的教書匠，三十幾年下來，從沒擔當過什麼要職，也沒獲得什麼了不起的特殊榮譽。

人們總是認為，只有「成就者」（至少像郭台銘這樣的人）才有資格寫回憶錄這樣的東西，這是世俗功利主義的想法。我認為，這樣的想法不健康。回憶一生，並不是單純為了以記流水帳的方式記載自己有過多少豐功偉業，對社會有怎樣的貢獻，可以是寫下自己對一輩子經歷的感想，讓別人當成故事來欣賞，博君會心一笑，或頂多偶而作為借鏡，參考參考。

因此，任何人都有資格寫回憶錄，把自己當成主角來說故事。和許多人比起來，我這一輩子經歷的既算不得是歷經滄桑，更毫無曲折離奇，說不來婉約動聽的故事。其實，哪個人一生之中沒有一些波折？這麼說來，我整個生命過程所經歷的一些波折，也就不算什麼了。既然我並沒有什麼驚天動地的特殊生命經歷，寫不成可以感動的故事來吸引人們，那麼，我還想寫什麼回憶錄？理由很簡單，我只是想把對自己這一生所經歷的一些點點滴滴的感受說了出來，如此而已。

蘇珊．史都華（Susan Stewart）在《渴望》（*On Longing*）一書中曾這麼說過：懷舊情緒是一種沒有對象的感傷，是一種渴望，渴望那種不曾真正存在過更完美的過去。這話說得有點道理：假若回憶必然帶有懷舊情緒的話，那麼，回憶就變成一種渴望——以自認曾是事實的過去為基礎予以美化的渴望。這個被美化的過去不是真正的「過去」，而是只存在於當下此刻之「現在」的一種心理空間，它是被建構，也是被投射出來的。倘若有真正的「過去」，那不是回憶所能觸及的，因為沒有人可以完整而如實地回憶整個過去，況且，事實上也沒有必要。人們要的是讓記憶經營起來的「過去」成為一個符碼粗模，然後，隨著當下此刻的心思與情緒細細雕琢。於是，曾經可能是多麼悲悽、傷感、哀痛的經驗，回憶起來都有一種莫以名狀的美好感覺，因為，美好完整的悲悽、傷感或哀痛成就的，是一種充塞著滿足感的經驗，本質是愉悅的。這或許顯得有點自殘，也有點自虐，弔詭得很，但正是這樣正負情愫交融的心理感受，讓回憶總是充滿幻想的喜悅湯汁，卻又有「事實」作為湯底的踏實感。我始終認為，這正是生命讓人感覺得到美妙的地方，令人不得不珍惜。

我並沒有期待讀者分享著我這樣的回憶情趣，因為這需要親身體驗作為底蘊，原本就難以完全同情感受到的。寫這樣的東西，本就有為自己的一生整理出一個思緒，一個可以讓自己感動的自我感知，說著：「喔！這原來就是我的一生」，倒也未必如尼采的《瞧！這樣一個人》（*Ecce Homo*）那麼囂張自得。

在這兒，我並沒使用花稍、眩惑的語言，僅以平鋪直述的方式，憑著記憶，把我經歷一些事情時的心理感受說出來。因此，重要的毋寧是心路歷程，在確實的人、時、地、事、物上面，或許有時可能會有失真與誤置之虞，但這也就變得不是那麼重要了。當然，一旦有失真或誤置的地方，就實事求是的倫理立場來說，應當道歉的。這，我會做的。

我的故事確實是平淡無奇，沒有什麼明顯高低潮的起伏。作為作者，我頂多只是期盼著，萬一讀者有機會邂逅了這本書，就把它當成是一個人敘說著一些極可能同樣發生在你自己身上的事。然後，你看看他是怎麼感受、怎麼想著的。倘若，有幸能夠點燃起些微共感共應的分享感受，那也就足夠了。

我想寫這本書已是許多年以前的事，事實上我也早已寫了一些，總是因為許多事的耽誤，也一直以為還有時間而拖延下來。後來，台灣大學政治學系的石之瑜教授有個有關台灣研究「現代化」學者的口述歷史計畫，把我列入受訪者名單之中，在二〇〇九年底由朱元魁先生負責連續訪問了四次，並整理訪問稿。在此，特別感謝石之瑜教授，更是感謝朱元魁先生，忍受著長時間平淡無奇的錄音訪問，因為我有幾次看到他在我面前因疲勞、也因無趣而不自主地打起盹來。

二〇一〇年，稿件交到我手中後，我曾經動手修改，而且也修改了一大半。但是，一則由於忙於寫書，二則因為開刀過的頸椎無法支撐久坐的姿勢，動過白內障手術的眼睛也無法久盯著電腦螢幕，以至始終難以竟全功，而這一拖就是兩年，對石教授深感抱歉。

在二〇一二年間，我曾向過去的學生、現今任職台大台灣文學研究所的蘇碩斌教授提及此事，他鼓勵我早早完成，鑑於我的身體狀況，他建議我口述，然後找個人執筆來撰寫，我只負責最後的修改。我覺得他這個建議相當踏實可行，於是就找了我過去任教台大社會學系時教過的何榮幸先生執筆，何先生慨然答應，我甚為感激。於是，我把原先朱元魁先生整理出來的訪問稿（我已修改過大半的修訂稿）交給何先生參考，他閱讀過後，再重新擬定一些問題，分了許多次進行訪問，並找來邱彥瑜小姐負責把訪問內容逐句轉為文字，耗費不少心力寫出了初稿。所以，這本書得以付梓，何先生的功勞最大，十分感謝。

當然，我也感謝遠流出版社的吳家恆先生，他看得起這本書，在此整個外在環境相當窘困的時刻，仍然願意冒險出版，對我來說，除了感激之外，還是感激。

葉啟政
識於世新大學研究室
二〇一三年一月二十八日

前奏

一個不確定島嶼社會的不確定時代

太陽透出的光，和往常一樣，溫煦的。已經快入冬了，這樣的陽光灑在人們身上，絲絲暖意由心底直冒出來，向著四肢的末端散了出去。這份感覺，和往年這個時份的感覺沒有兩樣，一樣有份承蒙大自然恩寵的幸福感。這一年，在這份略帶喜悅的感覺中，似乎多了一樣說不上口的不自在與不安心，牽出的是絲絲苦澀的悲悽。這份悲悽卻又好像與自己隔了一層薄薄的膜，沒那麼真實。逼著自己認真一點兒去感覺，悲悽的感覺，可又老老實實地由心底汩了出來。原來，這個世界已經有了很大的變化；又是一次的改朝換代，時代改變啦！只是，這一次，不但統治的主子換了，而且幾乎所有一切都換了。

就在這一年，西元一八九五年、清光緒二十一年、或日本明治二十八年的五月八日，日本代表伊藤美久治和清國代表伍廷芳，在中國山東省煙台市交換批准書，台灣正式割讓給日本。五月二十八日，日本政府任命陸軍上將樺山資紀為台灣首任總督，兼任接收台灣的全權代表。樺山率領日本軍隊，於五月二十九日從三貂灣的澳底開始登陸，對反抗勢力展開了征服的工作，一直到了十月底才告完成。台灣終於被轉入日本人的手中，開始為期五十年的另一種命運。

雖然說主子換了，底下的奴才可還是和以前的差不了多少。除了換上了一些新貴之外，大多數在權貴底下幫襯當差的，臉孔依舊，大多老舊得發黃，換湯不換藥嘛！善於阿諛附勢，順風轉舵的，似乎總是能騎在人們的頭頂上；吃香喝辣的，始終是少不了他們。他們就是有能耐討主子的喜歡，當起看門狗的差事，盡責地狂吠著，總懂得適時咬人一口。

一般善良的小老百姓，不管情形是怎麼個樣子，他們是溫順的，以為自己納完糧，結完稅，與官家就可以離得遠遠的，大可自管門前雪，不必去管他人的瓦上霜。只要官家不會時時騷擾，天高，皇帝也就遠了，每日生活能夠圖得清靜，平安過日子，就是天大的福氣。說到底，誰來統治，其實都是一樣。只不過，這次主子的更換，看起來好像與祖宗遭遇到的不一樣。來的主子說的話，壓根兒一句都聽不懂；他們所作所為，樣樣看起來，更是與以往的明顯不同，十分奇怪。這不免令人打從心底深處貼著絲絲的不安，焦慮與悲悽夾纏之情油然而生。

對當時的台灣人來說，只要肯用點心思去想想，都會馬上清楚意識到，把台灣割讓給日本，事實上就是意味著，台灣不再屬於中國了，從此以後，世世代代將為日本人統治，最終成為「日本人」。處在這樣異族統治的情境裡，除了那些因靠攏而得勢，並享有榮華富貴的「四腳阿」之外，人們大概都不會感覺到日子會過得很愉悅暢快，有強烈社會意識的知識份子尤其如此。

繼之而來的，被要求做一連串的改變——改變老祖宗百年傳下來的習慣行為和思想，改變社會關係、改變政治體制，帶來的是一連串壓制性的不平等待遇。這是一種做為二等國民的命運，是在被征服的民族中所常看到的單向宰制局面，比當年英國殖民統治下的印度人還糟糕，因為印度基本上尚由當地人參與殖民統治。這偏偏又是這一百年來台灣人所必需面對的歷史場景。

為了長治久安，來自異族的統治者總是處心積慮，希望把被統治者原來的文化（尤其被認定是低劣的文化）一一刨除。這樣對原有文化的根柢加以刨除，努力以殖民國的文化基調來稀釋，最後進而取代，對於蓄意把奪來的土地正式納入母國版圖的外來統治者來說，原本是可以理解的統治術。然而，對於原本具有相當悠久歷史文化傳承的人來說，在不得已的情況下放棄自己心靈底處原有的價值、信仰、態度、行事模式或風俗習慣等等，這不僅嚴重傷害了集體尊嚴，無形中也摧毀了集體認同的基本根柢，無疑是痛苦的挫敗經驗。

不過，話又說回來，日子一久，嶄新的世代出現了，祖父與父執輩的文化和歷史挫傷感，總是隨著時間流逝逐漸淡化，更是隨著殖民教育的推動而消散。也就是說，儘管，日本人的統治是異族的統治，本身一開始就帶有壓迫性，老百姓內心可能引起的反感，原本是可想而知的。可是，一旦統治延續下去，日子一久，最後的結果勢必是在子孫中某一代的身上開始看到了他們與祖先原來的歷史和文化傳統臍帶根源遠離，甚至完全切斷了。情形或許就如今日的琉球一般，文化上已幾乎完全為日本同化，成為日本文化的一部分，同時，人們也向日本認同，變成大和民族的一支。

然而再怎麼說，經歷這樣被整個大時代改頭換面的命運總是傷感、悲悽，也是無奈的，應當不會有人渴望擁抱它。悲哀的是，沒有人有能力拒絕大時代帶來的無情命運，面對著大時代的命運，個人是相當渺小的，唯一能做的，或許只是為自己設定一個基本信念，以強烈的意志盡心盡力地貫徹，即使只是一小點點，也可以。至於，能否完全如願，只能委之天命了，說來，這正是台灣人的宿命。

歷史有太多的意外，老天總是喜歡和人開玩笑，也似乎想考驗一代代的台灣人，讓他們再次處於不確定的狀態之下，看他們有什麼能耐來為自己尋找到突破點。日本人野心太大，不自量力地發動戰爭，到處挑釁，到最後，還得把已經咬著的一塊肥肉吐出來，台灣的歸屬有了易動，再次換了主子。令人特別傷感的是，這個易動十分不安份，一直到今天為止，我們還無法完全確知前途會是如何？難不成得再次換主子？

世界會是如何，我不知道；台灣人將遭遇到怎樣的命運，我也不知道。是的，一切尚充滿未知數，但我確知的是，我這一輩子就是活在這麼一個不確定社會的不確定時代，生命總是被圈在充滿未知的歷史泡泡之中，焦慮期待著，百般無奈。過去所做過的種種努力，有可能成為泡影，一切還得從頭再來過。

這是生活在不確定社會之不確定時代裡的台灣人的宿命！

我，作為台灣人，看起來，只有接受尼采的善意建議了，學習去擁抱它、熱愛它。

底下，就讓我開始說些我這一生遭遇到的故事吧！

第一章
被撕裂的土地

活在文化夾縫中的三代人

在歷史上，很少像我或比我更年長之一代的台灣人一樣，祖孫三代剛好成長於三個不同的朝代。我的祖父生於清朝統治時期，而於日本殖民時期過世；父親生於日本大正時代，並歷經國民黨統治；我雖生於日治時代，但兩年後就在國民黨統治下成長。說來，台灣人數百年來的命運，就是在不斷改朝換代的文化夾縫中走向未來。

我在新竹州新竹市（也就是今天的新竹市）的北門街出生，當時日本已統治台灣四十八年，西方是一九四三年，中國是民國三十二年，台灣則是昭和十八年。兩年之後，日本戰敗，台灣被判歸給中國統治，這塊土地再度易主。

我的祖先來自中國福建省同安縣轄下的一個小村莊，至於是哪個村莊？來台之後我是第幾代？我自己都說不上來。小時候曾經在父親手邊看過祖譜，但事隔幾十年，已不復明確記憶，如今這本祖譜更是不知去向。若真要追查，其實並不困難，但我的親屬觀念和鄉土認同感並不是那麼強烈，實在沒有追問的動機。

日本人統治台灣後，給當時的台灣居民（特指由中國移民來的漢人）一段時間，讓他們想一想自己的去留：一、自由離開台灣；二、用外僑（即清國人）的身分繼續居留；三、以日本子民的身分，做為新領地的人民。

當時大部分台灣人選擇了第三種身份，因為他們早已在此地生根，異鄉已經成了故鄉，不願再次離鄉背井，面對更多不可知的命運。我的祖父葉文游就是如此，他向現實妥協，選擇繼續居留在新竹，安心當起順民，也讓後代變成日本人。

但是，還是有些台灣人難以放棄原本的國土與文化認同，不願意當「亡國奴」，因此變賣財產回到中國原鄉。例如我的伯祖、前清秀才葉文樞，原本在新竹開館授課，就因不願接受日本統治，舉家遷回中國老家。他的兒子，即我的堂伯葉國煌，後來還在廈門大學中國文學系當教授。一九九二年我到廈門大學訪問時，一時興起，還向該校教授查問此事，證實堂伯確曾在該校任教過。他們問我需不需要替我查詢堂伯子孫的去向，但我並不積極，也就作罷。根據記錄，雖然我的祖父後來曾經回到福建遊歷，拜訪過伯祖，但是，看到民間種種的「慘景」，還是決定回台灣來，即使過的是被殖民的生活。倒是我的伯祖，在祖父殷勤邀請下，跟著祖父又回到新竹來，借居我家，成立私塾，重持教鞭傳授起「漢學」來。當時，新竹許多仕紳家庭的子弟都是伯祖教出來的學生。總之，祖父與伯祖的不同選擇，整體勾勒出日治初期台灣人的一種生存夾縫處境。

我的祖父出身地主階級的仕紳家庭，原本準備參加科舉以求功名，但還來不及應考，在他十三歲時，台灣就被割讓給日本了。面對新來的陌生統治者，除了做個悠閒「吃租」的地主仕紳之外，恐怕也沒有其他發揮的空間。

根據祖父留下的文字記錄和長輩描述，他天天吃的是閩南式的菜肴，喝福建茶，過著典型台灣仕紳的日子。我發現，祖父讀的都是中國傳統的書籍，如鄭板橋的詩集，《三國演義》、《聊齋誌異》和可能是當時流行的小說《花月痕》等等。總的來說，以詩集為最多，奇怪的是，卻沒看到過有四書五經之類的「嚴肅」書籍。同時，從祖父留下來的筆記，我發現，儘管他也學習日文與英文，還自學代數等等「新」知識，但是，看起來純粹是玩票性質，學得並不是那麼有勁用心。他用毛筆來記載日文與英文字母，以及簡單的代數公式，最令幼小的我覺得不可思議。

祖父雖選擇當日本順民，但他與新竹地區文人成立詩社，吟詩填詞，蒐集古玩，還曾參加報社舉辦的詩作比賽得到全臺冠軍的頭銜，接受台灣總督的召見。這一切顯得，新來的日本統治者，似乎與他的實際生活一點兒關係也沒有，日本文化更走不進他的世界，他還是繼續生活在滿清時代的中國文人世界之中，悠遊自在。

我的祖母名叫曾嫦娥，更是始終活在滿清時代裡。她並沒受過教育，看來應該是不識字的，直到日本戰敗、國民黨政府統治台灣多年了，她過的日子仍跟年輕時代一模一樣：抽吸鴉片、到戲院看「大戲」（歌仔戲）、穿著清代的閩南式衣服、頭上依舊綁著鑲塊綠玉的黑頭巾。

一直到現在，我都還記得鴉片燒起來後滿屋子的香味，稱得上一種特殊的芳香。我還記得，抽菸桿子的裝飾很精緻，桿頭部分用銀鑲著，桿上配有玉石，桿尾嘴吸的部份，也鑲有金屬片，是銀是銅，還是其他的金屬，我說不上。當時鴉片很貴，據說貴的時候，一兩鴉片就是一兩黃金，但家裡那時候似乎還付得起，因為不只祖母自己抽鴉片，她兩個外甥也跟著在我們家抽。當時，我母親告訴我，他們在家裡當食客之外，每個月我祖母還給零用錢呢。

我那時不懂抽鴉片是壞事，只知道會被送到戒勒所，日治時代雖然官方禁抽，但大戶人家送點錢給警察就可以照抽，光復後情形亦復如是，國民黨政府哪管得了那麼多，你付得起就抽嘛。有一陣子我父親也抽，還好他沒有上癮，我祖母則是上癮了。我記得很清楚，因為長期抽鴉片，她那幾根用來握煙桿的手指頭，都被薰得黃黃的。

祖母去看戲時都是包場的，以前歌仔戲團一來，一演都要至少一個月，京劇團也是如此。譬如，演出三國演義時，總是至少從劉關張桃園三結義或呂布鳳儀亭私會貂蟬，一直演到關公敗走麥城或顯靈，所以大戶人家都是先訂好長期票，安排相同的位置。我祖母看戲時，一定帶著丫環，位置總是前排比較好的座位。據說，她只要看到喜歡的戲子出場，就立刻站起來，把錢往舞台上灑。大家都知道，這是葉家的四奶奶，因為我祖父先後娶了五房妻子，祖母排第四，所以叫四奶奶。而且，也因為祖母皮膚白皙，鼻子挺拔，有白種人的樣子，所以，有人稱她「阿督阿」（台語發音）娘娘。就此，我懷疑祖母那一邊有阿拉伯人的血統。我所以有此懷疑，是因為我與我大妹血液的 RH 值都是「負」的，而這多見於高加索種人，蒙古利亞種人可以說是甚少甚少的。

或許是受到祖母的影響，父親也喜歡看戲，不過看的是京戲（平劇）。我從小就跟著他去看，也是一看就是連演一兩個月的整齣戲。因此，有一段時間，我幾乎每個晚上都會跟父親去看戲。說來，那個年代的大戶人家就是這樣過日子的，這是許多與我同世代的台灣人可能不會有的特殊成長經歷吧！這個以演歌仔戲為主的戲院，離我家不遠，座落在靠近城隍廟的長安路上，當時叫新華戲院，後來，歌仔戲沒落，才改演電影，戲院也更名為中央戲院。經過了幾十年的變遷，現在還在不在，我就不知道了。

以今天的標準來看，新華戲院的設備是相當簡陋的。不過，到現在，我仍依稀記得整個戲院所營造的氣氛，更有一份難以名狀的溫馨懷念。一排排木頭長條椅子，椅背上方釘有一串打洞的板子供觀眾置放茶杯，開場前，觀眾可以點茶，服務員則手提包裹著一層厚帆布的大水壺，在觀眾席中穿梭著，不時添加茶水。不添水時，他則兼賣起瓜子、花生米、蜜餞零食，在我的印象裡，夏天好像也賣著冰棒之類的。所以，整個戲院倒比較像個小市集，地板一直都是散佈著瓜子殼、花生殼、蜜餞核等等，十分髒亂，但是，大家似乎都視若無睹，習以為常。

看戲時，觀眾看到精彩處時就吆喝，要求再唱一遍，或鼓掌叫好，當然，也有人跟著哼唱起來。在看得乏味時，不耐煩的，就與身邊的觀眾聊天，什麼都談。這樣的劇場場景說起來比較像個菜市場，或者說，一種嘉年華會的場景，觀眾跟演員仍然保有著一定的互動空間。這讓我想起俄國哲學家巴赫汀（Mikhail Bakhtin）在描繪十六世紀作家拉伯雷（François Rabelais）的《賈剛大與潘大魯》（*Gargantua et Pantagruel*）（台灣譯本稱為《巨人傳》）時所呈現的眾聲喧嘩場景。

來自西方之理性化的現代劇場，講究的是觀眾與演員的絕對隔離，演員是經營整個場域的焦點中心，因此，只有舞台上有燈光、聲音與動作等等，坐在觀眾席上的觀眾，被要求安坐在黑暗裡肅靜地觀賞著舞台上的表演，所有心理的情緒感受必須予以控制，只能在有限的適當時段才可以宣洩，而且是有限度的宣洩。在這樣的情形下，演員與觀眾基本上難有營造共感共應之情緒交流的機會。套用英國社會學家愛里亞斯（Norbert Elias）的說法，這即是所謂「文明化」的現象。我幼年所經驗像菜市場或嘉年華會的劇院場景則不一樣，我們看到的劇院比較像是一個營造人們互動的空間介體。人們到劇場看戲，說來比較像是一個名義或藉口，重要的是，藉著劇情故事、演員的演技與唱工、佈景、觀眾席的安排等等，讓人們有著營造某種程度之共感共應之情緒交流的機會，得以陶醉在眾聲喧嘩的感應氛圍之中。這體現的是人類的初始社會常見到的集體亢奮與感應的場景，一切沒有明確的分化，也不需要、不希望是分化的。讓整個情境有意的混沌化，加上有機會產生情緒的共感共應，讓人有機會參與共享歡愉的遊戲，而非只是做壁上觀的冷靜「他者」觀眾。我總感覺到，這是另一種帶著原始野性的「文明化」過程，與理性化的現代劇場場景比起來，並不見得不「文明」，至少比較溫馨，有人情味，不是嗎？

祖母不只抽鴉片，還抽香菸，菸癮還蠻重的，她最常抽的是幸運牌（Lucky Strike）的香煙，不過，有時也抽駱駝牌（Camel）洋菸。我後來到美國讀書時才知道，駱駝牌在美國香菸裡面口味算最重的。其實，在那個時代裡，女人抽菸是少見的，甚至被認為是不正經的。我祖母出身並非紅塵，雖非書香名門，但至少也是小家碧玉，何時染上抽大煙與香菸的習慣，我就不知道了。後來，我發現，有一個姑姑（父親的姐姐），還有外祖父的兩個妹妹（也就是我的姑婆）也有相當大的菸癮，或許，當時，這是富家小姐的時髦表現吧！這，我就不得而知了！不過，我那兩個姑婆，倒是當時新竹赫赫有名的兩隻「黑貓」（台語發音，即相當時髦的小姐，男的則稱為「黑狗」）。

當年家裡來來往往的人很多，不時有食客，這恐怕是當時之「大戶」人家常有的情形吧！我印象最深刻的是，有位福州婦女常到家裡來兜售玉石、鐲子、朝鮮人參、中國藥材等等。她來的時候就會叫我一聲「小少爺」，總是在家裡磨蹭一大陣子，甚至晚上會安哄我入睡。諸如此類生活上的小事，如今回想起來，總叫我內心起了一種難以言狀的奇妙感覺，有點古典，像《紅樓夢》中描繪的場景。

祖父在四十四歲那一年的端午節（後來也是詩人節）當天，到十八尖山去作詩，回來吃過一顆大粽子，即因為腦動脈破裂，隨即過世。當時父親才三、四歲，我自然是從沒見過祖父的。祖母則活到五十多歲，晚年眼睛因白內障而致失明，她整天坐在大床上，常常要我過去摸摸抱抱，口中總叫著我這個長孫「金孫」。祖母過世時，我八歲左右，已經有足夠的記憶，至少可以從她的身上，拼湊出祖父母那一代台灣人活在兩種文化夾縫中的一些零碎圖像。

父母親的心靈世界

我的父親葉國鋏生於大正十二年，日本統治台灣已有二十八年了，從小就是接受著日本的領地教育。他和祖父這一代台灣人一樣，都橫跨兩個政權與朝代，也都是在二十歲上下逢遇改朝換代的變局。可以理解的，祖父母這一代的台灣人對於中國可能還有著濃厚的原鄉認同，到了父母親這一代，已逐漸喪失了瞭解原鄉的現實機會與興趣，更難以形塑如祖父母輩身上常見較固著的認同意識。縱然有，也是相當曖昧、乃至是微弱而易變的。尤其，後來因為有了國民黨政權種種惡形惡狀的作為相比較，他們對過去的日本殖民國，反倒存有著一份說不出的好感與追念。

我只知道，父親當年是從新竹到台北就讀台北私立高中（即今天的泰北中學），完成高中教育。之後，曾經到日本早稻田大學所屬的專修班學習音樂，停留時間應當是很短暫，回台後進了新竹州政府工作。由於年幼喪父，父親自小即由祖母帶大，家裡環境相對富裕，加上父親又是長子，受到溺愛自是可以理解。雖非游手好閒的紈絝子弟，但是，受寵的父親卻有著富家子弟常見到之那種經不起挫折的個性弱點。尤其是他承繼了祖父作為詩人的藝術家浪漫氣質，情感豐富而易脆，一旦面對現實生活壓力的挑戰，立刻就顯得無法承擔和應對。說來，這是他一輩子過得相當辛苦，命運坎坷而乖戾的關鍵所在。

在這兒，讓我先回到有關父親的國族認同問題上面來。小時候，父親曾向我敘述日本戰敗後國民黨政府來接收台灣時的感受。他說，一九四五年日本戰敗國民黨部隊來台接收時，他感到十分興奮，還自掏腰包購買火車票，特地從新竹搭火車趕到基隆海港碼頭，迎接第一批來台接收的國軍。由此看來，他對中國原鄉似乎還存有一份難以言狀的情愫，對即將來統治的「祖國」存有著某種的幻想和期待。好些年之後，我在一堆資料中找到一些父親當時（一九四九年左右）所作的問卷調查表，調查主題是回歸祖國後人們的看法。他怎樣處理這些問卷，我不知道，而且我當時尚年幼，也無能力知道。但是，無論如何，這讓我不得不感佩父親的「前進」，也由此感受到父親對政治與社會事務的熱衷。

父親說，當時他看到從船上魚貫下來的國軍陣容，立即肯定國民黨政權，認為難怪會打贏日本人。他所以會有著這樣的印象，那是因為他看到的軍隊是一支相當特殊的部隊——孫立人領導的青年軍。當時青年軍是從全中國具高中程度以上的青年人中網羅來的，教育程度較高，訓練精良，加以全是美軍配備，軍容整齊，軍紀也比較嚴明，自然是堪與日本軍隊相比。但是，父親其後在新竹看到陸續而來的國軍時，令他感到震驚訝異，因為跟他在基隆港所迎接的青年軍完全是兩個樣子。我推想，他在新竹看到的應該是陳儀的部隊，這些阿兵哥穿著邋遢骯髒，腳上穿著的是草鞋，背後還插著雨傘、腰間掛著搪瓷飯缸，行走之間不時發出鏗鏗鈧鈧的吵雜聲音，軍容亂七八糟，而且委靡不振。對這樣的景象，父親感到很意外，使得他開始對新的統治者有了疑慮。

更令人失望的是，新竹國軍開始跟本地人有了接觸之後，從語言溝通，到生活習慣、處事方式與一般社會認知的文化表現等等上面，都因為有所不同而不斷帶來摩擦。聽父執輩談得最多的，莫過於是軍人買東西經常不給錢，甚至還端出槍來威脅店家。其實，以當時社會文明程度而言，台灣是比中國先進多了。

諸如電力普及、自來水的設施、街道整齊、完整的國民教育、人民有秩序且守規矩、社會治安良好等等，都是比中國大陸「先進」。當時，國民黨軍隊中許多的士兵都是從中國各省的窮困鄉下出來的，既沒受過教育，甚至連電燈與自來水之類的現代設備都沒有看過。

我在陸軍總部服預備軍官役時，同辦公室的士官長就曾經提過他所經歷的一些糗事。一九四九年他隨國民黨政府撤退到澎湖時，聽說台灣的香蕉很好吃，於是買了一串，竟然連皮一起吃，因為味道澀口，還怪店家給他品質差的香蕉。此外，他還買了冰棒，一直用口吹氣，因為冰棒一直冒煙，他以為很燙，吹氣讓它涼下來，結果冰棒融掉了，什麼也吃不到。凡此種種令人感到啼笑皆非的事，可以從一九五〇年代牛哥所繪的《土包子下江南》、《牛伯伯打游擊》或《老油條》等漫畫中看出一斑。在此，我無意貶低當時中國大陸的生活環境，以為是「落後」，我想說的是，無論就物質條件、文化表徵或人們的生活習性來說，當時的台灣與中國有著相當程度的差距。這個差距是促成後來族群之間發生摩擦與歧視的重要條件，儘管這不是唯一的，甚至或許也不是最重要的。

總之，撇開政治上所體現之「殖民」般的統治所帶來的積怨不談，單單文化上的差距，就足以讓舊有與新來的族群（特別是外來統治者與本地被統治者）之間產生摩擦，帶來怨懟心理。過去，台灣人譏罵日本統治者為狗，當時，則把新來的國民黨統治集團譏罵為豬。根據我後來修習動物心理學得來的知識，其實，在諸種動物中，豬的智商是相對高的，但一般台灣人總是認為豬愚笨，而且是懶惰、骯髒的。日本人重秩序、愛乾淨，甚至有潔癖，是舉世聞名的。經過日本人五十年的統治，台灣人（特別是中產階層以上的）被調教得也喜愛乾淨、強調秩序，而許多台灣人認為，這恰恰是大多數新來「外省人」最欠缺的，所以，也就譏笑外省人為豬了。

毫無疑問的，這樣對所謂的「外省人」與日本人的認知，是最典型的刻板印象，充滿著以偏概全的偏見。當年許多台灣人對「外省人」具有如此一般的特殊認知與態度，情形正如許多「高尚的外省人」看不起台灣人，認為他們是粗鄙的一般。在認知與感受上，這樣的主觀偏見與歧視，為族群之間埋下了諸多矛盾、猜忌與誤解，摩擦自然難免，二二八事件會爆發，也就不會令人感到訝異了。

父親還提過一件事，令我畢生難忘。第二次世界大戰終結前，父親任職於新竹州政府，日本戰敗後，州政府長官要求屬下把所有檔案、帳冊與戶籍名冊等等整理完備，等待與國民黨政府官員辦理交接。在國民政府官員來接受的當天，日本人特地把這些資料擺在桌上等待點收移交。結果，國民黨派來的接收官員，對這些官方資料根本沒興趣，看都不看一眼，更不用說耐心去點收。他們問的只是金庫在哪裡，立即衝到金庫前，把封條封上。父親說，他的日本長官看了這樣的光景，就直搖頭，帶著質疑的口吻說道：「我們怎麼可能敗給這樣的國家呢？」今天回過頭來思考著這樣的疑問，還覺得蠻有意思的，日本當年到底是敗給誰？

我說了這些點點滴滴的小事情，是想道出當時許多台灣人的心思。父親就曾說過，儘管日本殖民政府後來推動「皇民化」的運動，意圖完全同化台灣人，使之成為日本人的一部份，但是，台灣人終究還是被區辨著，人們實際感受到的還是一種二等國民的感覺，自然有怨懟與不滿的情緒。在這樣的情形下，國民黨政府來接收之前，「回歸祖國」的口號即為許多台灣人編織了美麗的憧憬，認為可以與中國大陸的「同胞」一樣，當個堂堂的「一等國民」。因此，當年許多台灣人對於國民政府是高度期待著，但是，除了在日常生活的互動上所呈現的文化差異之外，國民黨的軍隊與官員的表現，卻一再讓他們感覺到新統治者並不把他們當成「同胞」看待，他們的處境甚至比被日本殖民統治時還糟糕。父親就認為，在日本人的統治下，至少社會秩序良好，老百姓也一定受到善待，不會遭到任意逮捕與處決。但是，國民黨來了以後，情形就不一樣了，於是，許多台灣人由期待與憧憬變成失望，以至於絕望，許多人開始懷念起日治時代的光景。就在這般歷史條件的催化下，許多台灣人（尤其是我父親這一世代）有了曖昧的身分認同問題，對於過去的日本與現在的中國（當然，指的是一九四五年來接管台灣的國民黨政權），同時有著既愛又怨的正負情愫交融心理，這是外省人沒辦法體會的一種複雜心理。

我父親就是持有這樣感受的人之一。他就認為，同樣做二等國民，倒不如讓日本人統治比較安心，而這樣的感受因二二八事件的發生，尤其所謂白色恐怖統治的來臨而更形明顯。由於對祖國認同產生動搖，父親開始懷疑台灣人是不是理所當然地就是中國人，他後來甚至主張台灣應由聯合國交予美國託管，寧願被美國人管理，也不願意被國民黨統治。這無疑只是因為夢想破滅後產生的一種虛幻期待，是不切實際的。

由於對國民黨政權極端失望、絕望乃至厭惡，父親開始抗拒跟中國有關的一切事務，這種抗拒有強烈的政治意識做為基礎。情形顯得特別嚴肅而嚴重的是，一九四五年的改朝換代所製造出來的文化差異與語言隔閡，更是幾乎完全剝奪了父母親這一代與官方社會緊密接觸的機會。首先，除非是曾有居住中國大陸經驗的人們（即台灣人慣稱的「半山」），當時的台灣人基本上是看不懂中文，也不會說、更是聽不懂從中國大陸帶來的「國語」（普通話），更遑論中國各地鄉音迥異的方言。這讓他們無法有著接近官方正統文化的機會，連帶削弱了透過官方管道來爭取向上流動的機會。縱然他們受過良好的學校教育，但現實上卻成為不折不扣的「功能性的文盲」。這種「智障」對知識分子的衝擊尤其巨大，他們與任何具官方色彩的活動或事務，可以說是搭不上線的，中間有一道難以跨越的無形鴻溝。因此，只要是涉及公部門的職業、事務或機會，台灣人基本上是沒有能力和新來的統治者／新住民競爭的，只能在各部門擔任基層的工作。這樣因統治者易主所產生的結構性障礙，對從事自由創作的文字工作者影響特別明顯。難怪，儘管日本人早已完全撤離台灣，許多只能以日文創作的台灣本地作家（如葉石濤、楊逵等人）還是被逼得依舊需要「傾日」——在日本的刊物尋求發表機會。

二二八事件、白色恐怖之後，唯一能夠表達台灣意識、尋求改變的機會就是選舉，所以父親年輕時很熱衷於幫非國民黨候選人義務助選。我記得，當時只要是黨外朋友聚在一起，房門一關就罵國民黨。父親也會帶我去看開票，大家都帶著手電筒，碰到選務單位關電燈故意拖時間，好讓選務人員換票箱作票時，大家就打開手電筒去照票箱。

總而言之，類似的點點滴滴經歷，不斷滲入我幼小的心靈。父親強烈反對國民黨政權的政治意識，也就跟著成為一道難以抗拒的沛然力量，潛移默化地影響著我，深烙在心靈的底處，只是，當時自己渾然未覺而已，等到我察知時，才發現早已根深柢固，強化了我成年以後對台灣的國家定位立場與國族認同態度。說來，我從美國留學回來任教後，在媒體上批評國民黨政權以及不時涉入學生運動，固然是因緣際會的遭遇，但是，幼年以來所累積的政治情緒作祟，應當可以說是最為根本的因素吧！

我無意為父親的政治觀下結論，也無意論斷父親是否對國民黨政權存在著偏見，或對過去的日治政府給予一種緬懷補償性的片面高估，因為這種「事實性」的比較糾結著複雜的民族感情與個人特殊的生命經驗，各種政治立場者總是尋找得到可以自圓其說的立論基礎，著實難有定論，也不宜遽然以道德的口吻予以譴責。不管是所謂「外省人」或「本省人」，也不管男女老幼，更不管是主張統一或獨立，這是今天所有生活於台灣這個島嶼之人的歷史共業。由於各自成長背景的差異，幾個世代以來，台灣人有著不同的國族認同情愫與政治立場。情形顯得特別悲哀的是，絕大部份的人是以無奈的心情來接受這樣的命運，並且經常是以理所當然的心態接受，也強化著自己逐漸被形塑、且已定型的政治意識。他們從來就不會、也不願意嘗試以「同理心」去感受有著不同成長經驗的「同胞」們的情愫，更是不願意以包容的心來與持不同政治立場的人和平共處或溝通。最悲哀的是，他們一昧奉著特定的民族主義為正朔，「義正辭嚴」地譴責著持不同政治主張者為「數典忘祖」，並且勢不兩立。說來，如此一般牽涉到心靈底處之認同情感所呈現之無以妥協的撕裂，可說是這半世紀多以來台灣社會最嚴重、也最棘手難解的問題。

說了這麼多，我想強調的只有一件事：像父親這樣成長於日本文化教育環境中的台灣人，雖然家裡的教育與文化生活方式仍維持了漢民族（特別是閩南人）的傳統風格，但日本官方灌輸的價值、生活方式和行為模式等等，無疑早已成為他心目中的理想文化基調，對任何東西或事物，都會拿這個理想基調做為標準來評比。一旦比較的結果總是感到失望，長期下來就會產生挫敗感，最後轉而變成絕望。

特別令人感到沮喪的是：對父親這一代台灣人來說，最傷感的情況莫過於無法認同國民黨政權極力宣示的國家圖騰。一方面，他們被要求認同這個國家圖騰，有著「正當性」（甚至是「合法性」）的無形壓力。但另一方面，他們在現實上既難以接受，更無法形塑出認同情操。這種雙重的束縛會讓人產生類似精神分裂症者深感左右為難而不知所措的心理困境。在這樣的狀況下，要不離家背井遠走他鄉，眼不見為淨；走不掉或不想走的，就只好讓自己繼續在雙重束縛的矛盾中痛苦掙扎，或想個合理化的藉口來化解。

父親熱衷政治，相較之下，我的母親曾彩雪則相當傳統，她自認是婦道人家，不必、也無法瞭解外面大社會的事情。她活在家庭之中，家庭是她生命的一切。也就是說，在空間上，她脫離了整個大社會，活在一個由親情綿密編織起來的小小社會網絡空間之中；就時間來說，她則活在年輕時代的認知與記憶世界之中，也就是始終活在日治時代，她的生活世界與中國大陸的中原主流文化完全沒有產生交集的機會，因此，對國民黨政權來台後所極力塑造的主流文化，說不上拒絕或排斥，更談不上痛恨，她永遠活在自己的世界裡。至於對國民黨政權本身，在我的感覺記憶裡，母親的基本政治態度當然是負面的，只不過，她不會把它當話題來談論，這恐怕與傳統認為女性不應過問政治的刻板要求有關吧！

雖然母親只受過小學（公學校）教育，能說上一口流利的日語（至少，我是這麼覺得）。我記得小時候，父母親交談大多是使用日語，偶而才夾雜著閩南語。尤其在不願我們小孩子聽到的時候，日語更是他們之間的祕密溝通工具。這個情形一直維持到一九五八年母親逝世為止，那時，日本人撤離台灣已有十三年了。

無論如何，父母親（特別是父親）對國民黨政權絕望之後，在既無法自認是日本人，又不願接受是中國人的兩難情形之下，他們只好把祖先自中國閩南地區帶來的特有文化傳統，定義成為「台灣的」，而不再是「中國的」了。許多像我父母親這一輩在日治時代成長並受教育的台灣人，或多或少都不免懷著這樣的想法。當然，有的人會隨著歲月邁進，尤其不斷接受國民黨政權的教育所灌輸的大中國意識而有所改變，但以「台灣人」而非「中國人」自居者，在我父母親這一輩中為數應該不會太少吧！說來，父母親這一代台灣人所可能分享的心靈世界，或許可以間接用來作為瞭解我這一代台灣人所共享之時代性格與歷史命運的對照點。

二二八事件及槍斃示眾震撼

我在這樣的時代氛圍中，在新竹市北門街老家呱呱墜地。老家是一座當時台灣都會區常見的長條型住宅，一共有四進，幾乎橫跨北門街與世界街交界的整個地段。這棟有著雙店面的房子是我曾祖父蓋的，我祖父分的是靠世界街這邊的，而伯祖一房分的是另外一邊。不過，在我有記憶以來，伯祖一房已遷出，在中山路往香山路上，近天公壇處另外蓋了一片三合院式的大宅院，我小時候常去那兒跟堂兄們玩，也見見喜愛著我的堂伯。

當時已是二次大戰末期，美軍不時發動機群轟炸台灣，新竹市正好是日本空軍的轟炸機基地，因此遭到美軍慘烈轟擊。為了躲避空襲，日本政府要求人民疏散，我們舉家疏散到新竹市郊寶山的佃農家中。

根據母親的敘述，在這兩年間，有兩件發生在我身上的事值得在此一提。第一件事是我們母子兩人差一點死在美軍的機槍底下。

當時，日本政府實施配給制度。有一天，我母親背著我進新竹城內領取配給食物，在往寶山的回程中，大概是到了接近今天清華大學後門的雞蛋面山（地方土名）時，突然空襲警報大作，美軍飛機來進行轟炸。那個地方是一片小山丘，沒有可以掩遮的地方，母親於是只能往地上一趴，但看美軍飛機往下俯衝，有準備掃射的意思。我母親口中直念佛號，想想，「難道我們母子就這樣死在這裡嗎？」結果當然是沒死，否則就不會有這本書了。母親說，當她正想著的時候，飛機機頭拉起來往上升，昂然而去了。顯然，飛行員看到目標竟然是一個婦女背著小孩，起了仁慈心，我們母子的性命也就保住了。事後，據說，我祖母一直口唸佛號，燒香感謝觀音菩薩保佑了我這個「金孫」。這個故事讓我深深感覺到，在戰爭時刻，人的生死真的是決定在一念之間，自己是無法完全掌控的。這或許就是佛家所說「無常」吧！

第二件事是我五姨後來最喜歡一提再提的故事，也是與死亡有關。當時，我外祖父一家也疏散到寶山，所以，兩家一直有往來。我三姨就讀於新竹女高（即後來的新竹女中），每天都得帶便當進城上學。我五姨說，我每次都拿著一個小碗走到三姨面前說：「阿姨，給我一點飯。」在當時能夠吃到乾飯是一件了不起的事。據說，三姨總是會挖一點分給我。或許，因為食物嚴重缺乏，我到處亂撿東西吃，結果，把肚子吃壞了，腹瀉不停，差一點就死掉。當時，有個醫生也疏散到寶山，我父親抱著我去看。這個醫生名叫周炳煌，是當過台灣大學附屬醫院副院長、神經科主任之陳榮基教授的岳丈，也一直是新竹中學的校醫。我記得就讀新竹中學時，有一次到醫務室看病，巧遇周醫師，他還記得我小時候這件事，說著：「啊！已經長這麼大了。」

回到正題，當時，周醫師告訴我父親，「小孩瀉得這麼厲害，要不要冒下險試一試一種剛出來的新藥？不過，很貴。」我父親想想，小孩已經病成這個樣子，只好死馬當活馬醫，就冒險試試吧！藥吃了，果然好了。這是當時美國剛發明出來的盤尼西林特效藥，竟然在處於邊陲的台灣地區找得到，神奇！

我所以特別提及這件往事，是有因緣的。一九六八年我在美國密蘇里大學社會學系修習博士學位時，曾經修過我指導老師李翁柏格（Herbert F. Lionberger）教授開授的〈創新的傳散〉一課。在那門課裡，由柯爾曼（James Coleman）、卡茲（Elihu Katz）與孟哲爾（Herbert Menzels）三人所寫的《醫藥的創新》（*Medical Innovation*）是指定讀物。這本書敘述的是對美國中西部四個城鎮的醫生進行新藥試用的社會學調查研究結果。假若我沒有記錯的話，調查是在一九四〇年代進行的，書則是一九六八年出版（因為台灣找不到這本書，而我所擁有的又遺失了，所以，一時無法查證）。在書中，這個新藥的代號是希臘字母Γ（Gamma），這就是我小時候周醫師讓我吃的盤尼西林特效藥。當時，我讀到這兒，內心有著一種難以名狀的感動，腦海裡浮現的是一個由舊照片的記憶所編織成一副純然想像的破碎幼年景象。

進小學之前，我並沒有接觸「外省人」的機會，只偶爾會碰到兩個日治時期就已來台，常來家裡走動的福州人。其中一個是在新竹城隍廟附近開布莊，我家大大小小做衣服用的布料，幾乎都是向他買的。一九四七年二二八事件期間，他的布莊被暴民搶燒，他就躲在我們家裡一陣子。另一個就是常到我家兜售玉石等等的「姨婆」。

儘管很少接觸外省人，有兩個場景卻讓我印象深刻。第一個場景是二二八事件發生時，我雖然才四歲，但至今仍記得大街（北門街）上商店經常關著，每每槍聲四作時，祖母總是不住唸著「阿彌陀佛」，要我躲在她睡的中式大床底下。其實，我早就想鑽到祖母大床底下玩「辦家家酒」，但平常大人不准，我一直相當失望。不料，二二八事件讓我的願望得以實現，當時可以說是快樂得不得了！

當然，對我當時幼小的心靈而言，根本無法感受、也無以理解二二八事件對台灣人所蘊涵的悲劇意義。我對二二八事件的認知與感受，都是在成長懂事之後，把過去聽到的許多故事拼湊起來而逐漸形成。例如，當年新竹老家附近有家泰春書局，那是一幢三層樓的房子，可以說是有錢人家（我外祖父家就是北門街上另外一幢三層樓），兩個小孩都在新竹中學唸書。就在二二八事件發生的那段期間，有一天兩個小孩去上學後，就從此沒再回來了，不知道是在回家的路途、還是其他地方被軍人逮捕或打死，他們的母親因此發瘋，一直被關在三樓。小時候每每經過，我都會好奇探望著，看看能否見到那位發瘋的母親。如今回想起來，這樣之幼小心靈的好奇渴望，顯得相當殘忍，也很不道德，但是，更關鍵的應當是帶著諷刺意味的歷史性悲慘吧！

當時在新竹中學唸書的二舅，後來曾經親口告訴過我，那陣子軍隊不時出來鎮壓，看到路上有人，就用機槍掃射，街上常可看到屍體。有一次要不是他躲得快，不然就被機槍掃到，搞不好中槍死了。

還有一位我祖母那邊的親戚，我們都稱他為「燦阿」，原本就是遊手好閒的「友耶」（台語發音，即所謂的「流氓」）。在二次大戰期間，日本政府把他徵調到南洋去當軍伕，戰爭結束後，他死裡逃回家鄉，還是遊手好閒，成為我家的食客。我小時最期盼他來，因為他總會說些令我感到驚喜的故事。二二八事件發生時，他曾與友人衝上鎮壓部隊的車上去搶機關槍，政府通緝抓他，他只好逃亡，說要往中央山脈躲，後來就生死不明，再也沒看見他了。如今回想起來，我還真想念他，他可以說是台灣底層社會裡的典型漢子，有著純樸的正義感與勇氣。

在那段日子裡，不時會從父母或親友口中聽到某某人被捉或失蹤了。父親與朋友一談到政治，總是先把門窗關緊，小聲交談著。他們甚至認為，到處巡邏之憲兵吉普車上安裝的天線，即是用來竊聽人們是否在家裡批評時政的工具。儘管這種說法相當荒唐，但是，當時百姓猶如驚弓之鳥，任何荒唐的說法都可能讓他們相信。

成長之後，回想這段時光的所見所聞，讓我深深感覺到，身處動盪時代的專制社會裡，對統治集團而言，老百姓確如芻狗，命是不值錢的。處在這樣的歷史場景裡，對許多台灣人來說，一旦被有關單位的人盯上或被人密告了，幾乎任何東西都可以與政治接上關係。因此，當一個人因某種原因不幸被盯上的時候，任何的活動都暗藏著危險的因子，縱然有關單位所提出的理由多麼荒誕無稽。外祖父就不時叮嚀著舅舅們（尤其我父親）說：「政治很危險，不是我們台灣人可以管的。」直到我後來北上到台大唸書時，外祖父仍舊不時對我提著同樣的叮嚀。當時年少不經事，我總是把它當耳邊風。不過，話說回來，在長期被殖民的情況下，正是高壓統治帶來的恐怖危險感，弱化了許許多多台灣人的反抗意志，才有了「台灣人怕死，習慣當順民」的諷刺說法。

一九四九年我上小學之後，有一些畫面更是令我難忘。應當是小學一年級的第二學期，也就是一九五〇年初，國民黨政府開始大撤退，來台的龐大軍隊一時之間無處安頓，各地小學就成為最佳的暫住所。我們的學校也不例外，有著軍隊在學校駐紮。他們借住了多久，我記不得。我只記得，白天他們在操場上操練，並沿著操場邊就地埋鍋造飯，我們放學後，他們即進駐教室當成寢室。遇到下雨天，他們就擠在教室外的走廊上，那股夾雜著汗臭、擦槍油、久未洗之軍服的臭味，如今我還可以想像地感覺到。這樣的情況著實使得我們難以正常上課。不過，當時，對我們這些小孩子來說，這樣的特殊經驗相當新鮮，覺得很好玩。

這些軍人講的話豈止南腔北調，就算是標準「國語」，我們也還是聽不懂的，因為進小學時我們只會講自己的母語（閩南話）。有一件事令我印象深刻，我記得，當時有一個軍人摸著我的頭，說什麼我聽不懂，就是一直掉眼淚。後來回憶起這件事，我總認為，這位軍人應當是士官班長之類的，可能是看到我，勾引起他思念深陷家鄉的小孩而感到悲傷。如今想起這個畫面，我心裡還會感到酸痛。當我回家把被軍人摸頭的事告訴母親與祖母，她們立刻感到緊張，並警告我，碰到陌生人摸頭要立刻迴避，因為當時常有小孩無故失蹤，我四姑婆（外祖父的妹妹）做了我大姑爹（我大姑姑的丈夫）的小老婆，他有個男孩年齡跟我差不多，就是被陌生人賣到福建去。經過二、三十年後，這個小孩家還記得本家的一些事，才輾轉與我姑婆連絡上，但是，一切已太遲，那個孩子至今仍滯留在中國，年齡應該也是在七十歲上下。

到了小學二、三年級，我更親眼看到槍斃示眾的實景。整個過程就像電影中所演的中國古裝劇一樣，先是一隊人馬把「囚犯」五花大綁、背插著一根名牌遊街示眾，並且沿街敲鑼打鼓，吸引民眾出來觀看。我就因為聽到鑼聲，才從家裡出來一路跟隨，直到現在新竹關帝廟附近公園斜對面的民眾活動中心（當年是棒球場）。後來才看清楚，原來這個囚犯是年輕逃兵，到了「刑場」，前面擺著一張桌子，上面有一大碗白酒與一碗盛著五花肉的白飯，只見這個看起來還是小孩的逃兵兩腳發軟癱在那裡，哪裡還吃得下去？之後，就如電影裡的場景一般，只見一位監斬官在場驗明正身，硃砂筆往原先插在背後之名牌上的大圈中一點，並往地上一丟。隨即，約有一班士兵瞄準他，扣下扳機，一條活生生的生命就此結束。想想，這個年輕逃兵遠在中國大陸的父母當然不會知道此事，從他離家那刻，就註定是要天人永隔的。這個場景我畢生難忘，總是不時浮現，歷歷在目，深深體味到，在亂世裡，沒權沒勢之人的命總是不值錢，任人擺佈著。

從富家子弟到家道中落

在父親作生意失敗之前，我的童年可以說是在豐裕而無憂無慮的情況下過著。從小就是吃好穿好，又是長子兼長孫，在家備受長輩疼愛。從二次大戰後期到國民黨政權統治台灣初期的一大段經濟蕭條時期，很多台灣人在生活上所經歷的困頓，我都未曾經歷過。

我在前面提過，父親是具有藝術性格的人，如果國民黨政府沒有撤退來台，也沒有進行土地改革的話，父親應該與他的父親一樣，一輩子做一個收租的地主吧！我祖父平時嗜作詩，父親則是拉拉小提琴、手風琴、打打小麻將、遊山玩水，靠著祖產就能悠哉悠哉的過日子，可說沒甚麼煩惱。

政權易手後，父親離開了州政府的工作，當過一陣子的新聞記者，在哪個報紙，我不記得了，可能是《公論報》吧？後來，父親和朋友在新竹北門媽祖廟後面那一帶（當時還都是田地）合辦了一家紡紗廠，差不多是跟新光紡織廠（吳家也是新竹人）同時出現，大約在一九四七、四八年左右，之後還經營錢莊。據母親說的，有一段時間還真賺了錢。父親本來就有紈袴子弟的氣息，雖不至於完全不事生產，但是不敬業、不肯用心卻是「事實」。他把整個事業幾乎全交給一個鍾姓合夥朋友經營，甚至連支票本及印鑑都交給鍾先生管理。再者，由於疏於管理，工廠所生產的綿紗也都讓工頭私自轉手，而這一切父親卻渾然不覺，他照樣每天很晚起床，整天不是聽音樂、拉小提琴或手風琴，就是看京戲、打麻將，過的是闊少爺的悠閒日子。

大約在我小學二、三年級時，父親生意垮了，開始變賣家產，把田地、其他房子、甚至連我們自己所住房子第一進有店面的部份也賣了。一夕間，家道中落，我家從大戶人家變成徒有遮風避雨之住所的近貧家庭。母親告訴過我，父親是個老實人，宣告破產處理債務時，欠款不只全額歸還，還加上利息。當時，大姑婆（我外祖父的姐姐）還甚至動用某種人來追討欠債，母親對於這件事始終耿耿於懷，以為太無情了。我則不以為然，欠了錢本來就應當還，況且，當時，時局不是很好，大家經濟情況也未必十分富裕，把將錢看得重，實在是可以理解的，儘管大姑婆所嫁的姓許夫家是個殷實的大家族。

生意失敗後，父親再次回到新竹市政府（即日治時代的州政府，後來再改制，變成為市公所）工作。當時，公務人員的待遇相當微薄，除非懂得省吃儉用或經營外快，否則，撫養一個有四、五口的家是相當困難的。我不記得父親到底什麼時候開始嗜酒，但是，在市政府服務時就喜歡下班後與友人在外喝酒，很晚才回家，是經常發生的事。尤其是每月初一拿到薪水，那個晚上肯定是不會回家吃晚飯的，總是喝得爛醉。好幾次，到了三更半夜，我總是陪著母親到處找人。一九四九年國民黨政權被迫退守台灣之後，蔣介石想的是反攻大陸去「殺朱拔毛」，同時，也擔心共產黨來解放台灣，所以，在都市裡，要求人民在騎樓邊挖防空壕。有一次，我陪著母親去找父親，看見父親醉酒了，竟然坐在防空壕上把剛領到的現金薪水一張張攤排開來。我看著母親直掉眼淚，我們兩人半拖半拉地把父親帶回家。

母親也是成長於豐裕的地主家庭，十八歲嫁給父親，本來以為可以過著少奶奶的好日子，沒想到丈夫「不長進」，後來得讓她為全家的生計操心。母親很孝順，我祖母眼睛瞎了以後，一切都仰賴她照顧，所有家事也都是她在打理。家道中落後，父親微薄的薪水著實是不夠用，更別說他喜歡在外喝酒需要花費。所以，每到月中家裡就缺錢了，母親就會叫我回她的娘家找外祖母要錢來維持家庭的開銷。

其實，外祖父家當時也是靠在日本當醫生的大舅寄錢回來維持家庭開銷的，然而，我外祖父母畢竟疼這個女兒的，始終沒有任何怨言。我一直認為，這件事甚至連舅舅與阿姨們都不知道。先前人們都說，母親很好命，才能嫁到葉家，沒想到後來變成每個月她都得向娘家要錢。我想，當時她的心裡一定很難過，只是從來不表達出來而已。現在回想起來這件事，我內心都還感到酸痛，更是由衷地感謝外祖父母與大舅舅。

父親從來就沒有認真把工作當成正經事來看待，也沒有因為未能擔負起負責家計的大家長而自責。當時，公務員捧著的是吃不飽、餓不死的鐵飯碗，若非有著極為特殊的狀況，按理說，都是很容易混下去的。但是，父親還是把工作給弄丟了，至今，我已經不記得他何以丟了工作。之後，他轉任於林務局竹東林場，一樣愛喝酒，事情沒好好幹，終於，也大約在一九六一年我考進台灣大學哲學系時，把工作再次給丟了。等到一九六四年左右，有賴當時任職台北市政府工務局長的表舅公羅啟源先生把他安插在台北市政府，補了一個「工友」的缺。一九六八年我出國留學後，他何時又把這個工作給丟了，我不得而知，反正，一九七四年我回國任教時，父親已是賦閒在家了。

雖然父親在職場上是失敗的，但在家還是有他的威嚴，打起孩子來很兇（其實，在我的記憶裡，他打的只是我，我從沒看到他打過弟弟和妹妹，可能那個時候，他已失志，沒有棒打子女的心意了）。我從小就很頑皮，會把祖母房間的座鐘拿來拆掉，結果，滿桌的機械與發條，當然是裝不回去，幸好，我大姑丈精於修理鐘錶，總算讓他給復原了。另外的是，在一九四〇年代的台灣，一般的家庭還兼用煤油燈。有天，我出於好奇，把橡皮圈丟進煤油燈裡，一天之後，拿出來一看，橡皮圈漲得又粗又大，只是沒有彈性，一拉就斷。雖說這個作為不是大不了的事，但是，亂玩具有危險性的煤油燈，還是受懲罰了。

當年我家的客廳神案上有個雕刻得相當精緻的大神龕，而且，有兩扇對開的門可以關起來，立刻就顯得像是一座房間。神龕內則是分為三層，祖先牌位就依照輩份分層供奉著。有一天，我發現，這豈不像一個布袋戲台，於是，就把所有的祖先牌位從神龕裡全搬下來，大概有十幾個。然後，我把布袋戲人偶放在神龕裡的分層上，玩起布袋戲來。這事被父親知道了，免不了被痛打一頓，因為我犯了褻瀆祖先的大忌。

我大姑媽也住在北門街上，但是更靠近城隍廟。我大姑丈開著一家名叫「協進」的商店，賣米與雜糧一類，當時在大街（我們總是稱北門街為大街）上算是有名氣的。他的一個兒子，也是我的表兄，名叫楊獻堂，是我小學同學，我們兩人常玩在一起，所以，我不時就會到他家玩耍。大姑媽很疼我，經常會給我一點零用錢，讓我買糖果吃，我因而更是喜歡往他家鑽。有一次，大姑媽給了大錢（我忘了是多少），足夠買一本兒童雜誌。回家後，父親知道大姑媽給了我大錢，立刻以「小孩子不能有那麼多的錢」為由沒收了。當時，有一本名叫《良友》的兒童雜誌剛上市發行，我很想要，結果就把五毛錢從父親西裝褲的口袋中偷回來，而且也去買了雜誌。這下子不得了！父親發現了，立刻把我全身脫光關在大客廳裡面，用藤條追著打。母親大哭，一直喊不要再打了啦，小孩子已經認錯了，父親還是不鬆手，這可以說是我記憶中被打得最重的一次。

儘管父親對我的管教相當嚴格，平時懲罰時也不假顏色，但是，我從沒有怕過他，有的只是「氣憤」，因為他不盡養家的責任，以至於有很長一段時間排斥著他。相較之下，我跟母親則十分親近。或許因為我是長子，母親把期望全都寄託在我身上，而且，我年紀也到了懂事的階段，能夠與她分擔痛苦，也因此成為她平時訴苦的對象。母親不像父親會以鞭打來懲罰我，在我的印象裡，在我們母子共處的十五年間，她從來就沒打過我。只要我做不好，違背她，她只用哭來對付我。其實，這可比打我更有效，因為她只要一哭我心裡就不捨，難過得很。所以，我從小就很聽媽媽的話，心總是向著她。看她每天做家事很辛苦，我總是主動幫忙——跑腿買東西、擦地磚、洗碗、擦神案等等。

母親從十八歲嫁到我家來，可以說一直就沒有享受過應有的「大少奶奶」福氣。一開始就必須伺候祖母（包含抽鴉片時），尤其祖母兩眼失明後，更是仰賴她照顧。雖然我的叔父母也同住在一起，但是，我叔母是她父母的獨生掌上明珠，雖上有兄長，但卻是從小備受寵愛。這樣的大小姐當起媳婦來，希望她分擔責任，盡心伺候婆婆，無疑是緣木求魚。在這樣的情況下，一切屬公的工作都落在我母親身上，也因此，她們妯娌之間的關係並不是那麼和諧。

母親十九歲就生我，一九五八年舊曆六月十四日過世，人生只過了三十四年而已。我記得，那天正好是我考高中的放榜日。當我知道考取了，也正是她彌留時，我在她耳旁輕聲跟她說考上新竹中學了，她點頭表示知道。這一幕歷歷在目，我永遠忘不了，尤其是她大大噓了最後一口氣的光景，更是難以從腦海中磨滅掉。

後來，我常想，與其讓母親與我們過著後來經歷之那種顛沛流離的生活困頓日子，將會是殘忍的。母親早走，也是好的，否則，母親若活久一點，恐怕也無法適應必須出外工作擔負起養家的重責，生命只會是承受著更多的折磨。儘管有著如此的想法，母親過世對我仍是很大的打擊。很長一段時間，我都不認為她已經走了，一直沒辦法接受她已往生的事實，總是覺得她只是去了其他地方而已。這樣的感覺一直到我離開新竹到台北唸大學後，才逐漸消淡，接受了事實。

「阿信」勾起殘留的日本文化的記憶

我在進小學以前，可以說是完全活在日本及台灣文化交錯的環境裡，聽的是日本歌、台灣歌，說的是台語，偶而夾雜著幾句日語。對我，則因為父親的嗜好關係，有時會聽西洋古典音樂，尤其是貝多芬的音樂（他是父親的偶像，家裡有他的石膏雕像）。總地來說，我這一世代的台灣人早期過的日子大多是如此的。因此，進小學後，老師必須以台語來講解課本，我們才得以瞭解內容，而且，也得如此才學得會所謂的「國語」。說來相當諷刺，也很有趣的是，儘管我唸小學時國民黨政府接管台灣已有四年了，但是，事實上，老師自己連「國語」都講不好，更別說把學生的「國語」教得字正腔圓，用詞遣字恰到好處。無論是說或寫，絕大部分台灣人表現出的都是變了調的所謂「台灣國語」。

記得多年前，有家電視台播放日本的電視劇《阿信》，描寫的是二次世界大戰前後，一位名叫阿信的女性如何養育子女與奮鬥創業的故事。此劇轟動一時，對我個人來說，這齣戲所以吸引我，並不單純在於故事情節的曲折婉轉、故事背景的時代意義、演員的精湛演技、或故事中角色的突出等等，而是戲中一些場景牽動了個人過去生命經驗的感應。

首先，我深深覺得故事中的阿信像我母親，她們年齡相若，而且生命經驗類似，都遭遇到戰爭帶來的時代鉅變與其間所經歷的生活困頓。更重要、且深深引起我內心激盪的是，許多場景——甚至是日常使用之一些微不足道的器皿，都勾引起我兒時的記憶。

在劇中，我看到了家裡曾經用過日本人特有之像土星樣子的煮飯鍋、冬天取暖用的爐子、糖果鐵盒，乃至路邊郵筒的造型等等，一切都是那麼熟悉。最令我印象深刻、而且莫名地引起內心激動的，莫過於屋內的一盞吊燈與小孩穿的衣服樣式。

在一九四〇年代戰爭期間，為了避免室內燈光外洩而招致轟炸投彈，當時日本政府規定，所有家庭必須在屋內吊燈的電線上安裝可自由移動的紙筒裝置。一旦遇到空襲，民眾可以立刻把紙筒拉下罩住電燈，燈光就不易外洩。後來即便戰爭結束了，台灣也劃給國民黨政府，家裡這樣的裝置還是保留著，一時間內並沒有更易。

尤其，我看到劇中一個小男孩穿著長及小腿、在身後綁著帶子的和式衣服，最特別的是在左胸部位縫貼一塊繡有名字與地址的小布條。當年美軍不時來台轟炸，為了容易辨認被炸死者的身分，日本殖民政府也一樣地要求所有人必須在衣服左胸部位縫貼這塊小布條，我小時候就穿過這樣繡有名字與地址的衣服。

經過漫長的歲月，這些景象早已沉澱在記憶的底層，蒙上了厚厚的灰塵，但《阿信》的幕幕場景，又把這段微不足道的幼年經驗勾了回來。雖然這只是特殊時代背景下人們日常生活中的一個極小片段，然而，正是這麼一個極小的片段，透過因緣際會的記憶刺激，立刻擴散瀰漫，震撼了整個神經系統，在主觀意識上，產生了甚為強烈而明顯的心理效應，打從我的心靈深處勾引起深深的共鳴感應，並且產生了把一個遺忘的感人故事找回來的激動。

人生邁入七十關卡之際，回首前塵往事，很難只以念舊情懷來形容，這些景象喚起的，更多是早已沉澱在心靈底處的一些鮮活文化基素，儘管這些文化基素來自異文化的統治者，卻是成長過程中自然經歷的日常生活元素。這讓我猛然意識到，在我的人生旅程裡，竟然曾經有過這樣一段異國風情的經驗，並且對我有著特殊的意義。

這樣殘留著日本文化風格的生活方式，既是我幼年生活的基調之一，也是我日後用來對照國民黨政府從中國大陸帶來的中華文化的參照點。當然，隨著年歲的成長，接受國民黨政府的正規「社會化」，以及愈來愈多中華文化經由日常生活中的諸多細節予以感染（如吃牛肉麵、辣椒、臭豆腐等），這份來自日本統治者的幼年文化經驗已不斷被稀釋，終至於從表現上消逝掉。但不論如何，幼年經驗讓我對日本文化有著莫名的親切感，也因此對中華文化難以產生完全「忠誠」的認同。說來，這正是幼年時父母帶給我之基本集體意識的一種原型吧！

這種生活場景跨越了敏感的「殖民／被殖民」政治藩籬，是許多生長在日治時代之台灣人活生生的日常生活經驗，它很自然地被塗染上了一層厚厚而濃郁的情感，與整個生命的韻律緊緊繫在一起。這正可以說明為什麼許多老一輩受日本教育的台灣人，一輩子喜歡唱日本歌、講日語、看日劇、吃日本料理。事實上，他們熟悉的也就是這些，足以把他們過去生活經驗中的種種情懷從記憶的辭典裡勾引出來。同理，許多老一輩的外省人喜歡拉胡琴、唱小調、看京劇、吃辣椒和大蒜、啃大餅和饅頭等等，講的是帶著濃濃鄉音的「國語」，一樣是來自幼年慢慢累積起來的情愫，成為生命中的第二本性，難以輕易改變或放棄的。

一九四九年以後的台灣社會，歷經不同文化生活經驗的所謂本省與外省族群，被迫共同生活在同一個空間當中，對「外省人」來說，日本曾經是敵國，他們有著相當程度仇恨日本的情結，於是對「哈日」的老一代台灣人不自主地投射出某種程度的仇視。這種情結加上語言隔閡、統治位階的差異、生活習慣的不同、眷村的自我隔離、某些外省族群懷著統治者常有的優越感等因素，變本加厲地在族群之間畫下了一道深深的鴻溝，彼此更是沒有辦法採取同理心來看待對方，更遑論相互容忍。

一個人長期所承受的經驗，對認知的形塑與情緒的養成，確實有著極為深刻的影響，這也充分解釋了過去台灣社會何以長期存在極為糾結的「省籍情結」。不同省籍代表不同的人生經歷，對國民黨有著不同的認知態度與感情承受，也深埋著不同的社會、文化與國族認同。長期以來，這正是整個台灣社會很多問題的癥結所在，對今天七、八十歲以上的世代尤其是如此。

當然，隨著時間的推進，新世代的台灣人，無論在地的或外來的，已有不同的生命經驗，他們再也沒有父祖輩的歷史經驗包袱，尤其，族群通婚日益增多，原先所謂省籍問題理應日益消失。時至今日，由於台灣跟中國之間的關係有著明顯的變化，原先的省籍問題勢必轉變成國族認同問題，統獨問題可以說是核心課題了。如何開創新階段的族群關係與形塑認同意識，無疑是新世代台灣人的重大挑戰。

第二章

走上學術之路

小閣樓裡的寶藏

生命，總是經過一些意外的緣份不斷地洗煉，才逐漸得以模塑成形。這中間，自然需要用心地透過意志來予以凝聚，否則，緣份的洗煉猶如在河裡淘金一般，金子是淘出來了，卻是散的，成不了塊。緣份只是提供了機會，機會會不會轉化成為力量，還是在於「人」自身。前人不是常說：「成事在天，但謀事卻是在人」，人還需得學習惜緣，珍惜機會，並懂得無怨無悔地接受著機會的洗煉。就在這樣的洗煉過程中，生命才會有累積感，讓人有著一再被證成的充實感覺。我走上學術的路，並以之為一生的志業，說來，正是在這樣的機緣下以意志逐漸凝聚成形的。

我喜歡讀書並得到樂趣，最早應當可以追溯到小學四、五年級，在新竹北門街老家小閣樓中發現「寶藏」開始。

人生奧妙之處，在於有些人從未謀面，卻可能對你產生深遠影響，我跟祖父之間就是如此。儘管我無緣見到祖父，但是，他留下來的一大批線裝書，卻成為我童年時期最重要的珍貴「玩具」，間接影響了我的一生。

祖父的藏書就放在北門街老家第三進的小閣樓中。我記得唸小學四、五年級時，只要天氣好的時候，我都會自動把祖父的藏書拿出來曬太陽，免得這批線裝書遭到蟲蛀。曬書過程中必須不斷翻動紙張，以便讓更多的頁面照到太陽。在翻動的過程中，我開始注意書本內容，不時翻閱著，這慢慢為我打開了一扇接近中國古典文學的窗口。

祖父的藏書大部分是詩集，除了常見的唐詩三百首、白居易詩集、鄭板橋詩集之外，其他詩集的作者都沒聽過，自然引不起我的興趣。真正讓我印象深刻的是小說，在我的記憶中有《三國演義》和《聊齋誌異》。還有一本《花月痕》，寫的是一個文人與幾位女性間風花雪月的故事，這可能是當時極為流行的章回小說，反正，我也看了。這些章回小說於是成了我童年時期最好的玩伴。其中對我影響最深的線裝書，則是上海掃葉書堂刻印、金聖嘆眉批的《三國演義》版本。金聖嘆獨到的眉批，不但引導我閱讀其他章回小說，我也運用同樣的方式來閱讀《水滸傳》，成為我日後受用不盡的「武功秘笈」。

我在讀新竹中學高中部時，學校規定每個月要寫一篇讀書報告，我就搬出這套「武功秘笈」來寫《三國演義》的書評，結果，國文老師尚逵齋先生覺得我很厲害，給了「甲上上」的成績，還當著同學的面誇獎。當然，我不敢告訴老師這項秘密；後來我又依樣畫葫蘆，模仿金聖嘆的眉批手法來處理有關《水滸傳》的讀書報告，再次得到「甲上上」成績。

尚逵齋先生國學底子相當厚實，經常在當時的《大陸雜誌》、《建設》、《學粹》等雜誌上寫文章，可說是一位國學大家，我從尚老師那兒學到不少東西。其實，當時，由於國民黨退守台灣，不少當年在中國大陸學有成就的學者屈就於中學教書。新竹中學在辛志平校長的用心經營下，即網羅了不少後來轉任大學教授的名師，如後來任教於台灣大學外文系的李本題教授即是其中一位。

當時，尚老師的高度評價，確實是讓我充滿榮耀與信心，儘管，現在回想起來，覺得相當虛幻，也似有欺騙老師之嫌。不過，不管怎麼說，祖父留下來的這批線裝書是奠定我後來喜歡讀書極其重要的「物質條件」。

雖然我先後看過十幾遍《三國演義》，《水滸傳》更至少看了二十來遍，當時我甚至可以把梁山泊一百零八條好漢的名字與綽號倒背如流，但對《紅樓夢》就是看不下去，好幾次嘗試都無法看完。我想，或許由於《紅樓夢》的故事涉及太多男女情愫，也過於婉約纏綿，男孩子不喜歡，也不耐欣賞吧。一直到一九七〇年代我回台任教時，才認真看過一遍《紅樓夢》。

除了祖父的中文小說線裝書之外，父親的日文藏書也是另一批「寶藏」。由於好奇心使然，雖然看不懂日文，但小時候我一樣會去翻父親的藏書，也會搬出來曬太陽。這些書大多由東京的丸善出版社出版，除了口袋型之普及版平裝小書之外，大部分是精裝，都有書套，印刷相當精美，紙張很厚，每本都很重，掉在地上聲響很大。小孩子把這樣厚重的書當玩具，顯得相當特殊而耀眼，更何況翻書時透出來的香味、質感與重量，都跟祖父留下來輕薄、泛黃、易脆的線裝書完全不同，這些書給了我很大的幻想空間，也讓我感到莫名的喜悅。或許，這也是我一輩子就喜歡有「份量」書籍的潛意識力量吧！

後來回想起來，父親的藏書包括馬克思、洛克、盧梭等人的作品，因為書的前幾頁都附有肖像，我喜歡看這些圖片，留下極為深刻的印象，例如馬克思的疏鬆頭髮與大鬍子，以及洛克和盧梭等人所穿之十七、八世紀歐洲服飾與髮型，就讓我難以忘懷。對這些「天書」，我總是從裡面找自己認得的漢字，嘗試去了解，就像尋寶一樣。當然，多的是誤解與誤認，因為同樣的漢字，在日語與在中文中意思經常是相去甚遠的。

多年後回想起來，小時候接觸線裝書與日文書的經驗，使得我對書籍有著特殊的情感，或許也在不知不覺中為自己後來走上學術研究之路（尤其是從事思想工作），奠下重要的基礎。

到了就讀於新竹中學初中部時，同學黃俊雄的爸爸是眼科醫生，家境富裕，他哥哥蒐集了一大堆翻譯小說，我經常去他家借來閱讀。此外，我二舅手頭上有一批一九四五年台灣被國民黨政府統治後才購買的中國大陸作家（如魯迅、茅盾等人）的文學作品（一九四九年以後被列為禁書），我也偷偷看了。

後來更由於二舅的一個高中同學在新竹中學當圖書館員，我與他熟識，因此得了方便，可以不受限地借書。我開始大量借中國的現代小說來看，初中起就看了王藍的《藍與黑》、徐速的《星星、月亮、太陽》和郭衣洞（柏楊）寫的小說；之後看西洋文學名著，如《戰爭與和平》、《安娜卡列妮娜》、《高老頭》、《簡愛》、《基督山恩仇記》、《魯濱遜漂流記》等，新竹中學圖書館收藏的小說，我就這樣幾乎全都看完了。

小說看完了，不得已之下，高中時期我開始看一些比較嚴肅的書，例如鄒豹君教授的《地學通論》、王益崖教授的《經濟地理》，以及有關中國與西方哲學的大學用書。當時竹中圖書館內的各類藏書，包括一些哲學著作，我幾乎來者不拒，能看的都儘量看了。

除了喜歡看書外，我也喜歡想事情。記得小時候我們家四個小孩和爸媽一起睡一張大床，屋裡有一個大衣櫃，我就常常會看著衣櫃上的鏡子自問：「我怎麼知道鏡子中的『我』即是我？」我那時當然不懂什麼叫做自我、存在、鏡我等等的概念，只是單純地問著這樣看來絕無肯定答案的問題而已。然而，儘管這個問題沒有答案，但卻一直存在我的心中。到了後來接觸了哲學的書籍後，才開始明白，我年少時經常問自己到底是什麼、為什麼人就長成這個樣子、為什麼我說話時知道那就是我、為什麼我知道鏡子裡的那個人等等的疑惑，原來就是所謂的哲學問題。於是，差不多在高二下學期的時候，我就決心以哲學系為考大學的第一志願。

報考哲學系引發父子失和

我報考哲學系的過程有點曲折，不但父子嚴重失和，甚至演變成「跳樓事件」。如今回想起來，還覺得有點好笑，也有些傷感。

一九四九年，我進國民小學就讀後，開始接受國民黨主導、強調中華民族主義的黨國教育，幼小心靈受到制式教育灌輸洗腦，開始跟父母以台灣本土為主的想法有了距離。我跟同世代大多數年輕學子一樣，認為自己是「中國人」，而不只是「台灣人」。

在黨國教育的影響下，大約在初二時，我曾經立志要作外交官，希望讓積弱不振的中國重新站起來以雪清末李鴻章「喪國辱權」之恥。因此，當時決心要投考政治大學外交學系（當時唯一的外交學系），這是我對人生方向的第一個想像。

不過，唸高中時，我除了大量看小說，還喜歡看電影。因為新竹老家不遠處就是戲院，唸小學時我就常跟舅舅去看電影，看很多日本片、美國西部片。此外，我有一個表姐，大我兩歲、高我一班，當時唸新竹女中。她喜歡看文學作品以及哲學書籍，我常去表姐家和她聊天，聊聊電影、小說等話題，這些都成為我常在家族互動、學校下課時發表意見的主要內容。

當時的新竹中學每星期三、六下午都不用上課，我經常跟一個同班好友一起去看電影，每週看兩天，一次連看兩場，我的零用錢大概都花在看電影上面。那個時候的中學生，每週都得用毛筆寫週記，記載的盡是一週大事、學習進度等等制式的流水帳，久而久之，自然覺得沒有意思，也只能如是應付著。到了高二或高三時，我的導師是後來在師範大學英語系擔任語言學教授的湯廷池先生，他突破教條，允許我們可以在週記裡自由書寫生活感想，給了我們很大的彈性表達空間。於是，我開始在週記上寫影評，一寫就是六到八頁，遠超過規定的兩頁。湯老師總是不時找我去討論對所看之電影，如《戰爭與和平》、《齊瓦哥醫生》、《日正當中》等等）的不同觀點。

就因為愛看電影，常常在表姊與舅舅們面前大放厥詞，當起影評人來，因此起了當導演的念頭，一度想投考國立藝專（今台灣藝術大學）的影劇科，這可以說是我對於人生方向的第二種想像。不過，誠如我在前面提到過的，直到高二下學期，我終於知道小時候自問的「我怎麼知道鏡子中的『我』即是我」就是哲學問題，才為自己確立了興趣，決定以台大哲學系為目標，這是我對人生的第三種想像，卻遭到老師、父親的一致反對。雖然，考進台大哲學系後，第二年我轉到心理學系，而後來在美國拿的學位卻是社會學，在學術領域上一再改變，但是，以學術研究做為畢生的志業，卻可以說是在我決定選擇哲學作為修習主題時就確立下來了。

在那個年代，老師不會鼓勵學生報考諸如哲學、考古人類學或東方語言學系等學系，理由很簡單：這些都是冷門科系，被認為既不實用，畢業後更是找不到工作。況且，我從小學起功課就很好，在班上縱然不是第一，也至少是前五名之內。新竹中學初中畢業時我排全年級第十三名，原本可以保送高中，但因體育差了零點三分才達到八十分的標準，以至無法直升，只好參加考試進入了高中部。

不僅如此，數學更是我的強項。我從小數學就很好，小學六年級時我當班長，級任老師剛結婚，為了陪師母去看電影，晚上補習時，常把全班交給我當「小老師」，由我負責全班考試及講解答案。初中二年級時，我還曾在數學競賽中拿過全年級第二名；高中時期，每天早上一到學校，我的數學作業經常是被同學拿去抄的第一版，因為幾乎所有的習題我都會解。

儘管當時竹中的辛志平校長辦學態度比較開放，鼓勵學生多元化學習，但在整個時代氛圍下，大部分同學（尤其，所謂功課優秀的學生）還是報考理工醫科，也就是甲組（理工與醫學）與丙組（農學與生物科學），會考乙組文法科（包含商科）的學生，大概都是自認為考不上甲組才退而求其次。我們班上四十人，要考文法科的不超過五、六人。所以我決定要考乙組而不是甲丙組時，老師都覺得很奇怪，父親更是傷心透了。

父親總是認為，我們葉家若想出一個醫生，唯一的希望就是我，但我偏偏就是要唸哲學，他當然氣得要命。父親最後讓步，想要說服我至少讀工程、讀經濟、讀法律……，一路地退，但我都說不要。當時，父親住在竹東，在竹東林場工作，我則是在外祖父家寄宿。由於無法改變我的心意，父親氣得甚至拿著菜刀追砍我，說我不孝；我被他追得從外祖父家的三樓閣樓往二樓跳下去，還好沒出事。時至今日，回想起來，雖然我對父親覺得有些虧欠，但我絕不後悔當時所做的選擇。不過，話說回來，即使當時順從父親的意思報考醫科，我想我還是考不上台大醫學系的，頂多考上當時的兩所私立醫學院——台北醫學院與高雄醫學院。但是，依當時的家境，根本是付不起就讀私立醫學院的「昂貴」學費，最後勢必還是得逼自己放棄的。所以，就讀學費較便宜之國立大學的文法學科，以經濟負擔的立場來說，還是「正確」的，雖說這樣的說法略嫌阿Q了一點。

大學聯考前選填志願時，我很狂妄地只填一個志願：台大哲學系。導師湯廷池先生問我為何只選一個系，我口氣很大地回答：「考台大醫科我沒把握，要我填商學系或外文系（當時文法科分數最高）或許也沒完全把握，但投考台大哲學系我絕對有把握。」湯老師說不行，凡事都有萬一，最後我只好屈服，多填了十二個志願，第二志願是台大考古人類學系，第三志願是圖書館系，第四志願是台大社會系（當時才設置第二年），接著是政大東方語言學系俄文組、阿拉伯文組與韓文組、師範大學社會教育學系等，最後一個志願，我記得很清楚，是東吳大學法律學系。

從這樣之報考的志願科系排序來看，明眼人一看，就知道很奇怪，不是賭氣，就是胡來，要不，即是叛逆，我就是屬於後者。當時，我相當有信心，自認考上台大哲學系絕對不會有問題，所以，其他十二個志願可以說是「白填的」。在這樣的認知下，我故意選擇一向大家避之唯恐不及的冷門學系來填寫，一方面顯示著我一向的叛逆精神，另一方面向現實的就學觀表示無言的抗議。說來，這是少年不經事的狂妄心理作崇使然，如今回想起來，雖然自己不至於還自我推崇，但是，卻仍然不免莞爾一笑，狂妄中還是帶有著一股豪氣，不是嗎？

結果那一年聯考數學特別難，考倒所有人，往年的考題我起碼考個八十分是不成問題的，但是，那一年卻只考了二十分，而我那些一向數學爛得一塌糊塗的同學，也都能拿到十分左右。所以，那次的數學考試可以說根本沒有鑑別力，但是，我還是以原始最高分考進台大哲學系。

殷海光與新五四運動

我是在一九六一年考進台大哲學系的，剛好有幸碰到在台大校園醞釀出來的所謂「新五四運動」，這個運動對我後來的學術生涯有著一定的影響。

一九六〇年代初期，台大哲學系教授殷海光在《自由中國》（與後來的《文星》）雜誌撰寫文章批評時政，並推動有關自由民主的學術思想。在台大校園內，他則扮演推動民主與科學的旗手，在他的學生輩（如當時在哲學系當助教或研究生的許登源、陳鼓應、張尚德等人、心理學系的楊國樞、數學系的洪成完、牙醫學系的王尚義與歷史系的李敖等等）之直接間接相互呼應下，蔚成了當時學生稱為「新五四運動」之學院內的思想運動局面。就學術主張而言，這項運動鼓吹「科學的實證主義」；就整個大社會來說，則是推動自由、平等的民主思想。其強調民主與科學精神的結合，恰好與一九一九年發生在中國之「五四運動」有著一定的磨合，可以說是延續呼應著的。

中國對日戰爭期間，殷海光先生就讀於當時西南聯大哲學系，從學於金岳霖教授，以邏輯為主修。他一生向來秉持著五四運動崇尚民主與科學的精神來經營學問與從事教學。我在台大哲學系唸書時，殷先生負責教授我們的必修課——邏輯學，兩個學期，共六個學分。這是我得以受教於殷先生的唯一課程。

從世俗的眼光來看，殷先生可以說是個怪人，日常行止讓人感覺有點做作。據說，當年在西南聯大唸書的時候，殷先生曾與同學打賭，竟然隻身爬電線桿。一九六一年我們的邏輯課被安排在文學院靠舊總圖書館的水池邊的教室。殷先生總是會早到，坐在池子的水泥邊上，一腿跨搭在另一腿上，然後把一隻手的手肘安在腿上，並屈捲著手掌撐著下巴，兩眼直瞪著池水久久不動，做沉思狀。上課鈴聲一響，殷先生立即起身，緩緩走進教室，慢慢踏上講台。他總是以緩慢的動作，有節奏地左右轉動著頭瞪視著坐在底下的學生，然後，開口就唐突地冒出類似這樣的一句話：「像香港錢穆、唐君毅和牟宗三之流」。隨即，就滔滔不絕地以西方自由民主理念與實證科學精神批判起這些專治中國哲學與歷史的所謂「新儒」學者。

由於殷先生整個動作連貫起來甚為戲劇化，使得講台彷彿是舞台，節奏感十足，高潮迭起。對我們這批剛進大學的小毛頭來說，這套相當戲劇性的動作有著莫大的吸引力，以時下年輕人的慣用語來說：真的是「酷斃了」。

在每次三小時的課程裡，殷先生經常以犀利、且近乎刻薄的語言批判著「新儒」學者、中國傳統文化與國民黨政權。儘管他的批判不免有所重複，但是，我還是聽得津津有味，他精闢而犀利的分析折服了我們這批小毛頭，至少對我是如此。只不過，實際對課程內容的講授，兩個學期下來，殷先生所指定那本不到三百頁的教本——他自己撰寫的《邏輯新引》，竟然教不到一半。對哲學系本科學生來說，要唸好現代哲學，邏輯可以說是最重要的基本功夫，但我當年學到的幾乎是「零」。直到今天，我仍然認為，就一個教授邏輯的哲學教授而言，殷先生沒有盡到應有的教學責任，縱然他擔當了啟蒙導師，為我們打開了認識自由民主理念的大門。

就我所知，在日常生活上，殷先生是一個相當單純、甚至不懂得自理的人，據說，他連搭電梯都會緊張而感到不自在。在課堂裡，殷先生教我們為人做事要有科學態度、講邏輯、重理性、不能崇拜權威，可是，弔詭的是，在我的認知裡，他卻是極為感性的人，相當崇拜權威。譬如，他就經常告訴我們，英國哲學家羅素是他最崇拜的人，稱他為「我的老祖宗」，他每天晚上都會凝視著羅素的肖像，靜默數分鐘以示尊敬。同時，殷先生宣稱他從來不看電影，因為任何電影都經不起理性邏輯的考驗，對此，喜歡看電影的我總感到十分不解，也相當不自在。殷先生多次對電影表示「鄙視」之後，我終於忍不住，有一次下課後，鼓起勇氣問他：「老師，人生除了講理性、邏輯與科學之外，是不是也還容許有感性的東西存在？」殷先生聽了之後，兩眼瞪得像銅鈴一般大（這是他即將生氣的慣有表情），好一陣子才回道：「你！你！你！你！孺子不可教也。」然後，轉頭就走人。當時我嚇壞了，久久不知如何是好，從此再也不敢問殷先生問題了。

無論如何，殷先生身上流露著中國傳統文人慣有的狂狷氣息，對當年台灣年輕一代的學子非常具有吸引力，更是最重要的思想啟蒙者。他的魅力不只來自帶有戲劇性的做作動作，更來自對中國傳統文化犀利的分析批判，以及對西方自由民主思想的引介。依當時戒嚴專制體制下的政治氛圍來說，他大膽批判時政的勇氣令人動容，可以說是學院中勇於發聲的僅存異議知識分子，是孤獨的勇者，令人感動且可敬。

殷先生讓我們這些學生開始反省自己所處的環境（尤其是政治環境），對整個世代的台大學生產生了一定的影響作用，應當是肯定的。至少對我個人而言，當年受到殷先生所展現知識分子的風範感動，並引以為典範，埋下日後我從事社會批判與抗議活動的種子。

當時，就哲學本身而言，殷先生是以邏輯實證論來開展有關科學的論述，並進而證成自由民主的思想。在他的導引下，我們也跟著閱讀起這方面的著作。後來，我到了美國留學時才瞭解到，就當時西方（至少美國）哲學的發展來看，已經出現現象學、詮釋學等等不同的哲學流派與實證論分庭抗禮。顯然，殷先生沒有注意到這個不同的趨勢。當然，以當時台灣學術界的封閉與資訊不足，要求殷先生注意到針對實證主義的「反動」知識，未免過於苛求。但是，以這樣的知識背景，當時參與「新五四運動」的成員是很難充分掌握整個西方哲學（尤其社會科學哲學）的發展趨勢與爭論焦點，只能讀到什麼就介紹什麼。就在這樣的情形下，實證主義可以平順地與自由主義、存在主義、荒謬文學或尼采哲學等等並擺在一起談。如今回想起來，確實令人感到有點誇張。但是，不管怎麼說，對當時只有十八歲而求知若渴的我來說，殷先生主導的演講會有著莫大的吸引力，我幾乎沒有錯過任何一場，並且從中吸收了不少「新知」。

「新五四運動」除了奉殷先生為精神領袖，參與者還包括一些年輕講師、助教與研究生，除了前面提過的許登源、張尚德與陳鼓應之外，還有何秀煌與趙天儀等研究生偶而參與。哲學系之外則包括數學系的助教洪成完、考古人類學系的助教林宗源、心理學系的助教楊國樞、歷史學系的研究生李敖等人。當時最受學生矚目的莫過於牙醫系的學生王尚義，他的《野鴿子的黃昏》在年輕學子之間相當轟動。他演講時噱頭很多，彈著吉他又唱歌又吟詩，風靡許多年輕學子，尤其是女生。

除了王尚義之外，許多學子也很欣賞李敖。他常穿長袍，手臂夾著線裝書在校園裡晃，成為我們這些台大新鮮人的偶像。他文筆犀利，每每看完他在《文星》雜誌上寫的文章，都覺得很爽。有一回，「新五四運動」成員在文學院靠中庭的教室舉行演講，討論當時因愛情糾紛而引起矚目的「魏平澳與紀翠綾」案，李敖站在窗邊發表意見，後來被請進教室內侃侃而談，只見他一會兒引宋律，一會兒引明律，沒多久又引清律，說得頭頭是道，我們當然沒有能力分辨他所引用的律則是否正確，不過，著實為他的能言善道與博聞強記所折服。

我在台大哲學系一年級的讀書生涯，就是在這種氛圍中度過。其後，國民黨政權對大學校園更加緊縮管理，至少我在台大就讀往後的五年間，再也難以重現這樣的活潑氛圍了。

轉唸心理系與家教人生

以第一志願進入台大哲學系後，按理說，我應該就此走上哲學之路。但是，現實經濟壓力卻壓得我喘不過氣來，必須兼許多家教才能應付生計，我的大學生涯也開始面臨重要轉折。

我從高二起就在外祖父家過著寄人籬下的生活，隻身北上到台北唸大學時，父親只給了我第一個學期的學費，外加第一個月的生活費三百塊，從此再也沒有給我任何金錢上的支助，我被逼著必須自謀生路。當時，台灣經濟還沒有「起飛」，社會形態尚未起大幅的改變，現在許多大學生可以兼差的工作都不存在，像我這樣離鄉背井的十八歲學生，唯一的生路就是當家教，然而，找家教卻比我想像中的困難。我雖然掛著台大的招牌，但被學生家長問及唸什麼系時，只要回答是哲學系，立刻就吃閉門羹。後來為了生存，我只好昧著良心撒謊，冒充是數學系學生，幸好家長沒有查看學生證，於是，就這樣開始當家教養活自己。

在還沒找到家教之前，幸好有彭俊輔、魏綸言與吳忍三位高中同班死黨一起考上台大，靠他們從向父母拿的錢分一點來資助，我才得以度過難關。在此，我要特別感謝彭俊輔，他義氣十足，助我最多，我到台北唸書時用的棉被，還是託他媽媽代我料理的。後來每次全家三個兄弟姊妹註冊短缺學費時，總是託他向他的表舅借貸，雖是高利貸，但是，我還是相當感激他們如及時雨般的幫助。此外，曾在新竹中學教過我國文的老師朱守亮先生，他後來在政大中文系當教授，非常照顧年輕人，我到台北後，碰到經濟困難時就找老師週轉，老師總是二話不說地鼎力幫忙，錢什麼時候還，他都不計較，而且是無息的。這些恩情我終生難忘，始終心存感激。

當時哲學系同班同學有位叫徐慶生的，比我年長約十歲左右，他唸過海軍機校，在海軍服務，後來看不慣軍隊裡的種種作為，稱病以上尉退伍，繼而參加聯考，也一樣地以第一志願進哲學系。當時，我們一起住在蟾蜍山腳下的學生第七宿舍，我們這些年輕小伙子尊稱他一聲「徐大哥」，而我平時總喜歡找他聊聊，聽聽他的人生經歷。當他知道我的家庭處境後，即建議我說：「老弟啊，你還是轉系吧！像你這樣以後要出國讀書，是需要獎學金的，而哲學系要拿獎學金是比較難，還是現實一點吧！」

當時台大的一些學系已有了研究所，但是，都只到碩士階段，若想修習博士學位，只有出國深造一途，哲學系亦然。我覺得徐大哥的說法很有道理，他的話著實點醒了我，應該學習現實一點，於是，決定轉系了！

自小學開始，我的數學一直就是班上數一數二的，小學六年級時，老師不時讓我充當小老師，在班上教起數學來。當時的新竹中學的數學教學相當卓越，經常拿到全台灣中學數學競試的團體冠軍，而我的數學又一直是頂尖的。記得，在竹中唸書六年中間，平時倒還算用心上課，尤其數學課我一定用上心，回家第一件事就是把數學習題解完。至於其他的科目經常就是不太管，只有到了要考試時才胡亂讀一讀。所以，每次必須繳交數學作業時，我的數學作業總是同學們抄襲的第一版，幾乎沒有我解不開的習題。大一時，我還保持著對數學的熱愛，主動從圖書館借了數學史來自修。在這樣的因緣之下，既然決定轉系，我立刻想起來的就是試試數學系，於是，我就去拜見數學系系主任施拱星先生（我參加大學聯考那年，幾乎把所有考生考倒的數學就是他出題的）。他聽了我的心願之後，就直接了當地說：「我們從來沒收過哲學系的學生。」很明顯的，他對哲學系學生的資質是不信任的。當年，哲學系的最低錄取分數僅贏過考古人類學一分，是所有台大各個學系中錄取分數最低的，這兩系的學生可以說是「扛著榜」，僥倖進台灣大學的。尤其，人們一向又總認為文科的學生數學程度一定不好，也不夠聰明，絕對不適合唸理工科的。在這樣的情況下，即便我要求施先生考我微分，因為我在新竹中學高三時學過，他還是感到很為難，默言苦笑著，不回答我。

被數學系拒絕後，我想起大一時修過普通心理學，這是心理系、哲學系學生合在一起修習的必修課，授課者是當時心理學系的系主任蘇薌雨先生。在這個課裡，兩學期下來，我都得到全班最高分；我後來才知道，考卷是當時心理系助教楊國樞先生改的，分數自然也是他給的。只是，大家都沒想到，得到最高分的竟然是哲學系，而非心理系本門的學生。

心理學系與數學系同屬理學院，加上有著已修過相關之入門課程的一層關係，我想，那就不如轉到心理學系吧！是時，蘇主任身兼圖書館館長，我就到圖書館拜訪他，一進門表示來意後，他就要我把名字寫在房間裡的黑板上面，並立刻叮嚀著：「你要填第一志願，第二志願我就不收了」。事實上，我對數學系不死心，還真想把數學系填為第一志願，至少賭賭看，而把心理學系填為第二志願（當時轉系只允許填兩個志願）。但蘇主任這麼一說，我再也不敢冒險，只好完全放棄數學系了。等我成功轉進心理系後，有一天，蘇先生終於「解密」般地告訴我，當他看到我走進辦公室在黑板上寫下名字的那一刻，就決定收我了，因為他知道我兩學期的普通心理學分數都是全班最高的。

後來自己想想也覺得奇怪，既然有經濟壓力，當時為何沒考慮轉到比較「實用」的商學系、法律系、經濟系之類的學系？我想，性向與志趣始終是我最在意的因素，固然申請出國獎學金是重要，但我還是希望能兼顧性向與志趣，於是，就在這樣看起來是現實與理想兩兼顧的考量下，意外轉唸心理學了。

平心而論，我從大學到研究所，唸書可以說只是「副業」，正業應當是幹家教。從一九六一年進台大讀書，直到一九六八年在陸軍總部服預備軍官役後赴美讀書為止，足足當了七年的數學家教（有時兼教物理與英文）。所以，我在心理學系唸書的五年之間，除了上課必要出現之外，大部分的時間是在校外奔波著。我的第一個家教在萬華，教的是一位北一女高一學生的幾何與三角，北一女數學老師出的題目真是刁鑽，尤其幾何，有時需要劃上三、四條輔助線才解得開，因此，我常有當場解不出來的情形發生，我總是帶回宿舍熬夜解題，有時候需要耗費兩三天才解出來，但卻從沒有碰過解不開的。在這中間，值得一提的是，徐大哥有時也會加入，接受挑戰，幫我解題。如此，教了幾年下來，我對北一女的數學題目滾瓜爛熟，一解就開，頂多劃上幾條輔助線，總是立刻可以做到，學生因此對我非常佩服，而這也成為我得以一直有家教可以教下去的一個重要關鍵，學生（或家長）會把我介紹給其他人。

在我進台大讀書的同時，父親丟了在竹東林場的工作，到了走投無路的地步，弟妹也寄養在外祖父家。父親可以說是到處流浪，偶而會來台大第七宿舍找我，一來就蹲在宿舍裡不肯走，我覺得非常丟臉。有一次，我把家教賺來的錢擱在抽屜裡面，竟然被父親拿走了，而這些錢原本是用來付註冊費的（包括弟弟妹妹的註冊費），當時我實在很傷心，甚至恨著這樣的父親。

有一天，就讀新竹二女中初中部一年級、寄宿在外祖父家的小妹突然跑來找我，我問她哪有錢來台北，她說是跟表姐借的單程車費；原來她受不了舅媽的冷言冷語，沒辦法再待在外祖父家。於是，我大二時搬出宿舍，在羅斯福路四段七十八巷鐵道旁（即今天的汀州路）的一棟違章建築裡租房子，把父親與弟妹全都接來台北同住，這就正式開始我靠家教收入負擔全家生活的日子。

當時家教每週兩次的話，每月收入大約是台幣三、四百塊，但要養活全家五口及付房租，每月開銷起碼要一千多塊，再加上我自己和弟妹的註冊費用，生活可說相當艱苦。每次到了開學註冊時，我都得去借錢來繳學費。就像我在前面提過的，一旦借不到，就得透過好友彭俊輔向他的表舅以高利貸支借。每半年即將還清高利貸時，總是又得再借錢，經濟上，我就這樣一直活在惡性循環之中。

為了生活，我最多曾經同時接了八個家教，只有晚上過了九點以後才有時間唸書。尤其在攻讀心理學研究所碩士班時，必須直接閱讀專業期刊的文章，當時又沒有影印的設備，同學之間需得互相協調，安排輪流閱讀的次序，我總是選擇晚上十點鐘以後的輪班。如此，我可以在教完家教之後，到系館把期刊帶回家閱讀，每天總是至少折騰到深夜兩、三點才得上床睡覺。這樣，必須擔起養家的重責，以及繁重的功課加身，壓力相當沉重。尤其，每次一個家教結束了，最怕就是無法立刻找到另一個來遞補，其間總不免有了空檔，如此一來，收入立刻受到影響，不穩定了。長期下來，這種的生活壓力深深鑲嵌進潛意識裡頭，一直到了我已經是四、五十歲了，晚上睡覺的時候，仍然不時會夢見自己竟然整個月忘了去家教，以致驚恐而醒，甚至全身冒冷汗。

沉重的生活壓力迫使我在大四時不得不決定繼續唸研究所，如此可以拖延當兵的時間，免得一去當兵將導致整個家庭陷入經濟困頓的窘境。記得在大四時，暑假來臨後的有一天，我因事回新竹一趟，突然，弟弟趕到新竹，要我立刻回台北，因為接到紅單（即入營召集令），必須在一兩天內（我已不記得確實的時間）到成功嶺報到，接受當時實施之預備軍官的暑期基本訓練，時間是八個星期。對我來說，這無疑是青天霹靂，斷了我全家的生計。對此，我必須感謝我的朋友吳忍（應當還有彭俊輔或魏綸言），他一口氣擔下我所有的家教，替我賺錢養家。這個恩典，我畢生難忘，由衷感激。

依當時的法令，以我家的人口結構，尚達不到免服兵役的標準，拿到碩士後，我沒有任何選擇，必須入伍服一年的預備軍官役。對我，這無疑是棘手的困境：一年沒有收入，全家勢必難以存活，我當然感到十分煩惱。是時，我被徵召進入當時座落在外雙溪故宮博物院對面的陸軍行政學校接受三個星期的專科訓練。我還是委託吳忍等朋友代班替我教學生。還好，中間兩個星期週末我都因有榮譽假得以出營家教。就在這個節骨眼當中，我碰到了貴人，為我化解了我所擔憂的絕境。當時，我有一個家教在永和，學生唸的是基隆水產學校，他的父親是當時馬祖防衛司令部政戰部主任。應該是我自行政學校放榮譽假出來家教的第一個禮拜吧，這位家長剛好從馬祖的單位休假回來，他見了我，與我寒暄一陣子後，問我：「葉老師，你接著準備做什麼？」我就把我個人可能面臨的窘境一五一十地告訴他。同時，我加了一段話，是這段話起了作用，救了我。

早些年，國軍推動人才運用科學化的政策，委託師範大學的路君約教授建立適用於國軍軍官的智力測驗。路先生同時也在台大心理學系兼任教職，擔任心理測驗的課程。或許就在這樣的情況之下，需要一些懂得心理測驗的心理學系畢業生參與整個計畫的推動，好些年來，我們心理學系的男生畢業後服役，都被安頓在三軍總部與國防部人事署，直到我將服役這一年才準備停止。說來，這是我自己延誤了，倘若於大學畢業後我立即去服役，這個問題本可化解，但是為了養家而延誤了兩年，才面臨這樣的窘境。總之，當時我就把這樣的背景對這位家長（實在很失禮，年代已久，竟然把他的名字給忘了，怎麼想也想不起來）說明。大致上，我是這麼說的：「我們心理學系過去一些年的畢業生都是分發到三軍總部與國防部人事署服役，專門負責國軍的智力測驗業務，但是，從今年開始被取消了，全部下放到部隊。」他聽了之後，說道：「現在的國防部人事署署長是我過去的同學，我來幫你說說看。」我當然再三道謝，但是也知道能否成功還是未定數，把不準的。我於是懷著一絲的希望回到行政學校接受最後的訓練，就在結訓前當面抽籤分發服務單位時，所有學員都抽了籤，只有我沒有。我立刻知道「成了」！不少同學直問我「為什麼你不用抽籤」，我只能昧著「良心」說：「我也不知道。」當然，我是知道的，心自然也就安了下來。

當年心理學系大學部低我兩班的學弟都參加了軍隊中的教官考試，分發到各單位充當教官。只有後來擔任專賣兒童服裝用品之麗嬰房公司的董事長林泰生先生，與後來回心理學系任教的徐嘉宏先生沒有參與考試，因此，原本將分發到部隊當步兵排長的，但是後來也一同分發到陸軍總部人事署第二組。他們所以這麼做，我猜，或許是因為讓我一個人分發到陸軍總部人事署服役，有嫌過於張揚，所以，乾脆把這兩個原本要下放部隊的學弟一起拉到總部來。說來，他們兩個可以說是沾了光的。總之，能夠調到陸軍總部服少尉預官役，讓我能過朝九晚五的上下班生活，才能在晚上與週末繼續兼家教養活家人。

沒錯，不同的際遇可能改變人的一生，單就我服役所遭遇的際遇來說，當然是相當意外而偶然的緣份來牽成的，但是，我很不願意一味運用因緣輪迴的說法來為自己圓成其因果。這樣沒有太大的意義，我寧願回過來問問自己：應當以怎樣的態度來看待這樣的幸運緣份？我一直懷著感激再感激的心祝福著那萍水相逢、但卻不問代價地伸出手來幫助我的人。至今，我還是心存感激，也讓我發願一生願意幫助那些需要幫助的後輩。這或許是人生命中一種可貴的不斷回饋循環吧！說是典型的象徵交換情景，應當不為過的。

楊國樞的弟子與實證研究

我一轉進心理學系，就開始跟著楊國樞先生讀書。楊先生那時候剛升任講師，年輕、熱誠又用功，勤於吸收西洋新知，是許多學生崇拜與跟隨學習的偶像老師，我就跟著他唸一些有關心理物理學的相關論文。當時楊先生是把心理學當成像物理學一般的科學來看待，從心理物理學領域起步，開啟了我連續五年（大二起至研究所）的典型實證主義式訓練。

除此之外，我還回哲學系修課，包括許恪士先生開的「倫理學」與黃金穗先生教授的「數理分析」，也旁聽了成中英先生的「語言哲學」，成先生那時候剛從哈佛大學拿到哲學博士學位回來，帶來很多新的東西，風靡了不少學生。成先生引介的新知，對我後來的進修也有著一定的影響。

必須一提的是，我的哲學系同班同學，後來更一起轉到心理系的李本媛，原來就是楊國樞先生的小姨子。楊先生的夫人李本華先生也是由哲學系轉心理學系，我在大學部唸書時，她是研究生。李本媛的父親，也就是楊國樞先生的岳丈李立柏將軍，當時是警備總部副總司令，李家位於信義路與中山南路交口，是一幢日式大房子，還有衛兵擔任戍衛任務。對我這個來自新竹地區台籍平民家庭的小孩，可以說是第一次見識到統治階層高幹的居住狀況而大開眼界。

一九六一年我第一次到李家拜訪時還沒轉系，當時楊先生也還是心理系助教。那是冬天的一個週末，楊先生穿著一件加著藏青罩子的長袍，由內房緩緩走出，讓我留下極為深刻的印象。轉系後我正式成為楊先生的學生，並修習他所教授的必修課——比較心理學；楊先生在我唸碩士班一年級時赴美攻讀博士，我們暫時失去聯絡；一九七四年我回國任教，才再度與楊先生密切往來。

我和楊先生從相識至今已經半個世紀，結下了一輩子亦師亦友的緣份。過去台灣學界的長輩朋友們總說，楊國樞先生有三大弟子：我是大弟子，瞿海源是二弟子，而黃光國則是三弟子。我們三人都是心理系出身，後來常在媒體上撰寫政論，我跟楊先生認識最早，但瞿海源、黃光國都跟著楊先生寫碩士論文，體制上才是真正的弟子，況且，他們後來發展的學術領域是相近著。

在心理學系讀書期間，我自認是一個很獨特的學生。獨特之一是，唸書是副業而當家教賺錢才是正業，但該唸的書基本上都會唸完。在心理學系大學部三年期間雖沒拿到書卷獎，但整體成績還是相當不錯（第一年唸哲學系時，兩個學期的書卷獎都是我拿的）。

獨特之二是，我會自己找經典作品來看，譬如麥道格（William MacDougall）的《群心》（*Group Mind*）、阿多諾（T. Adorno）的《權威人格》（*Authoritarian Personality*）、赫爾（Carl Hull）的《行為的原則》（*The Principle of Behavior*）等。當時心理學系藏的經典作品，我幾乎都翻閱過，但因年少識淺，知識背景不夠，加上缺乏適當的師長指導，所以無法深入消化閱讀的書籍內容。不過，這種追求知識的飢渴態度，從此成為我人格的一部分。

基本上，我在台大心理系所五年期間，打下了有關行為與社會學科中實證主義取向的研究方法底子，除了要感謝楊國樞先生之外，我還得特別感謝劉英茂先生，他為我奠定有關統計、研究方法、學習心理學等領域的基礎，鄭發育先生則為我打下實驗心理學的底子。

劉英茂先生是心理學系第一屆畢業生，也是當時少數從國外返台任教的博士，可以說是「系寶」。劉先生教學認真，是學問相當紮實的一位好老師，只是不善口齒，講起課來，學生不太容易吸收。我在大二時修習他所開授的「統計學」，當時碩士班研究生的「高等統計學」也是劉先生教授的，也不知何故，他把研究生安排與我們一起上課。這意味著劉先生把我們當成研究生的程度來教。第一個學期我雖然得了八十幾分，但憑良心講，我不曉得學了什麼，完全沒有概念。於是我就利用家教之外的寒假時間，幾乎天天埋首台大舊圖書館二樓，把他教的東西重新溫習一遍，下學期再上課就覺得能夠上手，瞭解能力無形之中增加了許多，表現也就更好了。

當時劉先生使用兩本書，一本是比較淺顯的統計推論教科書，另一本則是數理統計，需要微積分的底子才可能讀得懂。幸好，我在新竹中學就學過微分，又因是轉系生正補修微積分，所以勉強可以應付。此外，他還推薦了傅勒（Fuller）的《或然率理論與其應用》（*Theory of Probability and Its Applications*）給我們參考，我買了但沒認真讀，直到進了研究所再次修習劉先生開授的「高等統計」時，才認真讀了一部分。後來到美國唸博士學位，到統計學系修習統計課程時，才知道傅勒這本書是修習或然率理論的經典作品，可以說是最難的一本。當美國老師知道我讀過，甚感訝異，因而對我這台灣來的學生另眼看待，我至今感激劉先生為我打下的統計基礎。

實驗室裡的老鼠齒痕

當年台大心理學系強調實驗與學習心理學，我卻走上了完全相反的道路。說起來，這種學術轉向除了與我的心性有關，還有一段在實驗室內發生的重要插曲。

當年台大心理學系要求學生畢業前必須完成一篇論文，我和李本媛一直跟著楊國樞先生讀書，我們兩人也就順理成章地找楊先生指導論文。那時候楊先生迷上費斯汀格（Leo Festinger）提出的「認知失調」（cognitive dissonance）理論，要我們以此為基礎來寫論文，分工進行兩個相關研究，而且用老鼠做實驗。

這項研究可說是要了我的命，不但讓我對「以實驗為基礎的心理學」產生負面刻板印象，更因而左右了我後來整個學術生涯的基本方向。

當時大學經費拮据，心理學系連做實驗用的老鼠都買不起，系方的變通之道，是向位於台大醫院內的美國海軍醫院要來做完生理實驗而被淘汰的實驗用老鼠，然後自己繁殖，利用生下來之「嶄新」的老鼠進行行為研究，以確保無任何可能之不良行為遺跡殘留。

在這樣的情況下，為了做實驗，我必須在老鼠一生下來就開始養育。最令我困擾的，莫過於之後「馴化」（taming）老鼠的工夫（老鼠若未被馴化，會因驚恐而無法被操弄來進行行為的實驗研究）。當時我每晚幹完家教，就得趕到系館動物室，穿上實驗用白袍，把每隻老鼠一一從籠子中拿出來，讓牠貼靠在白袍上，用手撫摸「伺候」著，每隻總要伺候個一、二十分鐘。

平生我最怕蛇，老鼠有著圈圈鱗片的尾巴像是蛇鱗，這令我感到相當不自在，因此，只要老鼠尾巴捲在手臂上，我總是會立刻起雞皮疙瘩。尤其一整天忙著家教賺錢養家，到了晚上早已精疲力絕，怎麼會有耐心伺候這些「主子」呢？所以根本「馴化」不好。如此，長期與老鼠搏鬥，免不了會被咬，我的左手拇指關節附近就留下了慘烈代價——被老鼠咬的齒痕，這些齒痕到今天都還沒消褪。

尤有甚者，由於我「馴化」不好，只要把老鼠從籠子裡捉出來，牠們就驚恐地吱吱叫，在我的白袍上照樣撒尿撒便，根本沒有被馴化的跡象。即使我放進T型「迷津」（T-maze），縱然有玻璃蓋子，牠還是跳出來，在教室裡面到處亂跑，我就得苦苦追趕，就這樣整個晚上折騰著。

讓馴化不良的老鼠從事行為實驗，不可能得到可靠而有效的數據，結果註定失敗。坦白說，當時為了交差以如期畢業，我是以「半真半假」（整體來說是「假」的）的方式來呈現資料，難怪楊先生只給我六十分，剛好及格的分數，算是犒賞我與老鼠「主子」奮鬥交戰的辛苦，也用此肯定我有了「從事心理實驗」的實戰經驗吧！

楊先生顯然是英明的，心裡明白我提出的報告有問題，只是沒有道破而已。但回顧當時，要一個大學生必須通過這樣的考驗才能畢業，也似乎過分了點，難怪後來系方就廢除這項規定了。

這段實驗經驗的深遠影響，是讓我開始認真思考「表現在老鼠等動物身上的行為，可以推演到人類身上嗎？」這類基本問題。我覺得人的行為無法如此化約，所以曾在心理學研究所的「基本學習歷程」課堂上，對劉英茂先生的主張表示不同看法。劉先生認為，我們對人的基本行為尚且無法理解透澈，怎麼可能了解更高等的社會行為呢？我則認為這是不同層次、乃至不同現象面向的問題，應該可以用不同方式分別爬梳，因此無法同意劉先生這種具「進階性」、類似「演進觀」的學習理論。後來我到美國修習社會學，了解十九世紀後期以來，德國社會學界出現到底歸屬於自然科學還是人文學科之爭議，如狄爾泰（Wilhelm Dilthey）與里克特（Heinrich Rickert）之爭，尤其讀了韋伯（Max Weber）的著作之後，更加證實我的看法。

由於學術志向出現微妙改變，我決定告別台大心理學系的主流——以實驗與學習心理學為本的典型「科學導向」學習方向。我在台大心理學研究所完成的碩士論文題目，特別請張肖松教授做指導教授，進行一項有關不同民族（國家）之刻板印象的社會心理學研究，使用問卷與量表來研究大學生，而不再依靠動物實驗了。

儘管如此，當是時，對於未來出國深造，我並沒有「背叛」心理學而改唸其他學門的打算。當我向美國大學申請入學許可時，申請的還是心理學系，只是把主修轉移到政治心理學與社會心理學，而排除了實驗與學習心理學。

回顧台大求學生涯，我的個性並沒有太大改變。如同我十八歲到台北唸大學，就再也不曾回到新竹老家居住一般，我已經對自己的孤獨、漂泊感到習慣。

我從小雖然頑皮，卻很內向，寧願自己一個人躲在閣樓，從書裡面找伴，或是自己亂畫東西。看書、畫畫，就可以消磨一整天。雖然小學時喜歡打乒乓球，有時候朋友會到我家，把長桌子擺在一起打起乒乓球，但之後也都沒有連絡了。

大一時，我跟著新竹中學的幾個同學加入合唱團，但因為沒興趣，沒幾次就退出了。因為喜歡看電影，我也參加了台大話劇社，但因不欣賞當時社長態度很混的作風，有一次社團要我演一個串場的小角色，我說我不幹，此後就沒再去了。事實上，那個年代的年輕人都在忙著K書、準備出國，我自己則因忙著家教，根本沒時間透過社團結交朋友，除了幾個死黨朋友之外，我是說總是孑然一人，獨來獨往的。

意外走上社會學之路

我的留學申請並不順利，最後甚至於誤打誤撞走上了社會學之路。

當時我申請大約十所美國大學的入學許可與獎學金，雖然在校成績還不錯，卻只有兩校給我入學許可，但沒有獎學金。反觀申請實驗與學習心理學這兩門學科的同學，即便成績不如我，也都拿到入學許可甚至獎學金。我感覺到很窩囊，也有點怨。事後分析，這應該跟當時美國心理學主流是實驗與學習心理學，政治心理學、社會心理學的教授缺乏研究經費、難以提供獎學金，況且，我在台大心理學系就讀時，原就缺乏與這兩個研究主題的基本知識。

不過，我這個人常有「貴人」相助，總能逢凶化吉。當時有位從機械系轉來心理系的同學康杰，大學畢業當完一年兵就到美國留學，一開始是在密蘇里大學堪薩斯校區的心理學系攻讀碩士，後來跟著指導老師轉到密蘇里大學主校區社會學系攻讀社會心理學。當時，他建議我不妨試試申請密蘇里大學哥倫比亞校區的社會學系與他一樣，一齊攻讀社會心理學。我就在這樣偶然的機緣下，走上之前從未想過的社會學之路。

當時密蘇里大學哥倫比亞校區的社會系與鄉村社會學屬於同一學系，我的指導老師李翁柏格（Herbert Lionberger）教授屬於鄉村社會學部門，我則歸屬於社會學系。李翁柏格教授從一九六六年起主持一個關於台灣農民如何採納新稻種的研究計劃，他的研究助理張奚之是中國抗戰時期西南聯大英語系畢業、後來到台灣農復會（即現今農業委員會的前身）工作，張奚之一九六八年從密大畢業後，李翁柏格教授需要一位懂中文的研究助理接手這項計劃，這給了我另一項的機緣巧合。

為了說明這個機緣，我必須提到另一位「貴人」，這個「貴人」是當時的台大農業推廣學系系主任楊懋春先生。我向密大社會系提出申請後，突然接到一封限時信函，是楊先生寄來的，在信中沒說任何事，只叫我某日某時到辦公室見他。當時我相當納悶，因為我並不認識楊先生，不知何事要召見我，我只好懷著忐忑的心情去了。

一見面，楊先生劈頭就問：「你是不是申請了密蘇里大學社會學系，有個教授叫李翁柏格的你認識嗎？」我回答說：「是的，我申請了，但是，我不認識李翁柏格教授。」楊先生接著說：「這位教授是我的朋友，想考慮讓你擔任他的研究助理，寫信來要我代他面試你。今天我找你來，就是要告訴你這件事，並且讓你知道，我不準備寫任何評論意見，因為跟你競爭的是我的學生，倘若我寫了，顯然會對你不公平。」

後來我才知道，這位「競爭對手」是已獲得農業經濟學研究所鄉村社會學組碩士、後來成為農推系教授的蔡宏進先生。以楊先生與蔡宏進的關係，只要他一寫意見，自然會對我相當不利的，但楊先生沒有這麼做。他力圖維持公平競爭的人格風範，讓我深深感動，這種公正無私的胸懷，非一般人能夠做到，我也因此一直以楊先生的風格來砥礪自己，並奉之為表率，以至於後來有學生說我相當「冷血」，不知照顧自己的學生。我想，這是楊先生給我的啟示，他是我心目中代表剛正不阿的典範。

我認為，即使楊先生沒有向我的指導老師表示任何意見，以蔡宏進先生的學術背景而言，他還是比較佔有優勢的，理由是：一、他有鄉村社會學正科班的背景，正是我的指導老師需要的；二、他是楊懋春先生的學生。然而，為何是我被選上？我一直沒有問過李翁柏格教授，回想起來，我猜有兩個理由：一、蔡宏進的托福成績沒有達到密大的基本要求，這可能是最關鍵的因素；二、我的碩士論文使用當時伊利諾大學心理學家奧斯古（Charles E. Osgood）、蘇西（George J. Suci）與坦能堡（Percy H. Tannenbaum）在《意義的測量》（*The Measurement of Meaning*）一書中所運用的語意分殊量表（semantic differential scale）。當時在台灣，這算是很新的一種測量技術，即使在美國學術界也是如此的。李翁柏格即借用它來測量農民對農業創新作物的態度。他當然知道我在碩士論文裡用過這樣的技術，或許就因為如此而認為我有能力幫他處理研究資料，於是給了我這份助教獎學金。

其實，人生就是這樣，當中總是有著不同的機緣。後來我跟蔡宏進先生談起這件事，我跟他說，你是塞翁失馬，焉知非福的，因為後來他去了常春藤聯盟名校布朗大學社會學系，不但比密蘇里大學還好，而且拿的獎學金比我還好。

我的生命機緣中，還有另外一件與楊懋春先生有關。一九七六年我再次回國在政治大學民族社會學系任教時，某一天楊先生再次寫信給我，這次約我見面的地點是台北市外雙溪的東吳大學社會學系，那時候他已經從台大退休，到東吳大學籌設社會學系。顯然事隔多年，他已經忘了過去曾經約談過我這件事。其實，我已拿了學位回國任教，按理應當去拜訪答謝他才對，如今他又主動邀約，我更是應當立刻就去拜訪。

當我再次去見他時，他劈頭就問道：「你是李翁柏格教授的學生嗎？」我回答說：「是！」。他接著說：「我最近接到李翁柏格教授來信，告訴我，他有一個學生在台灣的政治大學教書，並且把你的名字告訴我。我今天找你來，就是想商請你到東吳來，我把系主任的位置交給你，讓你有一個比較良好的發揮空間。」

當時除了表示感激之外，我立刻回絕，並且告訴楊先生，我對行政工作一點興趣都沒有，一輩子只想做個不管事的學者。同時，我也把一九六八年與他初次見面的往事提出來，他笑著說已經忘記了。沒想到那麼巧，兩次見面竟然是因為同一個人。

這件事讓我深深感覺到，楊先生不只是一個大公無私的知識分子，更是懂得提攜後輩的謙謙君子，有著中國傳統讀書人所期盼嘉勉的胸襟和涵養，令人敬佩。楊先生已過世很久了，至今還是令我非常感懷，今天的學術界已找不到像他這樣的君子了。

就在諸多「貴人」的庇蔭下，我別無選擇地去了唯一給我獎學金的密蘇里大學哥倫比亞校區社會學系攻讀博士學位，也再次改變了專攻的學門。事實上，之前我只在大二時上過一門陳紹馨先生教授的「普通社會學」，而且還是經常蹺課混過，如今竟然要到美國唸社會學博士，對我而言，既唐突，膽子也確實過大。儘管在行前幾個月裡臨時找來一本丁馬謝夫（Nicolas S. Timasheff）的《社會學理論：其本質及成長》（*Sociological Theory: Its Nature and Growth*）的「海盜版」惡補一番，但因缺乏一定的社會學知識背景，所以不但沒看完，而且沒看懂。我就在這樣的情況下整裝赴美留學去了。

由於社會學基礎幾乎是零，我到美國的第一個學期非常緊張，用英文理解帕森斯（Talcott Parsons）、高夫曼（Erving Goffman）這些大師的書簡直是要了我的老命。有天李翁柏格教授到我的研究室來，看見我正在讀帕森斯的《社會體系》（*Social System*），立刻說道：「不得了，你竟然在讀帕森斯的書，我從來就看不懂他的東西。」我只好笑笑，也說道：「我也看不懂。」當時，我確實是讀不懂，胡亂地瞎猜，只是好歹及格，把課修過，其中辛酸自難言喻。

後來能夠順利拿到社會學博士學位，我覺得最主要應當是得力於我在台大心理學系所受到嚴格之實證主義經驗方法與統計訓練，這真得感謝劉英茂與楊國樞兩位老師，尤其是劉老師。再者，以我個人的心性來看，改唸社會學這樣陰錯陽差的順勢選擇卻是正確的。假如我繼續留在心理學界，既使拿到名校博士學位，也仍是一個懸掛實證主義旗幟的心理學家或社會心理學家，而不是今天這樣讓我有更大空間調整自己的興趣，以從事社會理論思考為職志的社會學者了。

六〇年代學運與密大校園

一九六八年我赴美唸書時，剛好是西方馬克思主義左派理論開始興盛（至少在美國是如此），也是西方學生運動蓬勃的年份。那一年，發生在法國巴黎的左派革命運動（以及學運）立刻波及美國，此後一兩年內，美國大學校園內的學生抗議是家常便飯。當時密大社會學系是學校內學生參與運動的重鎮，不單學生參加，一些老師也加入，有幾位老師被校方盯上影響加薪，這些老師還告到「美國教授協會」進行仲裁，結果判學校敗訴，一時轟動全美學界。

美國學生運動風起雲湧之際，中國文化大革命也正如火如荼進行著。那時候，美國最暢銷書籍之一竟然是《毛澤東語錄》（英文版）這本紅色小冊子。我有很多美國同學（尤其學運份子）相當敬佩毛澤東，認為他是英雄，乃至是解放人類文明的救星。他們讀《毛語錄》，參與遊行的時候也都帶著《毛語錄》，高呼毛澤東萬歲。

密蘇里州聖路易市的華盛頓大學社會學家古德納（Alvin Gouldner）甚且寫了一篇文章〈紅衛兵〉（Red Guard），大力推崇文化大革命，認為是人類文明史中最徹底由下而上的革命，使得人類可能達致全盤革命的契機。今天回頭再讀這樣的文章，不免讓人覺得，這是躲在學院象牙塔中之西方左派蛋頭教授的一廂情願觀點，根本不理解文化大革命在中國社會情境中的政治權力鬥爭意涵，與背後所隱藏之有關中國人的行事理路與文化模態。

總之，我就在這樣的時代氛圍中進入密大社會學系，主修社會心理學，外加強調傳播理論（配合指導教授的研究）與統計。當時美國社會學界可說是量化研究最興盛的時代，而社會學理論，則是以美國本土出身之帕森斯為首的結構功能論蔚為主流。學運帶來的是一股新的思想刺激，其中在加州大學聖地牙哥校區任教之法蘭克福學派（Frankfurt School）健將馬庫色（Herbert Marcuse），扮演學運精神領袖與革命導師的關鍵角色。這樣的思想自然是衝擊了來自常春藤學院溫室的結構功能論（帕森斯任教於哈佛大學），開始為美國各大學的社會系學生帶來衝擊。來自歐陸，從盧卡奇（Georg Lukács）以降之西方馬克思主義，包括（葛蘭西、阿圖色等人），以及法蘭克福學派（包括阿多諾、霍克海默、馬庫色與哈柏瑪斯等人）的學說，開始在美國社會學界受到重視。

就美國本土的社會學思想而言，古德納在一九七一年所寫的《西方社會學將來臨的危機》（*The Coming Crisis of Western Sociology*），直接批判美國主流社會學，尤其是帕森斯、高夫曼等代表性人物，並且主張社會學應當重視「反思」（reflection），可以說是帶動了美國社會學界重新思考結構功能論的重要轉折點。此書轟動一時，頓時洛陽紙貴，我們系裡的研究生幾乎人手一冊，學生中間誰再自稱是帕森斯的信徒，就會被譏笑是落伍。自此，西方馬克思主義（尤其法蘭克福學派）也就跟著逐漸成為社會學界（至少學生群）裡的顯學。

雖然歐陸社會理論逐漸向美國本土傾銷，一些美國二、三流學校也開始徵求有能力開授新左派理論（尤其批判理論）的教授，但直到一九七〇年代中期，美國主流大學還是由實證主義結合美國本土之結構功能論與象徵互動論所掌控，密大社會學系的教授群自然也不例外。當年我就讀時的老師，幾乎沒有一個是熟悉西方馬克思主義與法蘭克福學派的。到了接近一九七〇年代後期赴美留學者，例如東海大學社會學系的高承恕教授，才開始接受不一樣的社會理論訓練，而我自己對於西方馬克思主義、法蘭克福學派與勒菲伏爾（Henri Lefebvre）以降之法國社會理論的知識，則是在一九七四年返台任教後才認真自修，逐漸累積起來的。

在密大社會學系課堂上，我第一個學期雖然壓力極大，但第二個學期就好多了，半年下來就漸入佳境。我當時很用功，大概早上七點多就到學校研究室，一直到晚上十一、十二點才回家，除了聖誕節休息幾天，一整年都是如此。

在美國讀書有一點很重要，必須要讓老師感覺到你有一個特殊能力，這樣存活的機會就變大了。我主要是靠量化技術、寫當時流行的 fortran 電腦程式，然後可以把方法或統計書中的錯誤挑出來，讓老師覺得這個外國學生有兩把刷子。例如我的一位老師拉瑟維茲（Bernard Lazerwitz）在當時剛出版不久之小布拉洛克（Hubert M. Blalock, Jr.）與安・布拉洛克（Ann B. Blalock）兩人合編的《社會研究中的方法論》（*Methodology in social Research*）中負責撰寫抽樣理論，他指定我們閱讀那本書的許多章節（當然包含他寫的那一章），我看過之後把裡面錯誤的公式與數據都挑出來，他很震驚，一再地說：「我已經檢查多遍了，怎麼還有錯？」我當場就演算給他看，他不得不心服口服。當時，我也把該書中法國有名之量化社會學家布東（Raymond Boudon）所寫有關他自稱為「依賴分析」（dependency analysis）一文中所有錯誤符號一一指出。這個老師聽得一愣一愣的。後來，他上課就開始緊張，尤其涉及公式的演算，往往會馬上回過來問：「葉先生，我這樣做對嗎？」（Am I right, Mr. Yeh）後來，他一直拉攏我跟他寫博士論文，但是我不可能背棄給我獎學金的李翁柏格教授，只能拒絕。這位猶太老師後來回以色列的大學教書。而在另外一個由韋翰（Ted Veghan）教授所開授的討論課，開列了當時剛出版不久之柯爾曼（James Coleman）的《數理社會學導論》（*Introduction of Mathematical Sociology*）為討論材料，我負責報告，我一樣把書中所有能找到的公式錯誤一一糾正過來，並發校正單給所有同學。這麼一來，老師也對我另眼看待，我知道，我可以活下去了。

在這同時，我開始建立做學問的基本態度。對當時在社會學領域內所有的經典作品，我都盡可能地系統讀過。對社會學可能碰觸的方法，例如實驗法、調查法、抽樣、測量理論、統計誤差檢定、參與觀察、當時流行的「因徑分析」（path analysis）、紮根理論（ground theory）等等，我一個一個追根溯源，進行系統性的文獻閱讀，力求瞭解其來龍去脈。總地來說，至少，這讓我對於美國社會學傳統中之（特別是量化的）經驗實證研究有著更紮實的認識，對我後來一再嚴厲批判實證主義奠下了基礎。整體而言，儘管我在課堂上除了接受來自美國本地的社會學理論（如帕森斯、莫頓、米德、高夫曼等人）之外，也讀了一些歐陸大師如馬克思·韋伯、涂爾幹與齊美爾（Georg Simmel）等人的經典著作，但我在密大社會學系接受的社會學訓練，基本上還是在實證主義傳統主導下的經驗實徵研究為主。

當時我醉心於堪薩斯大學心理學家海德（F. Heider）的「平衡理論」（balance theory），進而下功夫研究密西根大學學者紐康姆（T. M. Newcomb）以海德理論為基礎所發展出來的A—B—X模式（A-B-X model）以及由哈拉瑞（F. Harary）、諾曼（R. Z. Norman）與卡特萊特（D. Cartwright）發展出來之有關互動結構的「圖標理論」（graph theory），還有拉薩斯斐德（Paul F. Lazarsfeld）的「潛在結構論」（latent structure theory），並將其運用在博士論文中。

此外，在台大心理學研究所就讀時期，透過劉英茂先生的介紹，我已經接觸過數理心理學（例如艾斯特〔William K. Estes〕把「猜測過程」〔stochastic process〕運用於基本學習歷程），約略感覺到運用或然率來表達人類社會行為現象是一條相當具有潛力的途徑。如前面已提過的，在密大的「社會學方法論」課程中，我進一步讀到柯爾曼所著《數學社會學導論》，甚為他企圖以「猜測過程」的或然率理論來表現社會行為與社會互動過程的作法所吸引。我認為，柯爾曼的處理化解了社會測量本身所遭遇的根本困境，透過或然率的概念，乃促進社會學與數學可能產生結合的關鍵契機。

回顧西方科學發展，十七世紀時數學與物理學的結合，讓物理現象得以妥貼地以量化的方式表現出來，是至為關鍵的轉捩點。尤其，笛卡兒發明解析幾何，使得代數、三角與幾何可以結合，而牛頓與萊布尼茲發明了微積分，更是進一步帶出了連續性的概念，導使數學與物理學更加緊密地結合在一起，也因此使得物理科學在幾個世紀裡突飛猛進。

在整個實證主義傳統的籠罩下，當時我認為，倘若要使社會學研究「科學化」，擠進科學殿堂與物理學等等自然科學並駕齊驅，數學化絕對是必要的道路。然而，無論心理與社會現象（特別後者）卻缺乏物理學所具有這樣與（傳統）數學可以緊密結合的特質，因此，假若要把數學運用到人的社會行為現象，顯然需要一個新的數學體系，讓「現象」以或然率（以「〇」代表全然不發生，而「一」代表絕對會發生）的形式來表現可能是一條可行的路子，柯爾曼的理論正是朝此方向發展。我也因而花了不少時間接觸將數理統計（包含或然率）運用於社會現象的相關文獻。

就算是量化研究取向，密大當時的訓練顯然無法讓我滿足。加上當時世俗心猶存，總覺得在密大這樣的二流學校唸書很窩囊，所以，在撰寫博士論文期間，我下定決心再找學校進修有關或然率與測量的理論，並且鎖定史丹佛大學的蘇普斯（Patrick Suppes）教授作為跟隨的導師。

我在台大心理學研究所時即已讀過蘇普斯教授在《數理心理學手冊》（*The Handbook of Mathematical Psychology*）中所寫的一篇文章〈測量理論〉。當我下定決心專攻以或然率為本的數理分析後，我只知蘇普斯教授在史丹佛大學統計學系開授「或然率哲學」，名校、名師、加上課程方向對我具有三重吸引力。於是，我決定再赴史丹佛大學再進修。後來到了史丹佛大學，見了蘇普斯教授本人之後，我才知道他是哥倫比亞大學哲學系訓練出來的，專長為邏輯學，數理邏輯中還有一個定律是他發明的。當時，他是史丹佛大學哲學系、統計學系、心理學系三系合聘的講座教授，蠻大牌的。

在史丹佛大學認清自我

一九七一年間，我一邊撰寫博士論文，一邊考GRE數學專業測驗，申請史丹佛大學統計學系的博士班，並與蘇普斯聯絡，隔年年底論文寫就即轉往史丹佛大學。一九七二年冬季班的史丹佛大學統計學系，總共只收兩個博士生：一個是我，另一個是普林斯頓大學數學系畢業的白人，我們兩人被安頓在同一間研究室。

到校後，我立刻找蘇普斯教授談話，談了超過三十分鐘。當時外面有一位蘇普斯指導的研究生等著，我一出來，他就問說我是誰，怎麼可能與蘇普斯談這麼久？因為蘇普斯是大忙人，經常搭飛機東飛西飛的，據說他很多論文都是在飛機上寫的，從來就沒有時間與學生談這麼久。所以，那個學生以相當異樣、但又羨慕的眼光看著我，這就是美國一流大學大牌教授的基本樣貌。到今天，我還弄不清當時為什麼蘇普斯教授願意與我談那麼久，說真的，談什麼，時至今天已想不起來了。

蘇普斯是德州人，經常穿著牛仔褲，在輕便西服的前胸口袋插著兩根大雪茄，有著典型美國學者的親和力。與他談過，才知道他的主聘學系是哲學系，了解我的學習意向後，他要我下個學期轉到哲學系去。當時，史丹佛大學哲學系的專職教授不多，卻有美國大學獨門的「專技哲學」（technical philosophy），課程包括數理邏輯、蘇普斯專長的或然率哲學與「自動機理論」（theory of automata），支撐這個領域的大將就是蘇普斯本人。談完後我不禁想著，怎麼最後又轉回到當年投考台大時的第一志願——哲學系，難道是天意嗎？

後來我選了三門課，其中或然率理論、數理分析與台大時期修過的課使用相同教科書，等於是再複習一次，應付起來駕輕就熟。然而，就在上了約兩、三星期課程後，我開始對自己的決定（攻讀第二個博士，且偏離「正統」社會學之路）有了懷疑。

我首先思考的是現實問題：當時我已經二十九歲多了，赴美之後，我在一九六九年結婚、七二年生下大兒子為平，若要繼續再唸一個博士學位，至少需要五到六年，屆時三十五、六歲才出道找教職，合算嗎？另一個最重要的考量則是：作為一個社會學家，這樣的做法對嗎？後面這個問題才是我做出最後抉擇的關鍵。

那一個星期，除了去上課之外，我整天呆坐在研究室思考這個問題，根本無法唸書。首先浮現在我腦海裡的是一九六八年剛到美國讀書時，在報紙、電視上看到，以及自己在校園裡親身經歷的學生運動場景，我認真思考其背後所隱藏的問題，馬克思論述中企圖解放資本主義下被剝削的廣大工人無產階級，這種強烈的人道主義此時才真正令我心儀，並讓我進一步反思四年半來，在密大所讀到社會理論背後所隱藏具深刻歷史質性的人文意涵。我嚴肅地思考著，作為一個社會學者，自己的知識份子使命與社會責任到底是什麼？社會學的知識應當是什麼樣子，與自然科學一樣嗎？

這時候我也驚覺，從小讀書以來，在興趣與能力方面，我一直都是「兩面人」。我一方面數學很好，也很喜歡，但是，另一方面很愛看書，喜歡思考人世間的種種問題，對世事發表意見。於是我才深刻地發現，我的基本人格有兩個面向：一個是嚴謹的自然科學態度，特別是經過了台大心理學系嚴格的實證主義訓練以後；另一方面，我又有一種很濃厚的人文興趣與對生命意義的關懷，這是促使我不惜與父親對抗、投考台大哲學系的根本動力。

在史丹佛大學的這段時間，我人格中這兩部分開始明顯對立，讓我面臨必須從中擇一的嚴峻局面：我到底要做以實證主義為典範的嚴肅科學家，還是要做一個具人文藝術傾向的社會學理論家呢？

幾經心靈的折騰，我最後決定，回歸當初考進台大哲學系的原始動機，像馬克思・韋伯等人一般，做一個具有人文藝術傾向的社會理論家，並且立刻回台任教貢獻所學。

既然決定了，我就立刻向蘇普斯說明心願，他很爽快成全，並且表示只要我想回史丹佛大學，就跟他說一聲，馬上讓我復學。在這樣的情況下，我毫無遲疑地決定回台灣，立刻向台大社會學系申請教職。

今天回過頭看，我沒有跟隨主流成為以實證主義為典範的嚴肅科學家，而是傾聽內心聲音成為具有人文藝術傾向的社會學理論家，這才是真正的天意呢！史丹佛大學統計學系的驚鴻一瞥成為決定的關鍵，很奇妙！

不過，我回台大任教之路，卻是一波多折。

早在一九七一年動筆寫博士論文之前，我即曾和台大社會學系系方聯絡，當時的系主任是龍冠海先生，他馬上回信表示，歡迎我回到母校服務。原本我預計在隔年七月完成論文，但我的論文處理有關農民透過互動以獲取農業創新的可能潛在「溝通鏈」強度問題，需要以電腦來計算一個約三百乘三百的矩陣，儘管密大的ＩＢＭ系統設備據說是美國大學中前五名，運算速度相當快，但電腦程式的發展還是不夠理想，除了需要花費很多時間撰寫程式之外，到電腦中心以打洞的卡片輸入時，又因連一個小逗點或字母都錯不得，不時重新製卡，同時為配合電腦的內建邏輯，更是需要不斷修改程式。這是一項耗時耗力的工程，加上我的程式在電腦上所佔的空間很大，所以優先次序低，只能利用深夜試用程式。就在這樣的情況下，我多耗費了半年時間，直到一九七二年底才完成論文。

到了七三年初，我決定不在史丹佛大學繼續深造後，立刻再寫信給龍先生，沒想到這段時間龍先生已因中風退休，系主任換人，我因此錯過了回到台大任教的機會。後來我在舊金山召開的「美國社會學會年會」碰到台大高我一班之社會學系學長蔡文輝教授，當時他即將從加州大學柏克萊校區畢業，正在覓職。我們兩人一談後得到結論：因為某些原因，台大社會學系系方擋下所有當時在美國拿了學位、想回國任教的年輕人，我們並非獨二的「犧牲品」。

我就這樣陰錯陽差與台大社會學系擦身而過，此後相隔五年之久，我才終於回到母校任教，這也可說是另一項無以逆反的天意。

與李國鼎夫人的約定

我是當時赴美留學生中的異類。一九六〇、七〇年代出國的台灣學生，大多數都打算在美國定居，連拿公費出國留學的人也千方百計想辦法留下來，所以民間才有「來來來，來台大，去去去，去美國」的說法。

當時美國比較好找工作，生活水準更不知比台灣高多少倍；許多留學生更因不滿蔣家主導下之國民黨政權的高壓獨裁統治以及對人權的迫害，或因擔心共產黨將「解放」台灣而想留下來定居。因此，我決定回台灣服務時，幾乎所有的朋友都勸我三思。

然而，對一個準備從事社會理論思想工作的社會學家來說，我卻深深體會到，一旦缺乏生他、育他之泥土的滋養，他的學問將會顯得相當貧瘠，缺乏能夠感應生命抖動的震撼力道，這樣經營起來的知識將是「異化」，也是冰冷的。社會學家與文學家一樣，需要關懷泥土，更需要生育之泥土來滋養，其作品才會感動人，而感動人正是價值之所在。這種考量深刻地左右著我的生命觀，正是促使我必須回到台灣的最大動力。今天回想起來，我不但不後悔，甚至感到慶幸，慶幸自己當年做了明智的判斷。

此外，還有一項重要的承諾，讓我毅然決定返台任教。

在我出國留學的前兩年，我還在台大心理學研究所唸書時，指導教授張肖松先生介紹我到當時任經濟部長的李國鼎先生家，充當他兒子李永昌的家教。能夠有此機會，我想是因為李先生的夫人宋競雄女士，早年是南京金陵女子大學的畢業生，而張先生則是金陵女大的訓導長，來台後又擔任金陵女大校友會董事長，他們原本就有師生的情誼。張先生相當照顧我，知道我需要養家活口，因此，除了介紹我到地處新莊的金陵女中充當寒假補習的數學代課老師（教授三角與幾何），還推薦我成為李國鼎先生兒子的家教。

當時我一個禮拜去兩次李先生家，李先生官大事多，十次有八九次都見不到他，李太太是虔誠的基督徒，不善交際，也不喜交際，在家的時間多，每次總是招待我吃晚飯。我就在李先生家吃到一輩子都沒吃過的一些東西：神戶牛排、日本的頂級蘋果與水梨、巧克力等稀奇物品。

李太太對我非常好，他兒子也很喜歡我，因為除了教數學之外，我總是會跟他討論其他議題，而李太太也希望我如此做。每次吃飯時，總是談得相當愉快，李太太幾乎把我當成家人看待。

碰到李先生在家時，他總是會問我關於時事的看法。我一向有很多意見，更不懂得在長輩面前藏拙，所以經常大放厥詞，然而李先生卻能容忍，顯示他是善於聽取意見，且樂於提拔後進的好長官。有一次，我向李先生提到，國家文官需要建立更具「科學性」的心向測驗資料，才能達到適才適職的經濟效益。以今日眼光看來，這只是一個專攻心理學且迷信科學、不經世事的毛頭小孩幼稚看法，但或許李先生欣賞年輕人勇於提出意見的熱誠，對我大加激賞。李先生還問我，當完兵（當時我正在陸軍總部服役）後，願不願意到他底下做事？我當下予以婉拒，因為我早已決定當學者，出國留學勢在必行，李先生當然尊重我的意見。

當時李國鼎先生還擔任陳誠先生基金會的董事長（陳誠先生過世後，親友故舊為他成立一個基金會，以無息貸款方式資助年輕學生留學），在大陸救災總會任職的郭驥先生則擔任秘書長（他是我領取獎助金時實際接觸者），我因為與李先生有這一層特殊關係，第一個獲得這份無息貸款助學金——新台幣六萬元，這筆錢當時可以在偏僻的地方買一棟小房子呢！

我就以這六萬元當成安家費，給我父親與弟妹過生活，至少可以支撐一年。另外，大學同學李本媛、紀敏雄分別借我五百元美金購買機票，以及赴美第一個月的生活費與註冊時需要支付的雜費（註冊後即可領取的密大助教獎學金已包含學費），就這樣在諸多貴人相助下前往美國。

出國前與李太太聊天時，儘管她看似不關心世事，卻常談到台灣人的處境、台灣社會各種現象，我當然又是大放厥詞，並且表現出知識分子的使命感與抱負，這讓李太太甚為感動。她始終認為，台灣人若不關心自己的社會，出國學成後若不回來報效，那麼誰會來報效社會呢？這段話感動了我，我立刻答應她，拿到學位後一定會回來台灣。

這是一種承諾，縱然是在單純感動下的衝動作為，但是，大丈夫一言既出，駟馬難追，無論願不願意，都得兌現。尤其最後一次告別時，李太太還送給我一本聖經，回家後打開，才發現她在裡面放了五十元美金。那時候五十元美金是很大一筆錢，以當時官方匯率一比四十，等於給了我兩千元台幣。我的家教待遇是一個月八百塊（那時候算是不錯了），兩千元等於是兩個半月的家教費，這更是令我感動，更加促成我學成後一定回來的決心。

第三章
台大社會系三十年

美國南方意外之旅

人的一生能有幾個三十年？我和台大社會學系結下不解之緣，生命中最精華的三十載歲月都在此度過，這段日子對我而言意義非凡。然而，當初進入台大任教的過程卻是一波多折，我的人生也因而多轉了好幾個小彎，最後才匯入台大社會學系這條漫漫長河。

前面我提過，不巧，在我想回母校服務的時候，台大社會系主任龍冠海先生中風退休，接任者以「小池無需大魚」為由，要我隔年成立碩士班後再來申請教職，讓我首度與回母校任教擦身而過。

當時還有兩段機緣值得一提。首先，我接到中央研究院民族學研究所李亦園所長來信，他誠摯地邀請我到民族學研究所任職。然而，我學的是社會學，到以人類學為本的民族所感覺很怪，因此予以婉拒。等我返台任教時才知道，在李亦園、楊國樞與文崇一等先生的通力推動下，中研院民族學研究所的組織結構早已改變，成為行為科學的鐵三角學科——人類學、社會學與心理學——合作的殿堂。早知是如此，我會毫無遲疑地接受李亦園先生的邀請的，但是，終究是錯過了，只能說我和民族學研究所沒有緣份。

其次，我遭到台大社會系拒絕後不久，突然收到時任台大心理學系系主任柯永河先生的來信。柯先生表示，他接到校長閻振興先生的電話，告知他我想回心理學系任教，請他認真考慮，但他記得我已經改行唸社會學了，怎麼會想回心理學系任教？我自己也覺得莫名其妙，立刻回信給柯先生強調，我既沒有寫信給閻校長，更從沒動過回心理系任教的念頭，請他別把這事放在心上。這事讓我感到十分納悶，我從不認識閻校長，他怎麼會特別關照我呢？

在我返台任教後，有次拜訪李國鼎先生與夫人，李先生才提到，他曾在碰到閻校長時提及我。當時，他只記得我是心理學系畢業的，所以閻校長才會請柯主任考慮。其實，以當時台灣社會對人情關係的重視，倘若我早早請李先生幫忙，別說回心理系，即使到社會系任教都不成問題的。只不過，我向來痛恨動用特權謀職或謀利，怎麼可能向李先生提出要求呢？行事講究原則，自然就得吃點虧，這幾乎可以說是現實世俗世界裡的基本規律，一樣也怨不得人。

由於我一心一意想回台大社會學系任教，既然系方說隔年就會成立研究所，我於是就決定先在美國找份工作再等一年。當時美國經濟不太景氣，為了防範未然，除了申請美國大學的教職與研究員職位外，我也申請了新加坡大學社會學系的教職。

結果，佛羅里達農工大學（Florida A&M University）「農村發展研究中心」的博士後研究員職位，成為我唯一找得到的工作，於是我就去協助印度裔的達倫（Dallon）教授從事有關農村之貧民與救濟制度的研究。巧的是，就在答應達倫教授的隔天，我接到新加坡駐聯合國大使辦公室的電話，要我飛往紐約面試，當時新加坡大學極力往美國延攬人才，我知道這場面試只是形式而已，錄用應當不成問題，但我這個人有點古板，認為已經答應的事就不應變卦，所以加以拒絕了，否則，我的人生也可能是在新加坡大學社會學系度過一個不同的三十年也說不一定。

我從未想過到美國南方工作，全家到了佛羅里達農工大學後，我才知道它是一所黑人大學，我就這樣展開美國南方的人生意外之旅。

後來我才知道，美國南方凡是名字裡頭有「農工」（Agricultural and Mechanical）的學校，幾乎原本都是專供黑人就學，目的是讓黑人有農工方面的技術訓練，幫助黑人得到更好的就職機會。我的研究對象是農村貧民，以當時美國南方的社會結構而言，黑人很自然成為我的主要研究對象，我因而有機會直接接觸到黑人，並親眼見到他們貧窮的程度。對我來說，這是一個難得的經驗，讓我更能體會美國南方黑人的處境，以及黑白之間種族問題的歷史癥結點。它讓我深深體會到，社會裡少數弱勢族群所面對的「必然命運」，這是一個惡性循環而相當難以化解的社會問題。

作為一個社會學者，我也在美國南方首次看到「歷史共業」問題。黑白種族問題難以全然怪罪任何一方，這是歷史業障使然，就像台灣的省籍問題，本省、外省人的處境不同，認同自然也不一樣，要怪只能怪怎麼會剛好擺在一起，這絕對不是一個社會學家可以解決的。

當然，身為黃皮膚的亞洲人，我在這段美國南方之旅對種族歧視的問題感受尤深。我在密大就讀時，有一位匈牙利裔的何利克（John Hollik）副教授到密蘇里州北邊進行農業推廣的講習，他問我願不願意跟著去看看。這是難得的機會，我當然願意。當時，我在路上第一次被人當著面叫「中國鬼」（China man）。還有一次，我跟泰國朋友一起到密蘇里州南部旅行，黃昏時要住旅館時一連幾次遭到拒絕，旅館外明明寫著「有空房」，我們一問卻立刻變成「沒空房」。我畢竟只是過客，對於這類種族歧視的負面感受還不致於太嚴重，總是一笑置之。

但是，我在佛羅里達州一年所經歷就難以這麼輕鬆看待了。這些事不只是發生在我身上，而是我看到或聽到的場景，說來，這是當年白人從非洲引進黑人奴隸所帶來的歷史共業，原本就是難以完全化解的。黑人白人之間因文化背景與社會條件不同，彼此的誤解已經難以化解，更別說還有數不清的利益矛盾。這些「偏見」往往只是立基於特殊而例外的個人經歷，但卻被概化成為一般的現象。我曾遇見一位五十多歲的白種女性，被一個年少的黑人男性性侵，她把這樣的仇恨感推及整個黑人族群。我也常在超級市場碰到黑人小孩討錢，一旦不給，常會用腳踢人，並口出惡言。這使得許多白人相當厭惡，大罵黑人沒教養。

我的女房東所說的話恐怕是最傳神的例子。我到了佛羅里達首府塔拉哈西（Tallahassee）時，向一個白人家庭租屋。就在第一次見面時，女房東即坦白告訴我：「我絕不把房子租給黑鬼（I never rent the house to the nigger）。」當時，美國已立法規定不得對任何族群有差別待遇，我立刻問她：「那麼，你怎麼拒絕黑人呢？」她回答說：「我從來就不在電話中談生意。」她總是要求當面談租屋事宜。一看是黑人，她就可以以屋子已租出去為由予以拒絕。這是一件小事，但是卻足以反映出美國（至少南方）一般市井小民根深蒂固的種族偏見，也呈現出黑白種族之間問題的複雜程度。總之，這樣的個人經驗讓我深深體味到，族群問題經常是糾結著難以化解的歷史因素與情感斷裂，不是那麼容易解決的。台灣的族群問題似乎亦是如此。

到了一九七三年年底，我根據台大社會系系方的說詞，提早寄出申請教職的信函。但是等了將近一兩個月，卻毫無音訊，我只好再去函詢問。這次系方倒是很快就回函，表示沒有收到我的申請函，「如今已過了申請的期限，很抱歉！」我回母校任教的夢想再度破碎。

由於已在美國蹉跎一年多了，我實在不想繼續等待，此時，台大心理系低我兩班的學弟徐嘉宏（後來擔任台大心理系教授）已回台灣，暫時在中研院民族學研究所任職，他建議我申請政治大學的民族社會學系。

我本來不知道政大有這樣一個學系，後來才了解，這是由邊政學系改制來的。改制後，政大校方找了中研院民族學研究所的文崇一先生來擔任系主任，我申請該系教職的時候，剛好文先生準備卸任歸建，所以，我是文先生任內聘用的（當時系主任權力很大，可以完全決定聘任人事），但交給下一任系主任林恩顯先生繼續執行。

我就在這樣的情形下回到台灣，其間楊國樞、李亦園等先生是否曾經暗中幫忙，我就不清楚了。總之，我感謝當時曾經協助我到政大任教的諸位貴人。

政大兩度短暫任教

一九七四年我進入政大擔任客座副教授，薪水大約是新台幣八千元。當時在台北市租個屋子，就要花掉三千元左右，倘若沒有國科會給予歸國學人的額外補助，單靠八千元要租屋及養活一家人不是那麼容易的，所以全家住在岳父母座落在重慶北路的房子。由此也可看出，為什麼留學生不願意返台服務，因為學者的待遇實在太差了，後來，在蔣經國主政的時代，因經濟起飛，政府收入增多，大學教授的待遇才翻了幾翻。

當時台灣仍處於蔣介石威權專制統治的時代。政大的前身是國民黨中央黨校、蔣介石還當過校長呢！校園內的保守氣息相當濃厚，這讓我逐漸感受到非國民黨員所遭遇的「特殊待遇」。

當時政大對副教授的授課要求，是依教育部規定教滿九個學分，大部分課程又都是兩學分，因此，一學期至少得開授四到五門課程，負擔相當沉重。但是，倘若兼任導師即可以減一個學分，也就是可以少教一門課，把省下來的時間用來做研究。於是，我向林主任請求，可不可以讓我兼任導師，結果卻像踢到軟皮球一般沒反應；眼見所有系裡同仁都兼了導師，就我一人在政大任教先後兩年都沒有辦法擔任。後來，我才知道，這是因為我不是國民黨員，又是由美國回來的歸國學人，有關單位對我不放心。

回溯起來，那個年代很多人是在高中時期被校長、訓導主任或教官「勸導」加入國民黨。新竹中學校長辛志平雖是國民黨員，但絕不要求學生入黨，堅持中立。在高三上軍訓課時，有一次我不知說了什麼，教官即曾經當場指著我，說我思想有問題。加上我平常意見比較多，教官們早已注意到我，還好，這位教官沒有再往上向情治單位告狀，否則，我之後的日子恐怕不會很好過。或許我的運氣不錯，除了在新竹中學讀書時，當時的訓導主任曾經詢問過，而我以回家問問父親為由把「入黨」的事擋掉之外，既使在當兵時，都再也沒有有關人士找我入黨過。記得，在成功嶺接受預備軍官的基本訓練時，不少同學被輔導長叫去說服入黨，我就從來沒有被「邀請」過。有位我記得是在台北醫學院唸書、看起來相當老實的同學就為此十分煩惱，還問我怎麼辦，我即以我自己的回拒方式——回去問父親——建議他如法炮製，結果，果然是不了了之，安然度過。

在一九七〇年代初的政大，到了蔣介石的生日（十月三十一日），校方總是在四維堂（即大禮堂）佈置了壽堂，幫這位「偉大的時代舵手」祝壽。儘管校方並未規定教職員一定要去行禮祝賀，但校方及有關單位光從出席人員簽名簿，就可知道誰沒有出席，這其實就是已對大家產生了無形的壓力了。至少，我總感覺到，只要你是缺席的，你就在額頭前被烙上了印一般。我是沒去的，因此是被「點了香，做了記號的」，每每一想起，心裡總是有疙瘩，老大不舒坦。

無論如何，在政大第一年任教的經歷與所見所聞，讓我更加認真思考，面對這樣嚴峻的政治格局，一個社會學家到底應該走怎樣的路？尤其，把整個精力集中在理論性的思考後，我開始關切「知識份子」所扮演角色的歷史與社會學意義問題。為此，我開始閱讀有關知識份子的書籍，注意到芝加哥大學專門研究知識份子的社會學者席爾斯（Edward Shils），讀了他寫的《知識分子與權力以及其他論文》（*The Intellectual and the Powers and the Other Essays*），深感有必要針對這項議題與社會理論的知識多所進修。於是，我決定離開政大，全家赴美繼續深造。

我向芝加哥大學的社會思想委員會（the Committee on Social Thoughts）提出申請，到芝大做一年的博士後研究，跟著席爾斯教授研究知識分子議題。那一年，我可以說是全心讀書，在學問上有很大的進展。我每晚都到學校圖書館，曾經花了一整個月的時間，讀完義大利社會學家、也是經濟學家、土木工程師帕雷托（V. Pareto）所寫四大卷的《心靈與社會》（*The Mind and Society*）。當時，這本有關社會思想的大部頭著作已經沒人讀了，整本書滿佈灰塵。我心想，這本書反正不可能會被借出館外，所以也就不用外借，每天可以到圖書館來看，看完一個段落，在回家前，我只要在看完處做個記號，隔天再來繼續閱讀，就這樣連續一個月看完整部著作。

總之，我在芝加哥大學圖書館努力閱讀社會理論的經典作品，當時有關知識份子的英文文獻，我大致都讀過。如此一年過去，還是沒有機會進台大社會學系，一九七六年我又再度回到政大民族社會學系繼續任教。

第二次在政大任教的不愉快經驗是碰到蔣介石過世。當時，整個政大如喪考妣，除了在四維堂設置靈堂供大家追悼之外，全校師生還戴孝（左上臂別塊小黑布），我就硬是不謁靈，也不戴孝。那時，由於到政大的公共運輸工具不是那麼方便，同仁大多是搭學校的交通車上下班，你沒戴孝，全車其他人都會盯著你看，明顯地有著群體認同的壓力。記得有一次，人事室主任在交通車上就這樣對我說：「葉教授啊！你蠻有個性的。」以當時的政治氛圍來說，這句話當然不是誇獎，而是一種警告，暗示著如果你再有更多的個性，就會有人來整治你了。不僅如此，民族社會學系系主任甚至還在系務會議建議，全系師生由政大步行到蔣介石停柩的國父紀念館謁靈，我忍不住立刻回應：「你們要去，自己去，我不會去的」。

我既不戴孝，也不到學校設置的靈堂謁靈簽名，在政大確實犯了大忌。系裡同仁白秀雄先生（後來曾擔任台北市副市長）好意勸我忍一下，我卻不近人情地說道：「不行！這是原則問題，我為什麼要幫這樣一個人戴孝！沒道理。」其實，在那個時代裡，只有好朋友才會這樣相勸，否則自保都來不及，何必多管閒事？回想起來，我由衷感激白秀雄先生的好意。

無論如何，這些場景反映出當時的「表態文化」，這是一種看不見的無形壓迫，可以說是威權專制體制之特有社會機制的基本特質。一九七九年美麗島事件發生時，我已在台大任教，國民黨法學院黨部書記（當時商學系教授）寇龍華先生，就拿了一封寫好的譴責黨外人士暴力的文件，在教員休息室拉老師簽名，要求表態。你不簽，就表示你與那些「叛亂份子」是同路人。我還是拒絕簽名，自然也就更被有關單位「點香做記號」了。

其實，如果有百分之七十以上的教師不願簽名，有關單位也不敢要求表態的。但國民黨當時很擅於控制集體氛圍，台大法學院這批教授，尤其是法律學系、政治學系和經濟學系的，因為甚有機會當官進入國民黨的權力核心，所以更是在意表態的問題。很明顯的，向國民黨執政當局致上善意的表態，既可以確保自家安全，也為自己政治前途的起跑點謀得一個最起碼的保障。當年，法學院同仁出去做官的甚多，每每上課前，大家總是會在教員休息室聊天，做官的不免會說說官場的事情，交換一些「情報」，因此，稱呼台大法學院的教員休息室是「政治的情報交易所」，應當是不為過的。記得，有位經濟學系的老教授（姑隱其名，以當時的情形來看，可以恭稱他為「老教授」）就敘述他在兩蔣時代怎樣受到壓抑，而在（當時的）李登輝時代他是怎樣要到官職，後來，他果然官拜院長級才退休。

知識份子與現代化

在蔣介石過世、兒子蔣經國主政的時代，無論就經濟、社會或政治的角度來看，台灣社會可說已漸漸進入轉型期。一九七六年任教於政大民族社會學系時，我應政大新聞學研究所剛上任的所長漆敬堯先生之邀，在新聞學研究所開授《傳播社會學》一課（這是我在密大唸書時的主修），當時就讀碩士班的陳國祥先生（後來擔任過《中國時報》總編輯）選修這門課，並請我擔任碩士論文指導老師。在陳國祥先生的引介之下，我認識了一票相當活躍的年輕人，如胡鴻仁、王健壯、金惟純等人，這些人後來都在台灣的平面媒體界產生一定的影響力。同時，我也因這批年輕人認識了創辦《綜合月刊》的張任飛先生。這段遭遇可以說開啟了我參與實際社會事務的經歷，扮演起知識分子的角色。

一九七七年，陳國祥等這批年輕人直接或間接參與了《仙人掌》雜誌的創辦，透過他們，我認識了雜誌發行人林秉欽先生。該年四月份出刊的《仙人掌》刊登了王拓、銀正雄及朱西甯三人寫的文章，為整個「鄉土文學論戰」正式揭開序幕。我並未參與論戰，畢竟文學不是我的本行，但是，在知識界、藝文創作追求「本土化」的氛圍之下，倒是讓我開始關心起「現代化」的問題。

我回台任教那幾年，台灣經濟已開始起飛，從一九四九年算起，國民黨政府來台也已經二十五年，台灣社會逐漸呈顯穩定的狀態，並開始浮現兩個現象：文化認同的問題與自由民主政治體制的推動。單就文化認同來說，一九七七年掀起的鄉土文學論戰、以及其後而來的校園民歌運動，基本上都牽涉到一個基本問題：社會中有人開始問：「我們是怎麼樣的人？」

當然，以當時的政治氛圍，統獨的問題還不可能赤裸裸地浮到檯面上來談論，但這並不代表統獨問題不存在，而是整個時機尚未成熟。首先浮在檯面上的是比較迂迴、但卻表面化的文化認同問題，儘管這個問題推到底，乃與統獨問題有著剪不斷理還亂的糾結纏繞關係。也就是說，文化認同終究要涉及政治主權的統獨問題，不可能讓這個問題一直以曖昧的態度來規避。

暫時撇開統獨與文化認同之間所纏繞的歷史癥結不談，不管鄉土文學論戰或其後的校園民歌運動，基本上都可以看成是生活在台灣這塊土地上的人們（尤其是戰後出生的年輕一代），在文化情感上追問著「我們是什麼人」這樣一個有關文化人格的課題。這個質疑碰觸到一個兩蔣時代所形塑的基本政治圖騰：在台灣的「中華文化」到底是什麼？不過，這樣一個涉及基本政治圖騰的「文化」問題，卻有著更為廣袤的時代背景作為引燃點，但卻似乎為這個更具表面性意義的引燃點所掩遮，以至於一時剔透不出來。這個表面的引燃點簡單說即是「現代化」（甚至可以單刀直入地說「西化」），而現代化的背後當然就是美國化。

職是之故，文化人開始倡議寫自己的東西、唱自己的歌（也因此有關文化認同的問題），看起來是衝著西方「現代」文化所主導之極具優勢的文化表徵而來的。但是我認為打從一開始，這就意味著整個運動是衝撞著任何優勢文化表徵的。長期以來，國民黨政權以「復興中華文化」作為維護政權正當性的政治圖騰，自然也終將成為被質疑、批判的「文化認同」對象，而深化了「鄉土」意涵的問題意識。其實，這從一開始就在鄉土文學論戰浮現出來，更遑論隨之而來的校園民歌運動了。換句話說，以中國大陸為主體的「中華文化」相對著以台灣本地為主體的「台灣文化」之間的象徵鬥爭，終究是要點燃的。

無論是鄉土文學論戰或校園民歌運動，都直接涉及知識份子的角色。從西方傳統來看，知識份子就是針對文化創新、傳遞、修飾及擁有等的營造問題因應而生的，而從政治的角度來看，情形可以說亦復如是。當時的台灣已歷經了《自由中國》、《文星》與《大學》雜誌等等一連串的啟蒙過程，加上教育普及以及中產階級的興起，民間要求自由民主化的聲音日益升高。其中，又以要求結束長期的戒嚴統治並回歸憲政，以及要求中央民意代表全面改選的聲音特別耀眼，知識份子的角色自然備受矚目。

隨著鄉土文學論戰如火如荼地進行著，當時，政大一批學生特別激進，辦了一份名叫《野火》的刊物，並經常在校園裡舉辦演講。處在這樣的氛圍、並受到這批年輕人的慫恿，我不由自主地跟著寫了一些文章、參加座談、接受媒體的訪問。但是，隨即而來的是開始感受到一股無形的壓力，讓我覺得難以在政大繼續任教下去，遲早要出問題的，看起來必須要跟政大再次告別了。

碰巧新加坡大學社會學系的系主任陳彼得先生（Peter Chen）陪台籍妻子來台省親，再次約我進行面試，這是我第二度有機會進入新加坡大學任教。但是，楊國樞老師的一通電話，又讓我的人生出現了大轉彎，終究還是沒去新加坡大學，真的是與它無緣。

當時，楊國樞老師問我想不想回台大任教，我毫不猶疑地回答：「當然想囉！」他說：「那麼好吧！我替你試試看。」到了好幾年後，從楊老師口中，我才知道，楊老師是請胡佛先生幫忙的，所以，底下敘述的一些細節，都是楊老師事後才告訴我的。當時我並不認識胡先生，但他還是鼎力幫忙，這樣熱心提攜後進的風範，至今仍然令我感佩不已，謝謝胡老師了！

說來，這也是因緣際會，那一年仍在台大社會學系掛名的龍冠海先生、外籍教師郝繼隆先生兩人都得正式退休，社會學系因此沒有任何擁有博士學位的老師。不巧的是，來年又輪到社會系必須接受評鑑，當時的法學院院長姚淇清先生很緊張，不知如何是好。就在這樣的臨頭，胡佛先生去見姚院長，強調有一個台大校友在政大任教口碑很好。據說，重要的是，姚院長之前曾經欠過胡佛先生人情，因此馬上問了我的名字，並跳過系方，立刻要法學院人事室把聘書寄給我，我終於如願回到母校任教。

在此之前還有段插曲，不妨說來搏大家一笑。在返回台大任教的過程中，楊國樞先生建議我去拜訪一下當時的台大社會學系系主任。我當然是聽話囉！於是，我帶了一瓶日本的威士忌去系主任家拜訪，沒想到系主任的太太下樓來說不方便見面，只把禮收了，我終究是不知這到底管不管用。後來我進入社會學系任教，從同事張曉春先生口中，我才知道，其實，應當不是系主任不願意見我，而是當天他跟三位社會學系的同事（其中之一即是張曉春先生）在家裡打麻將。在這樣的情況下，當然是不好接見我，倒不是對我有什麼特別成見。

所以，我就在是法學院院方跳過社會學系系方直接聘我的情況下回到母校任教。說來這也是天意，命運安排讓我用這種曲折的方式進入台大社會學系任教，成為那些年台大社會學系唯一有博士學位頭銜的老師。我之所以特別強調博士頭銜，並不是刻意自我炫耀，而是因為在往後的日子裡，這個頭銜為我帶來一些苦頭，「樹大招風」是也！

我從一九七二年開始申請，到一九七七年終於進入台大社會系，整整經過了五年。此後我一直待到二〇〇七年退休，剛好是三十年。之前的五年波折，相較之下，充其量也就只是一個過程而已，不算什麼。

結合年輕學者推動系務改革

當年台大社會學系被許多人譏為台大最爛的學系之一，學生錄取分數是法學院中最低的，而且，平心而論，師資也相當缺乏，整個學系缺乏自信，學生向學的士氣相當低落。在我進去之前，系上老師幾乎都是從助教升上來，資深教授則全是一九六〇年創系時由政治、外文或考古人類學系等其他科系轉任過來的。

由於我跟台灣社會學界完全沒有淵源，又是以跳過系方的方式獲得聘任，加上我是第一個拿博士學位回來的老師，年輕有幹勁，很自然受到學生歡迎，也因此容易招忌，當時系上有些資深老師甚至視我為「眼中釘」。例如，當時仍在系裡兼課的郝繼隆先生，因為我教了他原本負責的一些課程，讓他感到有些不愉快，以至每每提到我時都不叫名字，總是說：「那個從政大轉來的傢伙（that guy from Cheng-da）」，在學校裡遇到了，甚至也板著臉，不與我打招呼。在此情況下，我儘量保持低調，系上叫我教什麼，我就教什麼，而且，連社會工作組的課，需要我支援的，我也都擔下來。到台大第一年，我就擔下碩士班的兩門重課：〈社會學研究方法〉與〈高等統計〉，那時〈社會學理論〉還是由郝繼隆先生擔綱。有一年，〈社會問題〉這門課沒有人教，系上要我負責，我也就上陣了。

當時台灣的社會學還屬草創期，可以說是一片荒地，師資缺乏，學生的要求並不高，因此，以我在美國受到嚴謹的實證經驗研究訓練，以及在政大任教時已有教過〈普通社會學〉、〈社會學理論〉、〈社會變遷〉、〈社會學研究方法〉等課程的經驗，在教學上感到頗為從容，自認還可以應付，學生的反應大致上良好。同時，因為當時研究所的碩士班還屬草創，學生不多，基於系內同仁關係的和諧考量，我給自己定了一個規矩：每一屆最多只收兩個論文指導學生，此後，也就維持這樣的一年級兩個為上限，一直到我退休為止。當然，如此也可以避免因收了太多學生影響到品質。

儘管，一進社會學系服務，我一直保持低調，特別是涉及所謂「利益」的分配時。不過，在社會學系的結構性改革，我卻是一點都不低調，說來，這是我剛直的個性使然，真是江山易改，本性難移。

就以有關推動教師聘任民主化的過程來說吧！

當時，至少台大法學院各個學系的師資聘任，幾乎都是由資深教師（甚至是系主任一個人）把持，以至於「適當」的人才難以進來，進來的經常是與「領導」階層有關係的，所以，人情與關係是首要條件。我所以能進社會學系任教，不正是憑著「人情與關係」嗎？若有所不同，頂多只是這一層人情與關係的「品質」不一樣而已。

在前面，我提及過，一九七四、七五年左右，我參加在舊金山召開的美國社會學會年會時，首次偶遇台大高我一班之社會學系系友蔡文輝先生，他即跟我提及，他與同班一位畢業於美國西北大學社會學系之張姓同學，申請台大社會學系的教職一樣受阻。在後來的一段時間裡，許多學成的留學生（特別是社會學系的系友），縱然有意想進社會學系服務，也都不得其門而入。這些經驗讓我深深感覺到，倘若教員的聘任制度不徹底更改，社會學系是不可能有新進教員，整個學系的水準絕不可能有翻身的機會。於是，我結合了林瑞穗、張曉春、廖榮利等具有相同理念的年輕老師，討論如何改變整個系內人事結構的問題。當時，我們得到的結論是，只憑我們四個人，尤其都有升等的壓力，根本無法改變大結構，而且也不可能、更不宜採取劇烈激進的手段。

當時，一些想回台大社會學系服務、但不得其門而入的年輕社會學家，都到中央研究院民族學研究所或剛成立的三民主義研究所、美國文化研究所任職。中央研究院民族學研究所接納社會學專業的學人，其背景大致是如此：早在一九五〇年代，以哈佛大學社會學家帕森斯為首的一些學者即開始企圖對心理學、社會學與人類學等與研究人之行為有關的學科，進行科際整合的嘗試，希望藉此帶出一條思維風格不同的研究蹊徑，以突破各自學門的侷限。此一主張，尤其一些具體行動，一時蔚為美國社會學科的潮流，風氣所及，當然波及一向就與美國學界亦步亦趨的台灣學界。

楊國樞先生是一九六七年到美國伊利諾大學修習人格與社會心理學的博士學位，於一九七〇年左右回台大心理學系復職任教。一九六〇年代文崇一先生在哈佛大學社會學系進修時則曾受教於帕森斯，而任教於台大農業推廣學系的吳聰賢先生，也是在一九六〇年代中末期從威斯康辛大學農業推廣學系獲得博士學位回國任教。他們都在一九六〇年代有著浸潤過美國之科際整合學潮的經驗。當時，擔任中央研究院民族學研究所所長的李亦園先生正值壯年，且是一個心態開放、並力圖有所作為的學者。就在這幾位先生的合力推動下，在一九七四年我回台任教之前，就在所內嘗試推動行為科學的科際整合。於是，除了延攬人類學者之外，中央研究院民族學研究所開始延聘社會學者與社會心理學者。所以，大約在一九八〇年代以後，中央研究院即已聚集了一些活動力頗強的社會學者。

在那個年代裡，林瑞穗、張曉春、廖榮利諸位先生與我均同意，在系裡領導肯把大門打開，開始自己延攬年輕學者之前，我們只能採取迂迴漸進的改革策略，其中一個策略即是如何運用中央研究院（特別是民族學研究所）這一批年輕的社會學者。當時，台大與中央研究院之間訂有合聘的制度，我們認為這不失是個好機會，先行合聘一些中研院的學者，以增加進行系內改革的力量。於是，我們在系務會議裡提議合聘中研院學者，沒想到，當時的系主任朱岑樓先生竟然答應了——意外！我個人認為，朱先生所以答應，即可能是因為社會學系系方把大門關太緊，一直備受院方與系友批評師資不足，有辱系風的緣故吧！總之，就在這樣的情形下，合聘了瞿海源、蕭新煌、章英華、許嘉猷、張笠雲等五位先生。這可以說是我們所採取的迂迴漸進改革策略首次奏效。之後，就在這些合聘老師的鼎力襄助之下，推動了以投票方式聘任師資的制度，首開當時法學院的風氣。

這項改革上路後，系上第一年以投票方式聘任兩位年輕的社工組老師——林萬億與馮燕。但是，改革馬上遭到很大阻力，系上資深老師聯手反對後，第二年就恢復舊制，放棄投票方式。對此，我始終不肯就此放棄，一再結合了年輕學者持續向系方施壓，最後終於在張承漢先生擔任系主任任內定了案，一直延續至今。

今天回想起，這一切得以實現，真可以說是天時、地利與人和的巧妙搭配，缺一不可。簡單說，到了一九八〇年代，整個台灣社會已經進入自由民主化運動蓬勃的時代，要求改革的聲音到處可見，學術界自然也無以倖免，因此，已非張承漢先生以個人之力可以抵擋的。加上，我的態度日益強硬，支持的力道也足夠堅強，所以水到渠成，整個系務終於走向民主化，至少制度形式上是如此。

課堂上大膽詮釋馬克思

對我來說，在台大社會學系如何教授〈社會學理論〉，才是當時最大的挑戰。

之前在政大教書時，由於我剛剛回台，又深知政大的黨校背景，因此，採取了較為保守的態度，教學「不一定全都非講不可」為原則，講白一點，就是會跳過馬克思不講，因為，在當時的統治者眼中，馬克思的思想是邪說，是避之唯恐不及的言論禁忌，一不小心，就可能招來牢獄之災，甚至是殺身之禍。然而，做為一個在大學教授社會學理論的社會學家，我知道，我是不可能、也不應該迴避不談馬克思的社會思想的，尤其，在台大社會學系擔任教職將是我一輩子的工作，我沒有理由迴避，倘若再為自己扣上知識份子的「良知」期許，我更是沒有任何理由可以推託在課堂上不談馬克思的思想的。

在我的認知裡，不論同不同意馬克思的見解，我們都不能否認他是一個人道主義者，也不能否定馬克思乃是懷著人道主義的信念批判資本主義，希望無產階級擺脫被壓迫的悲慘處境。因此，講述馬克思的思想時，固然必須論及物化、異化、剩餘價值等概念，更必須肯定其所持有的人道主義立場，因為，在西歐社會發展史中，這是極具歷史意義的核心概念，不容輕易忽視，一忽略了，就把至少文藝復興以來之整個歐洲的精神扼殺掉。有鑑於此，當時我就認為，就算國民黨當局及有關單位無法忍受這種定位，我也非講不可。今天回想起來，當時的我，或許因為長期被這個專制的政權壓制著，內心有著衝動，想要以此向既有的體制挑戰。總之，在幾經內心的掙扎之後，我決定不只要教授馬克思的思想，也應當面對著可能來臨的政治壓力，給予「公允」的評論。況且，到了美國接受社會學理論的薰陶之後，我自己的思想底處早已有左派的影子，至少，對左派思想所蘊涵的人道主義關懷是相當心儀的。

當時，蔣經國主政的國民黨政權仍然牢牢控制校園中的言論，這樣的局面是相當現實的，不可能完全予以忽略。決定要在〈社會學理論〉一課中講授馬克思的思想後，隨即產生困擾：我要如何不得罪有關當局，又能保有身為知識份子的基本良知？我最後採取的做法是，對於馬克思的思想，在褒之後，也給一點貶的成份。或許，這麼做顯得有點阿Q，對冷酷且狡黠的國民黨情治人員來說，更是顯得幼稚，但是，當時的我相當單純，真的始終想不出其他更好的做法。於是，幾年下來，在談論馬克思思想的最後，我始終一秉初衷強調：「基本上馬克思是一個人道主義者」，總是略微批評一下他的思想固然可能把私有化之經濟力的「邪惡」本質瓦解了，但是，即使實行了共產主義的體制，人們依然無法完全化解依舊存在的政治權力所可能帶來壓制、宰制與剝削的濫用。

至今，我仍然不相信「基本上馬克思是一個人道主義者」這句話（正衝著當權者視馬克思思想為邪說的對抗性結論），國民黨的情治單位會不在意，而不成為可能替自己惹禍上身的禍因。當然，這可以從情治單位（包含國民黨青年工作黨部）的檔案中去求證，可是，我沒有這份權力接近檔案，況且極可能已被銷燬了。再說，陳年舊賬，實在也沒有再追究的必要了。說來奇怪，我被記的賬卻是我在後面會提到的另外一樁——介紹韋伯的權威類型時，我以毛澤東與蔣介石兩人為例來解說神才權威的類型。我想，我的錯誤是把「民族救星」蔣介石拿來與「民族罪人」大壞蛋毛澤東等同看待，嚴重侮辱了偉大的領袖吧！所以，對國民黨情治人員來說，或許，馬克思的思想太抽象，也太遙遠了。他們真正在意的只是力求百般維護蔣介石這個政治圖騰，這才實際而直接。這麼一來，他們以此記我的賬，也就一點不奇怪，不是嗎？

我在後面會提到在一九九一年，我的學生陳正然先生因「獨台會案」被捕，情治人員到他家搜索時，看到一些書籍封面有馬克斯·韋伯的字樣，就說他是馬克思的信徒，要沒收。陳正然只好苦笑：「此馬克斯非彼馬克思，不是同一個人。」但是這些情治人員不相信，書最後還是被沒收了。其實，這種情形也曾經在郵局與海關人員檢驗自國外進口書籍時發生過，在那個年代裡，是稀鬆平常，見怪不怪的。

蔣介石從一九四九年被共產黨趕到台灣以後，一直即稱自己的政權所統治的是「自由中國」，而中國共產黨統治下的中國是處於水深火熱鐵幕中的「專制中國」。國民黨總是告訴我們，我們是自由民主的國家，人權是受到保障的。這當然是相當諷刺，讓我不禁想起十九世紀的法國思想家、歷史學家托克維爾（de Tocqueville），在研究法國大革命前後之法國社會的著作《舊制度與大革命》（*L'Ancien Regime et la Revolution*）一書中，曾形容十八世紀大革命前法國王朝統治階層的官員：「最專制的政府也能夠與某些最民主的形式結合在一起，及至壓迫人還擺出若無其事的可笑樣子。」用這句話來形容當年國民黨政權的官員，說來倒是相當貼切。

在我們這樣一個「自由民主的中國」，大學裡不但有軍訓教官擔任政權的耳目，監視老師與學生，校園裡更遍佈「忠黨愛國」的「職業學生」，有的來自國民黨黨部，有的來自調查局，更有的是來自當時的「東廠」——警備總部，不一而足。當然，他們之間並不知彼此的身分，上課的重要「任務」就是負責監聽老師（與學生）的言論——尤其是一些被有關單位認為可能有問題的敢言學者，定時向上級「打報告」。據我所知，社會學系大學部的課堂上就有這樣的職業學生出沒，他們倒也不一定是社會學系的學生，可能只是以旁聽名義出席，老師根本無從辨認台下誰是職業學生。

因為知道有這些職業學生在座，我對時政的批評總保持一定警覺意識，不至於論得高興就口無遮攔，心理上的警戒總會讓自己知道甚麼時候要煞車。我自以為已經學會保護自己了，而事實上也一直沒有引發明顯難以忍受的恐怖外在壓力，儘管有了一些小插曲。不過，後來我才知道，國民黨黨部已經把我列管，留下厚厚的檔案記錄。

當時有一個政大東亞研究所的學生來聽我講課，後來，他在國民黨青年工作會工作，有一天他特地來拜訪，善意向我透露：「葉老師，我必須要跟你說，你在我們那裡有厚厚的一疊檔案」。他問我在上課時有沒有講過某些話（我已忘了他提到的那些話），我直截了當地回答說：「有」，他說這些檔案上都有記載。而且，我還被判了五種「份子」的名號，目前，我記得三個——危險份子、反動份子、搗亂份子。在那一刻，我終於體會到當年殷海光先生的心情。我在哲學系唸書時，當然聽過殷老師被監視、打報告的各種傳聞（他於一九六七年被停止教課以免「毒害清純的心靈」），但那時只是學生，不會有特別深刻的感受，等到我自己當了老師，清楚知道自己課堂上的言行被「職業學生」監視、並向有關單位報告，那種深刻的受辱感受才浮現出來，也才深刻體會一個專制獨裁政權的「可惡」與可怕。

我記得在一九七八、七九年左右，有一天深夜一、兩點的時刻，我重慶北路住家的電鈴突然響起，鈴聲急促而連續，我第一個反應是：「來了！」我就和太太說：「你幫我準備牙膏、牙刷與內衣褲。」說來奇怪，當時人還算平靜，或許是突然而來，在剎那間，反而不知害怕。只是一回神想著：既然逃不了，就做好被關的準備吧！我就從二樓下樓開門，我住的是傳統台灣長條菜刀型的房子，樓梯很陡，只看到手電筒從下面照上來，外頭不只一個人，有穿便服理平頭的（那個年代的情治人員就是這個樣子），我還看到幾個穿著制服、應該是管區的警察吧！當時，我不禁大聲喝道：「你們是幹什麼的！」他倒也愣了一下，只說：「沒事沒事。」然後就走了。

說實話，一直到今天，我對此事還是感到很困惑。這既不是抓逃犯，也不是戒嚴底下的臨檢，我更不相信是誤闖，我始終認為，比較合理的猜測應當是一種「警告」。否則的話，不會有理平頭之類似情治人員的「外省人」出現，應當只有警察才對。我為什麼那麼肯定是「外省人」？說來，這是我這個年紀的人因長期接觸與比較不同族群行為模式所獲得的一種直覺，雖說非百分百的準確，但是，可靠性不會太低。長期的經驗讓我們養成了一種幾近本能的能力，能在與人接觸時，即使對方尚未開口說話，總是可以感覺得到對方是「外省人」還是「本省人」。簡單地說，靠的是觀察人們的神情與姿態舉止，甚至面部表情與穿著，況且，這位先生還說了一句帶著濃厚外省口音的「沒事沒事」呢！

在那次「警告」之後，我忘了相隔多久，當時社會學系的系主任朱岑樓先生，有一天在沒有預約的情形下，特地到研究室來見我，勸我批評政府的話少說一點，免得惹麻煩。我回他說：「謝謝你的關心，如果台大因此要把我解聘，也沒關係，要我不講話，我做不到。」我不知道他是不是因為聽聞到一些有關我發表的「不當」言論，基於疼惜後輩而主動來勸導，還是有關單位透過學校裡的有關人士要他來勸我的。依照常情來判斷，我以為後者的可能性應當是較高。然而，不管情形如何，我還是感謝朱先生的關懷。

事實上，以當時台大自由派學者紛紛發聲的狀態，我知道有關單位並不那麼容易把我趕走的。殷海光任教台大時，全台大的老師只有他一個人敢說真話、持續寫文章批評時政，有關單位也僅止於讓他停止教課，還不至於解聘。我任教台大時，校內已有了諸如胡佛、李鴻禧、楊國樞、張忠棟等前輩教授勇於批評時政。倘若有關單位真要整肅，應當還輪不到我這個後生小輩。況且，以當時台大這些異議教授的數量與彼此合作的關係，掌權者若非到了忍無可忍的節骨眼，應當不敢隨便動手，否則必然引起輿論的撻伐，甚至招來國際性的關注。再說，依照國民黨過去整肅學院知識份子的作風，他們總是想辦法先藉機在學院內部引發「文鬥」，讓學院內自身的人（御用文人）把那些打算加以整肅的人先鬥臭，找到整肅的「正當」理由，才開始下手。我所以這麼說是有些個人的經驗作為基礎的。

在一九七七年離開政大轉任台大時，我的離開立即影響到民族社會學系的課程安排，系主任林恩顯先生商請我繼續在系上兼任。承蒙民族社會學系系方的厚愛，讓我有了兩次自由的進出，這是一份相當隆重的恩惠，我怎麼可以不回報？林主任既然有這樣的要求，我自然是沒有拒絕的道理。於是，在離開政大之後，我還繼續在政大民族社會學系兼了幾年的課，專門講授社會學理論。當時，我在政大的交通車上認識了一位在哲學系兼任邏輯課的劉孚坤先生，幾次交談下來，我們相談甚歡，因為我不時批評「現代化」，認為它的本質其實是「西化」，乃十九世紀以來西方帝國主義向外侵略所帶來的歷史產物，而這樣的論調正合劉先生的口味。我忘了是哪一年（應當是一九七八、七九年左右），有一天，劉先生邀我到當時座落在愛國西路的「自由之家」西餐廳開會，準備籌設一份新的雜誌《二十一世紀》，討論現代化的問題。說來相當諷刺，竟然是在「自由之家」談論如何打壓「自由」的勾當。

當時與會的除了劉先生之外，還有幾位先生，但是我只記得有孫智燊先生，好像就是由他主持會議。孫智燊先生曾是一九七三年台大哲學系事件中的主要人物，當時他是系主任，事件發生之後，他即離開台大回美國的大學任職。事隔數年他又受邀來承辦這份將用來整肅倡言「現代化」的自由派學者（包含胡佛、楊國樞、張忠棟等教授）的雜誌。在參加了第一次會議知道有孫智燊這號人物之後，我就立刻警覺到，這份雜誌絕非一份單純書生論事的雜誌，而是進行政治整肅的工具。尤其，得知幕後主導的是一向負責大學校園整肅工作的王昇（或許是其所主導的劉少康辦公室，我不敢確定），我更加確定這是另一個校園整肅運動的開始。回國任教幾年後，我已經學會與那些自認「忠黨愛國」的人士虛與委蛇，然後，再找個機會身退。面對這次即將來臨之校園整肅的狂風暴雨，我自然是不能助紂為虐，得找個機會抽身。

沒錯，我是對「現代化」的概念，特別是其歷史—文化內涵有意見，但是有兩個理由我不能反對當時以「現代化」作為進行社會（特別政治）改革的標竿旗幟，而且還必須反過來支持他們。理由之一是，審視當時台灣社會的發展，邁向「現代化」已是難以阻遏的時代潮流，單就政治面向而言，朝向自由民主化可以說是眾所渴求的趨勢，具有一定的時代意義。說來，國民黨政權中之保守勢力（如王昇之流）最恐懼的正是「現代化」的這個面向，因為這將直接威脅到他們的既得利益，也將撼動他們的統治權力基礎。在這樣的情形之下，單單為了凝聚推動自由民主化的力量，不只不能擺明批判「現代化派」的學者，而且還得與他們合作，才可以強化整體的力量。理由之二是，當時被公認為「現代化派」（又稱為「自由主義」）學者的代表人物是胡佛和楊國樞教授，而楊先生是我就讀於台大心理學系時的老師，多年來與他之間有難以言狀的亦師亦友情誼，我怎麼可以以公開的方式對他進行「批鬥」呢？這不合我的個性，也不合我的做人原則。於是乎，就在兼顧公共意涵的現實考量與私人意涵的情誼糾結的雙重因素，尤其，為了維持作為知識分子的基本風骨，我絕無可能充當政權的打手的。

在此有一個插曲值得一提。有一天，我的學生蔡錦昌先生告訴我，劉孚坤先生找他與我另外一個學生黃瑞祺先生寫文章批判「現代化」。那個時候，我已經看出了他們的企圖，我立即警告蔡錦昌先生，並要他轉告黃瑞祺先生，這是一個陷阱，千萬不能捲入這場政治鬥爭裡充當打手，到時候，被犧牲、且可能弄得屍骨無存的將會是自己，也將使得自己換來一生難以辯解的罵名。還好，這個整肅運動並沒有實際發動就胎死腹中了，雜誌沒辦成，原因是王昇被蔣經國總統削掉從事監控整人的權力，貶到烏拉圭當大使去了，據說原因是王昇行止太過囂張，不只擔任政戰總部主任期間，而且被降職（好像是叫做「聯訓總部」的司令）後，夜裡家中依舊天天燈火通明，訪客絡繹不絕。如此功高震主的囂張行止一直沒有收斂，觸怒了蔣經國而遭到貶抑。不管真實的情形如何，「現代化派」（「自由主義」）的學者終於躲過一劫，否則，一九七三年的哲學系事件極可能又會在台大重演一次。

話說到此，我還要提到三件事：第一、顯然劉孚坤他們不清楚我與楊國樞先生的私交，否則絕不會找到我。第二、到了一九九〇年代，王昇竟然還成立了一個類似叫做「現代化基金會」（總之，掛有「現代化」一詞）的平台，專門與中國的學術界人士來往。前後對照一下他老人家對「現代化」的態度，實在相當諷刺，不是嗎？同樣一個詞彙，可以是壞的、惡的、猶如毒蛇猛獸一般，也可以是好的、善的、猶如溫柔美麗的少女，但看使用者的動機與心意而有所變化，這就是那些唯利是圖、善於順風轉舵之政客的一貫嘴臉，是黑是白，全由他們說了算。君不見，在今天的台灣，有批與中國共產黨政權走得最靠近的人士，當年就曾是站在反共最前端高喊反共最力的「正義愛國之士」。第三、在一九九〇年間，當時任職清華大學歷史研究所的傅大為先生為了進行一項有關台灣社會學科思想的研究，曾經訪問過我提及「現代化」派的問題，我即把上述當年所面對的那些「政治」遭遇告訴他，明白地陳述我個人對「現代化」概念的基本認知與立場，讓他知道當時所以與「現代化」派學者站在同一陣線的現實考量，而我一直堅信這個現實考量是一個負責之知識份子應當具備的態度。活在那個時代的台灣，面對著專制獨裁的國民黨政權，為了避免只因學理上之爭而削弱了整體反對抗議陣營的力量，隱忍自己的學術認知立場，是不得不容忍的作法。顯然，傅教授有著堅實的實證科學態度，太忠實於「客觀」的文字資料，還是把我劃為「現代化」派，說真的，我難以完全的接受（參見〈島嶼邊緣〉，一九九一年，第一卷，第一期）。

我所以進行稍嫌冗長的描述，只有一個用意：活在那個執政當局以高度巧妙手法對大學校園進行管控制約的時代，一個讀書人其實沒有太多的資本和氣力，對抗政權以軟硬兼施的方式加在身上的壓力，我能夠體會與同情許多師長同仁們的心情與作為。在那種恐懼害怕的高壓氣氛下，為了得以平安地養家活口，自我合理化被壓制的良知，自是合乎人之常情的。在前面我已提到有關一九七九年美麗島事件發生後的譴責暴力簽名運動就是一個極佳的例子。我相信，當時許多簽名譴責暴力的同仁們，都是礙於情勢被逼著簽名的，他們心理一定很不爽、很不以為然，但他們畢竟還是簽了，因為他們沒有勇氣說「不」，也因為說

「不」太過浪漫了。就作為一個平凡老百姓的立場來說，實在不忍心譴責他們，這是知識分子普遍軟弱所帶來的宿命，著實不好責怪那麼多的同仁們，否則，獨裁專制政權不會總是可以安然存在著，更不用說許多人可以分一杯羹而得以吃香喝辣。

其實，當年以言論批判國民黨政權時，我們的心裡頭何嘗不也有著一份莫名的擔憂。記得，在一九七〇年代末期，有次與胡佛先生一同參加政大同學舉辦的一場座談會，談的全是早已存在的老問題，無非是解嚴、中央民意代表全面改選、尊重基本人權、校園民主等等有關自由民主化的問題。當時，只要稍具有關自由民主思想的基本知識者，其實都能夠把整個國民黨政權的政治權力本質說得明明白白，並不需要什麼高深的知識作為後盾。問題的癥結何在，何需我們去解說，學生心裡頭早已明白。他們邀請我們去說，只不過想透過我們的嘴巴說出他們心裡頭的不滿與期待，或者，意圖在感受受挫的情況下相互取暖，如此而已。此時，說真的，人們需要的毋寧是如十八世紀之康德在論啟蒙時對德國知識份子所提出的兩樣東西——勇氣與毅力（而非不知啟蒙理性的內涵）。然而，面對著專制獨裁的政權，我們經常需要為自己的勇氣和毅力付出代價，至少是讓自己長期處於恐懼與焦慮的狀態之中。

當時，台北市還沒有辛亥隧道，從政大回台北市區都得經過木柵路。我還記得，我們兩人搭計程車從政大出來一直默然無語，直到今天之世新大學的山洞大門前，胡先生才開口問我：「啟政！啟政！我們今天說的有沒有太過分。」我沒有立刻回答，先是沉默了一陣子，才回答說：「胡老師，我們說的和過去說的差不了多少，反正，多一次少一次，後果也沒差多少。」胡先生回說：「你說的也是。」憑胡先生長年來批判國民黨政權的勇氣和毅力，尤其他的家世，他心裡頭還是不免擔心著自身的安危。這應當可以說是一個極佳的例子，來描繪處於高壓統治下之異議知識分子的心境吧！而且，這也指明了專制獨裁政權可能一直存在所依賴的社會心理機制，只要掌權者懂得拿捏尺寸來握緊那根綁在百姓脖子上的無形繩索。

文化優勢的擴散性

綜觀台大社會系三十年的學術關懷，前半段，我試圖回到中國近代史來審視現代化問題，以及知識份子在中國現代化過程中扮演的角色。針對這些課題我寫了一些文章，其中較重要的文章收在《期待黎明——傳統與現代的搓揉》（上海人民出版社發行）一書中。在這些論述中，我個人自認最具原創性的概念是「文化優勢的擴散」，這項概念是在一九八五年《中國社會學刊》（後改名為《台灣社會學刊》）第九期的〈文化優勢的擴散與「中心—邊陲」的對偶關係〉一文中首先提出。

在一九七〇至八〇年代期間，著名社會學者金耀基院士在幾次的討論會中主張，現代化是一個超越時空限域的概念，表現著普世的價值。對此一論點，我始終就持著不同的意見，認為現代化本質上就是西化，是一個深具文化—歷史性的概念。在這期間，美國社會學家柏格（Peter Berger）來台灣訪問時，談到現代化究竟是結構性的、還是文化性的問題。他認為，假如現代性是一個具結構性的概念，那麼，它即可以如金耀基先生所主張的，產生了跨越時空範域、且有著展現普遍效準性的一種現象，易言之，基本上，只要社會結構改變，就可以學得來的。反之，假若是文化性的，那麼，它就有時間和空間的限制，乃受制於特殊文化典範與歷史條件，本質上是學不來的。在此，我對到底學得來或學不來的問題不感興趣，也不認為這樣以「結構／文化」兩分的方式來討論是妥貼的。基本上，如此提引出來的是偽問題，是英美社會學理論論述傳統所衍生的典型認知模式，不足為取。

我在一九八四年時報出版社出版的雜文集《理想與現實之間》一書中即已強調，從滿清以來的中國現代化問題，基本上就是知識份子運動的問題。早期張之洞倡議中學為體、西學為用，到後來康梁變法、立憲運動，以至孫中山的革命等等所帶動（或意圖帶動）的一連串制度改變，僅及於模仿西方的器物技術和政治（社會）制度，或頂多科學知識的表象而已。直到一九一九年由北京大學帶出的五四運動，才意識到中國所面對問題的關鍵在於文化思想的面向，涉及的是腦袋瓜裡頭的問題，這正是胡適等人提出「德（民主）先生與賽（科學）先生」口號的基本意涵。這也就是說，當兩個文化接觸的時候，強勢文化對弱勢文化會產生衝撞作用，特別是觸及到社會能否獨立生存的根本問題時，即會逼使弱勢文化向強勢文化學習。這個學習經常是從某種特殊的文化面向開始，繼而陸續地擴及另外的文化面向，從而產生了全盤的接納。

從上述近代中國社會的歷史演進過程來看，西方近代文明的優勢首先體現在器物（如軍艦、槍砲等等上面的「船堅炮利」）上面，繼而擴及社會制度面向（如立憲運動），終擴及至文化思想上面，達到了全面的優勢控制。這樣之文化優勢的擴散性可以說是十九世紀以來人類文明所面對的最大課題，直到今天，此一趨勢導致「全球化」現象的產生，回過頭來看，它到底為人類整體帶來的是幸還是不幸，實在值得我們細思。至於，就學術立場來說，西方近代（科技）文明所引發的文化優勢擴散性，對社會理論的建構有著怎樣的意涵，也順理成章地成為需要關心的課題，其中，涉及到的重要課題即是文化的創造性轉化以及傳統的重新定位（參看《期待黎明——傳統與現代的搓揉》一書）。

我之所以對現代化現象產生探究的興趣，相當大的成份是基於社會學者作為知識分子的社會責任意識所推動的。我認為，十九世紀以來，西方帝國主義以殖民（或半殖民）主義的姿態蹂躪著非西方世界，其最主要的歷史動力莫過於是「現代化」，特別是挾持著優越科技、且以工業生產為導向之資本主義經濟邏輯所推衍出來之理性化的「現代性」，而這個現代性恰恰是非西方世界所缺乏的。因此，如此極具異質性、且居優勢的外來西方文化，嚴重威脅非西方社會的既有傳統文化與行為模式，甚至導致整個社會處於幾近解體的狀態。就此而言，非西方世界衍生了許多因應的困境，對此，縱然我們舉不出有效的對策，但是至少可以追問這樣的問題：我們應當採取怎樣的態度來應對？到底，我們有了多少的自由選擇空間？這樣的問題提引是一種「涉入」性的提問方式，乃是一個社會學者以知識份子的身分關懷在地社會的一種表現方式。我之後的學術關懷課題可以說全是在這樣的動機下引發出來的。這包含了參與推動學術研究的本土化以及對西方近代社會思想（包含社會學理論）從事系統性的批判等等，期間橫跨了三十多年。

為了讓讀者更清晰地瞭解我的心路歷程，似乎有必要對一九七〇年代以來發生在台灣社會與行為學科界的一些「運動」有些描繪。一九七四年我回台任教前，楊國樞先生等人已開始推動一系列的學術活動，其中有兩項值得一提：一是前面提到社會與行為學科的科際整合，特別指向社會學、心理學與人類學知識的整合；另一個是推動中國人性格的研究。依我個人的意見，這兩個發生於學院內的寧靜「運動」，可以說是「現代化」帶來的一種具反省性之運動的一環，有其時代意義。無奈而可笑的是，凡是具有反省性的有意義社會活動，在那個時代的台灣，都一定會被塗染上政治色彩，受到有關單位的關愛。楊先生所主導的這兩個看來還相當「溫吞」的活動，自然也不例外。

固然科際整合的原始概念與心理需求是來自美國學術界，而美國學者之所以有此主張，自然有美國學術界的內在因素使然，但是對台灣的學術界而言，謀求科際整合顯示的是，台灣社會與行為學科界開始試圖凝聚學術的集體意識，採取連線研究的策略。看在國民黨政權的有關單位眼裡，這是一種聯合陣線的作為，有著惡意的危險性，尤其主其事者又是楊國樞這個「麻煩份子」。

至於楊國樞先生另外主導的有關中國人性格的研究，我個人認為，背後最大的關鍵就是來自西方近代之現代化對在地傳統所帶來的衝擊所牽引出來的。這樣的研究原本有著深刻歷史意涵的良意，值得鼓勵，也理當重視。但是，在當時的時空條件下，這又成為國民黨政權有關單位（特別來自王昇主導的特務系統）特別關注的對象，認為這中間有陰謀，別的不說，有意詆毀「優良」的中國傳統就不可原諒，更別說主導的又是楊國樞為首的同一批人（包含李亦園、文崇一、吳聰賢等人，可惜還沒見到有胡佛）。後來，再挾摻著「現代化」的主張，三者攪在一齊，有關單位似乎確認著政治意涵愈來愈重，其中必定有「不軌之圖」。所以，最後才導致前面我已提到的「王昇集團」具體採取了清理整肅的行動。所幸（換一角度來看，則是可惜）天佑這些「蛋頭」學者，最後因王昇勢力倒台，讓這些自由派的學者得以全身而退。

前面提到，我從大學時代轉到心理學系就讀以後，就跟著楊先生讀書、寫學士論文，維持亦師亦友的關係。回台任教後，我們的互動更加密切，不時聚在一起聊天。大約在一九七七年我轉教台大社會學系以後，他多次跟我提到，用西方的概念來研究台灣社會與人的行為（當時總是用中國社會來稱呼），在某種程度上，總是令人感到格格不入，不夠貼切恰適。楊先生是一個不做點具體的事就會「生病」的人，他總是閒不下來。或許正是這樣的個性，促使他成為一九七〇年代以來台灣社會與行為學科界的靈魂人物，推動了一連串的學術運動。從一九六〇年代（有限度地）參與了殷海光先生所帶動的「新五四運動」之後，除了積極參與學院外的民主啟蒙活動（如辦《大學雜誌》，參與《思與言》雜誌）之外，在一九七〇年代裡，他帶動了前面提過的「科際整合」、「中國人性格的研究」以及「現代化」的探討等等。如今，接著來的是，在深感直接把西方知識移植進來的「誤置」的認知下，他又主導了另一個學術運動——行為與社會科學的中國化（後來改為本土化）。我有機會親身參與這個運動，對我後來的學術研究有著莫大的影響。

一九七九年，在楊先生、李亦園和文崇一三位先生的主導下，中央研究院民族學研究所舉辦了一個有關中國人行為及社會科學本土化的研討會，開啟了一直延續至今且包含中國大陸之社會與行為學科界的學術研究「本土化」的運動。單就台灣而言，在我來看，這個學術的本土化運動，事實上與之前的鄉土文學、校園民歌有著共同的歷史脈絡，都涉及西方「現代化」衝擊後尋找文化認同的問題。當然，把學術本土化說成單純的文化認同是有些曖昧的，值得再細細推敲，因為它可能還是基於追求「客觀」的實徵科學態度，尋找適當的概念以「恰適而貼切」地解釋與瞭解自己的社會。但是，當我們認為必須採取不同於西方概念與認知架構才可能獲得較為令人滿意的詮釋的時候，事實上即意味著，決定採擷何種本土文化基素作為分析基座，實乃涉及文化認同的底蘊，儘管這樣的選擇看起來是「中性」的。總之，不管怎麼說，自一九七〇年代興起的這一連串表現在文學、音樂和學術的運動，可以說是對來自西方之「現代化」表徵的一種具反思性的總體反動，只是體現在不同的感知領域而已。

在美國讀書時，我已漸漸意識到，我們所接受的科學知識體系，至少有關人之行為與社會現象的知識體系，並非完全價值中立，也非絕對「客觀」而可有效普及各個地方。它毋寧地是西方特定文化—歷史條件所形塑的一種特殊知識表徵。只是，我當時並不是那麼清楚到底其特殊點是什麼、在哪裡？如今，楊先生提出學術本土化的口號，恰恰重燃起我認真思考這個問題的火把。我開始往前一步思考：假如要本土化的話，問題癥結點在哪裡？打從一開始，我就體會到，問題的根本並不是在技術性的方法或是簡單的研究架構、概念問題而已。當然，我們需要有一些足以「恰適而貼切」地用來理解自己之社會現象與行為模式的概念，譬如楊國樞先生、黃光國先生以及他們的學生所提出有關孝道、緣分、人情、關係等概念。但我始終堅持，這還不是「本土化」最根本的核心任務。

對今天的非西方社會來說，經過兩個世紀的「現代化」，實已無法完全擺脫西方文明的影響，尤其是「全球化」之後，整個世界的結構型態早已被吸納進入以西方社會形構為本的理路之中相互扣連著。我們已經無法完整回歸到傳統的世界場景，弔詭的是，我們是被逼不得不向西方學習，可又難以把西方的社會（文化）模式學到家，因為，畢竟自己的傳統還是保有遲滯作用，致使「現代化」實際帶出來的文化基模、認知模式與行為理路，並非西方「現代化」樣態的完整翻版。當然，我們是沒有理由一定要以幾近複製的方式學習，才叫完全的學習，況且，西方的現代文明也不是完美無缺的。反過來看，本土化的意義，則是透過非西方世界的文化傳統以及它與西方接觸的經驗，回過頭來檢驗西方的主流優勢文化，檢討的目的與期待，是希望因此能創造出更有啟發性、更合情合理的文化形態。這麼一來，本土化是一種極富歷史命運意涵的研究策略，它絕對不是義和團式的作為，自己關起門來做文章。

不管怎麼說，倘若我們追問「我們現代化的問題癥結在哪裡」，或轉個方向來追問「本土化的根本何在」的問題，那麼，回過頭來重新檢討整個西方有關人與社會的知識體系基礎，是一項必須要做的知識工程，而從事涉及整個西方哲學史、社會思想史與社會史（我分別稱之為內部史與外部史）的探究，尤其有關德國人所說之哲學人類學的存有預設的挖掘，更是絕對不可或缺。就在這樣的基本認知的導引之下，我把「本土化」的努力與對西方社會思想從事知識社會學式的探討看成是一體兩面，有著唇齒相依的關係。唯有先進入西方的社會思想（或社會理論）世界裡，探究那些主要的學者是怎樣提問與構思人的社會世界，才有走出來另闢蹊徑的可能。也就是說，本土化才有歷史—文化脈絡的底蘊，整個論述也才可能有現實的根據基礎。就在這樣的認知催動下，進入西方知識體系去檢討知識份子的現代化，以及對華人地區之本土化運動的批判，遂成為我從一九八〇年以來學術上的關注重點，進而在二〇〇〇年寫出《進出「結構—行動」的困境——與當代西方社會學理論論述對話》這本書。

現代西方社會思想的底蘊——本土化的根本轉折點

我到底何時開始對西方社會思想（或更狹義地說，西方社會學理論）有了批判性的認識，我自己說不上，或許應當是漸進而來的。但是，前面已提過古德納（Alvin W. Gouldner）在一九七一年所出版的《西方社會學將來臨的危機》（*The coming Crisis of Western Sociology*）無疑對我的思想起了相當重要的影響。儘管，古德納把美國社會學等同於整個西方社會學看待，不免有美國中心主義之嫌，但是，有鑑於二次大戰後美國的學術思想隨著國力的鼎盛而風行全球，至少他對美國主流社會學理論——結構功能論與象徵互動論的批判（包含如何影響了當時蘇聯的馬克思主義），還是有不可磨滅的貢獻。

對當時的美國社會學界，古德納這本書猶如投下了一顆核子彈，把一向被尊為崇高至上的帕森斯以及他所領頭的結構功能論與其同謀——象徵互動論（他統稱之為「學院社會學」〔Academic sociology〕）瞬間瓦解掉了。當時我正著手撰寫博士論文，整個密蘇里大學社會學系的研究生莫不視古德納為「革命英雄」，而把結構功能論當成過街老鼠來打，誰說自己是功能結構論的信徒，就會受到嘲笑。我想，這與一九六八年代左派色彩的學生運動有關，這個運動來得快，去得也快，對許多思想左傾的社會學學生而言，此一來去匆匆的運動是受挫的，靈魂彷彿被奪走，古德納一書的出現讓學生們在學院論述領域裡找到一個批判鬥爭的「代罪羔羊」——「學院社會學」。在這之後，來自歐洲的西方（或文化）馬克思主義思想、德國批判理論、拉丁美洲之世界體系論等等深具批判色彩的社會理論才在美國的校園裡流行起來，而首見於當時大學體系中的邊陲學院。

古德納在該書最後一章所提到帶著濃厚左派「實踐」性格的反思社會學（reflexive sociology），可說表明了古德納的立場，也是用以批判「學院社會學」的重要思想載體。可惜的是，整個論述過於簡略而粗糙，得以讓讀者衍生的思考、想像與感應空間似嫌不足，因而，對往後的社會學者難以帶動出巨大而綿延的影響。

當然，若說古德納的思想沒有受到歐洲社會學（特別是左派）的影響，那是難以接受的。情形甚至相反，他可以看成是美國社會學者當中對歐洲社會學理論嗅覺較敏感的一位。至少，我們從他一九七一年之後的著作，如一九七六年的《意識型態與科技的辯證》（*The Dialectic of Ideology and Technology*）、一九七九年的《知識份子的未來與新階級的興起》（*The Future of Intelligentsia and the Rise of New Class*）、一九八〇年的《兩種馬克思主義——理論發展中的矛盾和反常》（*The Two Marxisms：Contradictions and Anomalies in the Development of Theory*）以及一九八六年的《反碎片化》（*Against Fragmentation*）等著作看到左派思想（如阿圖色、盧卡奇或葛蘭西等人）的陰影，倒是嗅聞不到左傾之法國日常生活學派，如列菲伏爾（Henri Lefebvre）、巴塔耶（Georges Bataille）與德波（Guy-Ernest Debord）等人的思想庇蔭，而德波所主導之「國際情境主義」（The Situationist International）恰恰又是帶動一九六八年法國左派運動的重要思潮之一，儘管隨著運動雲消霧散，此一組織於一九七二年戛然解體。

我談了這麼多有關古德納的事，為的只是要表明古德納的《西方社會學將來臨的危機》一書啟發了我開始認真思考西方社會理論的來龍去脈。當然，他其後的作品更是帶我進入馬克思主義的思想，尤其是探討知識份子之社會屬性與歷史質性的重要論述介體。

另一個思想上的啟迪則是來自霍克海默（Max Horkheimer）與阿多諾（Theodor W. Adorno）於一九四四年所寫的《啟蒙的辯證》（*Dialectic of Enlightenment*）一書，尤其是討論文化工業展現「啟蒙是一種大眾欺騙」這篇文章（當然，我讀到此書不會是在一九四〇年代，而是一九七〇年代）。這本書讓我體認到十八世紀啟蒙運動的重要性，也開始思考其所可能衍生的歷史質性，特別是為何會說「啟蒙是一種大眾欺騙」；推衍來說，啟蒙理性所帶來的現代性到底有什麼需要被重新反省的地方，而東方文明作為一種另類文明，或許有著用來作為思考分離點的價值。

在這樣的思想「啟蒙」之下，經過一段相當長時間閱讀有關文獻與反覆的思考，我注意到十八世紀的啟蒙運動帶來的可以說是一種以大眾群體為關懷重心的「底層啟蒙」（代表人物是狄德羅和達倫伯〔d'Alembert〕這些百科全書派的思想家）。對那些未曾受過完整教育的一般大眾，高層啟蒙運動的文章，縱然是以遊戲的形式呈現，但卻是一種精神號召、救贖的公式、末世的裁判，更是世界法則的闡述。

然而，在這種社會氛圍裡，誠如黑爾（Friedrick Heer）在《歐洲思想史》中所指出的，對社會大眾，啟蒙則是一種精神焦慮的表現。霍克海默與阿多諾更以概括口吻說道：「啟蒙運動是極權主義，……它的理想是統轄一切的制度。……它以一種無法形容的焦慮演變為激進。……在這個制度和體系之外，不容許含有別的東西存在，因為只要一想到在這個制度和體系之外還有別的東西，就會再次勾起它極力想排除的那種焦慮。」於是，啟蒙帶有魔力崇拜的性質，挾持的其實是酒神精神，期待引發巨大的感染力量以產生酵母般的作用來改變整個社會。啟蒙理性於是被塗染上一層厚厚、但卻是透明的「非理性」顏料的信念，追根究柢地來看，它（因而，連帶地，現代性）終究是一種迷思。霍克海默與阿多諾所特別指出的文化工業，以及它為法西斯主義和資本主義所利用，原只不過是這種迷思最為典型而明顯的表現形式而已。啟蒙理性所帶來未可預期的「非理性」結果卻遠遠超過如此，理性託體於「現代化」的名分下所衍生之肯定諸如利用厚生、人定勝天、勘天役物等價值，或強調進步、發展、便利、舒適、速度、效率與控制等等概念，帶來更多的其實是對大自然殘酷的「非理性」剝奪與蹂躪。別的不說，核能運用潛在的危機風險、地球的暖化、能源的日益短缺等等，可以說即是明例。

啟蒙理性所以誕生有很多的文化—歷史條件作為後盾，然而，對我來說，它與一個自十七世紀以來即已在西方社會思想中逐漸彰顯的哲學人類學存有預設，有著歷史性的親近關係，不能不特別予以關注，這個預設簡單說即是以「持具」（possession）之「有」作為人所以存在的最終極前提。我在一九八六年卸任台灣社會學會理事長的演講中即已明白點到，也在之後的著作中不時予以衍生論述。不過，直到二〇一〇年左右我才真正深切體味到，十七世紀英國霍布斯（Thomas Hobbes）的思想應當是一個關鍵，儘管在一九八六年的文章中我早已援引霍布斯有關人性的論述了。

當霍布斯把整個社會（政治）思想的主軸轉移到人的慾望上面，尤其特別看重人所具有的自我保全本能（instinct for self-preservation），從知識社會學的角度來審視，在整個西方社會思想的發展史中，實具有無以倫比的意義。這樣企圖以人的基本身心特徵架出社會與政治思想，至少具有三層意義：一、把思考人之社會現象（特別是制度的安頓）由過去封建社會以國王、貴族與教會為本、且強調榮譽、身分、勇氣、自尊等等少數原則的形態，轉移到以一般芸芸眾生為主、且重視平等、自由、權利、基本生存等具普遍性質的多數原則。二、「人民」逐漸成為社會與政治制度改革的推動力量，更是改革之福祉所關心的考量對象。其中，興起之資產階級可說是代表「人民」的歷史主體，直到十九世紀工業革命之後，在馬克思的提示下，無產階級才被認為取代資產階級，成為代表「人民」的歷史主體。三、不論就政治或經濟的面向來說，開啟了以資產階級為主體的自由主義思想，其中最典型的是奠定了持具個人主義（possessive individualism）的思想。

回顧整個自由主義的思想，就其理論的基礎而言，可以說是建立在對以人之基本慾望為本的身心狀態予以絕對的肯定。易言之，它乃以一般人之自我保全的本能慾望的確立為根本，而這恰恰是將走出封建莊園社會格局、也是正漸漸興起之資產階級所樂於接受的社會哲學。於是，以持具個人為本之自由主義思想與資產階級的階級利益是唇齒相依的，難怪自霍布斯以降，基本人權與財產權即是自由主義之權利觀的兩大支柱，而就哲學人類學的存有預設來說，於是乎，「有」（如保有、持有、擁有、享有等等，特別是具法律意涵的「所有」）此一概念成為思考人之存在和社會現象的終極概念，不可再化約，讓我們姑且稱之為「霍布斯命題」。特別值得一提的是，這樣的基本命題不只適用於以資產階級為考量對象的古典自由主義，也同樣適用於站在反對立場的馬克思主義，可以說是整個近代西方社會思想的共同信念迷思。例如，馬克思在《一八四四年哲學經濟手稿》裡論及工人的勞動時，此一「霍布斯命題」也是其所賴以立論的基本存有命題。

當然，除了此一「霍布斯命題」之外，西方的社會思想尚有一些其他的哲學人類學的存有預設，在此無法一一細說，總之，從一九七九年參與了「本土化」運動之後，我即積極思考西方社會思想裡內涵的哲學人類學存有預設的問題。我把此一深入既有的西方思維框架內部挖取思想的根源，看成「本土化」必要的前置探索功夫，並認為唯有如此，本土化才會有成就。況且，就整體人類文明發展的角度，特別是以今天全球化的局勢來看，我們實已不能把西方的社會思維架構完全去除不管來「閉門造車」了。因此，即使單就對西方社會思想進行批判理解的立場來說，本土化毋寧地是一種歷史命運帶來的研究策略，有一定的歷史意義。

就在這樣的基本認知下，我認為，另行借助東方的歷史經驗與文化傳承來反照近代西方具外塑持具之「有」特色的社會思想，實乃本土化必要的另一個重要面向。於是，我選擇了「結構與行動」這個一九七〇年代西方社會學界出現的議題，做為檢討西方社會理論與其後設預設的試煉，於二〇〇〇年暑假前完成了《進出「結構—行動」困境》一書的初稿。同年，我接著利用暑假的空檔，撰寫了「均值人與離散人的觀念巴貝塔：統計社會學的兩個概念基石」一文，於二〇〇一年發表於《台灣社會學》雜誌。相繼的，於二〇〇三年，我特別回溯到十七世紀義大利思想家維科（Giambattista Vico）的著作，提出了「驚奇」（surprise）這個概念作為理解整個西方社會思想發展的切入點，寫了〈西方社會學理論思考中的一些『迷思』〉一文，發表於《社會理論學報》雜誌。

後者顯然是延續著過去幾年來對西方社會理論背後之哲學人類學存有預設的追探工作，我發現，「驚奇」這個概念是另外一個潛藏在西方社會學思維中的存有預設命題，而且，可以從韋伯與涂爾幹的著作裡面找到把「驚奇」作為社會所以源起之狀態的證據。我進而指出，從這個概念帶出來的是「迸生」（emergency）的概念，這個概念從 emer 的字根，乃讓東西浮出來的意思，相對的則是 imer，即讓東西沉下去。準此，西方社會學家喜歡使用「迸生」一詞來形容事物的源起，乃有著預設原先就有一種狀態的意思，只是因為某些原因使得這個狀態被隱藏或壓蓋住，一旦此一原因消逝了，它就浮現出來，情形有如潛水艇一般，不管浮或沉，它都是「早已存在那兒的」。所以這樣的說法乃意味著，事物有具實質性的本質，乃是以「有」為認知基礎的。回到古希臘人的認識論，即是宇宙萬物有著本質，有人說是火、有人說是水，不一而足。因此，這裡所說的火或水，並不是中國陰陽五行中的火或水，只是一種語言上的隱喻，而是具實質性的火或水。相對於西方人具實質之「有」性質的「迸生」概念，中國人毋寧傾向於使用具「無中生有」之「變成」（becoming）性質的「孕生」（conception）概念，情形猶如只有精子與卵結合，才可能孕生胎兒一般，而且，什麼時候會受孕，人是無以得知的。說來這是東西對萬物之源起狀態的不同想像，沒有哪一個才是「正確」或乃至「適當」的問題的。

至於我所以特別耗費整整一個暑假的時間來檢討「均值人」與「離散人」的概念，原先是意圖採取知識社會學的立場，具體地在統計社會學史上找證據，來圓成我從一九七〇年代回國任教之後即極力批判

（特別是量化的）實證主義研究傳統的「惡跡」。即使看似中性的「平均值」一概念，其實背後也都承載著特定的文化—歷史質性，有著特定意識型態做後盾。同理可以推及「離散度」，甚至其他的統計學概念。殊不料，在撰寫的過程中，我逐漸意識到，就知識發展史的角度來看，具政治社會學意涵的「人民」概念和具文化社會學意義的「大眾」概念，都受惠於「平均值」的概念。換句話說，以「平均值」（因而，均值人）此一具「科學」意涵的概念來表達，「人民」（與「大眾」）的概念獲得具有學術討論價值的正當性，也產生了可實質操作的社會學意義。在這樣的情形下，「均值人」此一集合性的概念，遂成為十九世紀以來西方社會科學家想像人之社會存在的基本存有預設。總的來說，諸如此類有關西方人對人之圖像所呈顯的哲學人類學存有預設的探索，成為我後來整個研究的重點，並進一步體現在二〇〇八年出版的《邁向修養社會學》。

寂寞的思想工作

在二〇〇〇年出版的《進出「結構—行動」困境》（二〇〇四年修訂）最後一章，我企圖透過「孤獨」與「修養」作為具終極性的概念來重塑人的圖像，以與二十世紀初期德國社會學家齊美爾（Georg Simmel）主張以「社交性」（sociality）作為不可化約的概念，架出人的形像有所區隔。我所以這麼做，並不是如一些評論家所認定的，以為我是一個道德家，主張把一切社會現象回歸到個人的道德修養來理解與化解。當然，或許道德是個人修養的一項重要成分，但是，我所強調的修養應當是比較接近尼采所說的，透過意志的凝聚以累積行動的權能力道（尼采管稱「權能意志」〔will to power〕），其中最重要的莫過於進行一種自我超克的功夫以來證成人的主體能動性，也就是成就尼采所嚮往的「超克人」（overman）境界。因此，當我強調「修養」時，其實，我重視的是強化人的內在意志，而非膺服外塑的道德規範的。

我更進一步認為，人的意志要能凝聚成為行動的權能力道以成就主體性，推到最極端，即需要把人的身心狀態安置在一種「孤獨」境地之中，此一孤獨指的不是離群索居，而是處於人群中有著傲然獨立自處的境界，乃主體性的極致表現。或許，尼采在《查拉圖斯特拉如是說》中所描繪的查拉圖斯特拉（Zarathustra）即是一個典範。

坦白說，在二〇〇〇年我所以提出「孤獨」與「修養」這兩個概念作為勾勒人（尤其當代人）之圖像的要素，一開始並不是受到尼采的影響，當然，後來讀了更多的尼采作品，受到他的思想影響則是可以肯定的。當時之所以提出這兩個概念是基於「個體化」愈來愈趨向成為主導當代社會運轉的結構原則；也就是說，整個人類（尤其歐美）文明愈來愈重視個體的自由與自主，以至於在制度設計上愈來愈把確保個體的自由與自主當成構作的基本原則。在這個潮流波及之下，人愈來愈需要仰賴自己的意志努力以及自主的價值選擇和判斷，才可能成就具主體能動性的「自我」，而這就意味著人愈來愈需要讓自己處於孤獨的身心狀態之中、並進行自我修養。或許，這一切可以看成是自十七世紀的霍布斯以來自由主義日益發皇所衍生的一種「未預期」結果吧！

我這樣的主張看似可以把整個社會學的知識傳統顛覆掉，因為，人們總是認為，社會學是研究社會所以形成的結構原則，而此一結構原則乃獨立自存於社會成員之外的；易言之，社會有其自性，不同於人自身，也不受制於人的。在這樣的社會學認知傳統裡，顯然人自身是沒有地位的，甚至只是具被動性的道具，被「結構理路」玩弄著。倘若借用美國社會學家榮恩（Daniel Wrong）的說法，這是一種「過度社會化的人觀」（oversocialized concept of man）。不過，我個人並不這麼認為，我寧願說自己只不過是倒轉角度，把關注的焦點由結構理路本身，移到人作為行動主體的自主能動性上面。說來，這可以擺在一九七〇年以來西方社會學理論界所引發之「結構／能動（或行動）」的爭議架構中來看待，並沒有完全溢出這樣的問題意識之外的，頂多只是論述的框架有了轉移而已。

說句坦白話，我當年寫《進出「結構—行動」困境》時，對「孤獨」與「修養」所可能彰顯的時代意義並不是那麼清澈，這兩個概念也是在寫作中才慢慢浮現出來，因此，在最後一章處理起這兩個概念來顯得相當粗糙，我自己並不滿意。當時明知寫來不夠細緻周延，只作了最起碼的鋪陳而已，但是，長期寫作的煎熬雖未至於寢食不安，殫精竭慮還是帶來心理上的疲憊和困頓，甚感心有餘而力不足，所以也就將就讓它出版了，以後再說。這遂成為促動我於二〇〇八年出版《邁向修養社會學》的動機。

在《邁向修養社會學》一書中，我還是採取知識社會學的角度，回到西方社會理論的論述史，再度（但衍生地）把「驚奇」經驗看作社會迸生的源起心理狀態來開題，並進而結合「個體化」作為結構原則的基本立場，重探「結構」的概念。同時，我也佐以社會史的立場，回到實際展現的社會場域，分析當前的消費社會，為的是希望拉出一個基本的論點：除了日常生活的秩序問題之外，心靈問題是當代人類文明的重要課題，是政治所必須關照的面向。這些論述無非是基於一個目的：證成「孤獨」與「修養」兩個概念所可能內涵的時代意義，也藉此補充在《進出「結構—行動」困境》一書中論證的不足。

我在《邁向修養社會學》書中以專章討論「日常生活」的概念，並特別回到西方藝術發展的歷史脈絡，去尋找其對當代社會理論思維的重要性。在此，以勒菲伏爾為開山祖師的法國「日常生活社會學派」，為我帶來另一個層面的啟發，這促使我認真思考整個西方社會思想中所隱藏的另一個重要概念（或謂現象）——正負情愫交融（ambivalence），可惜這並沒有被西方社會學者充分意識到。對此，讓我多用些篇幅來描繪前後的緣由，應當是必要的。

根據馬克思的理論來預測，共產革命最早應當是發生在工業化最發達的社會裡，因為這樣的社會有最多被資本家剝削的工人無產階級，也就是說，有最多的人生活在最低程度的自我保全遭到威脅的狀態之中。但是，情形似乎事與願違，共產革命偏偏首先發生在地處歐洲邊陲、且工業不甚發達、農民人數高於工人的俄國。英國與其他相繼工業化的西歐各國（如法國、德國、義大利、荷蘭、比利時等等）反而還是繼續在資本主義滋潤的情況下度過，一切安然無恙。這導致許多西（東）歐的馬克思主義者開始思考所以如此的緣由，而有了西方馬克思主義（或謂文化馬克思主義）的流派出現，在前面已提過的盧卡奇可說是最具代表性的人物（其他重要的如阿圖色〔Louis Althusser〕或葛蘭西等人）。簡單地說，這個流派的馬克思主義者主張，首先必須喚醒（工人）無產階級的階級意識，才有讓他們認識到自己的悲慘處境而聯合起來帶動革命的可能，因而整個問題的關鍵是在「文化」層面，而非僅只是因為單純的物質面向被「剝削」即具有產生革命的動力，儘管它或許是如阿圖色所說的「乃是最後的決定因」，是必要的物質性條件。

法國的勒菲伏爾則進一步衍生這樣的立場。他認為，當馬克思論及人的勞動、工作、生產活動等等的時候，事實上即已意涵著人們另一面之日常生活（諸如家庭生活、休閒生活、社會生活、政治生活等等）的必然存在與其內涵的重要性，只是這個面向一向為論者所忽略而已。勒菲伏爾更指出，當一個社會邁入工業化與都市化的歷史格局，技術明顯介入人們的每日生活世界以後，特別是在大眾傳播媒體科技高度發展的情況下，人們的（消費）行為高度地被媒體所策劃、且受到嚴密控制與操弄著，他稱呼這樣的社會樣態為「受控消費的科層社會」。

針對這樣影響力滲透進入人們之日常生活世界的「受控消費的科層社會」，勒菲伏爾可以說是呼應著盧卡奇的基本想法，認為無產階級的革命要成功，首要之務在於必須「改造」無產階級的基本意識，激發他們的情感，而對勒菲伏爾來說，這只能從一般人的日常生活細節裡做起。如此一來，整個問題於是乎乃在於「如何改造並激發無產階級的意識與情感」上面了。對此，我不能不再多說一點有關以涂爾幹（Emile Durkheim）與牟斯（Marcel Mauss）為典範之法國社會思想，以及一九二〇年代初布荷東（André Breton）為首之超現實主義（Surrealism）的一些基本想法，因為這是認識勒菲伏爾的思想，也是理解當代西方社會思想、更是我所關注之理論課題的關鍵所在。

佛洛依德（Sigmund Freud）在一九〇一年發表《日常生活精神病理學》（*The Psychopathology of*

Everyday Life）一書（指德文版）。他在書中強調潛意識對人的日常生活所產生的影響，其中最重要的莫過於是把人從理性的「禁錮」中解放出來。這樣的說法無疑地顛覆了理性作為反映人之至高性的啟蒙期待，而反過來賦予了本質上具感性迷思特質的潛意識以神聖的意義。受到佛洛依德此一說法的刺激，布荷東在一九二四年發表了〈超現實主義的宣言〉，意圖透過挖掘人類的潛意識來重振人類的想像力，進而對諸如象徵、夢境等等所具有的神祕性、非理性、偶然性等等予以開發。準此，他們認為，文學與藝術表現的是不受任何理性主導之即興想像所可能孕發的無窮能量，其新奇之處在於諸如製造驚奇、難解和尷尬笑聲等的情緒反應。

顯然，這些主張乃延續浪漫主義針對十八世紀啟蒙理性的反動傳統，並呼應尼采所宣揚的酒神精神，強調人類心靈深處的「非理性」感性成分在人們日常生活中可能具有的深層意涵。做為超現實主義者的標竿，布荷東最重要的貢獻，即在於企圖把佛洛依德所提示之人們對社會現實的非主願潛意識慾望（如體現在夢境、幻想當中）轉化成具主願性質的溝通行動，而以諸如文學與藝術的形式在人們日常生活場域裡予以表達。這即意味著，透過人的實踐將平凡的日常生活轉變為不平凡，強調的是一種尋求掙脫「例行化」危境之努力與能量的累積經營，為的是讓日常生活中各個元素之間產生動態的蒙太奇（montage）或震驚（shock）效果，建立起（或尋找到）奇妙的「遊戲」格局。這樣的主張給了法國左派為無產階級革命尋找落實點的啟示，但是這得結合以涂爾幹與牟斯為代表之法國社會學（人類學）思想傳統，才得以充分呈現出來。

涂爾幹從澳洲與非洲的初民社會得到一個啟示：「社會」乃是人們處於驚奇、亢奮而狂喜之「例外非凡」共感共應心理狀態下產生一種集體感應所體現的意識結果，所以，「社會」可說是酒神精神的一種體現成果。也就是說，當人們有機會營造共感共應的集體感受（如節慶〔festival〕）的時候，其實即是進行著文化的創造，營造著集體意識，帶動集體表徵的浮現。因此，節慶成為一種基本社會機制，使得人們得以脫離平凡而例行的日常生活狀態，創造出足以產生種種強烈情感（情緒）經驗（如前述的驚奇、亢奮、狂喜等等）的非凡而例外契機。涂爾幹的外甥牟斯則更進一步指出，人們從事「禮物」的報稱性交換，乃是人類互動的最初始形式；亦即，交換情感本身是互動的目的，別無其他動機，而共感共應正是這樣之互動所顯現的基本心理特徵。

勒菲伏爾吸取了涂爾幹（與牟斯）的說法，轉化了超現實主義從佛洛依德所移植來之有關潛意識與慾望的關係，以及尼采所肯定之人所具有「非理性」的酒神成分（尤其，節慶所引發之共感共應的集體心理效果），成為形塑當代法國社會學思想的傳統養分，並特別明顯表現在以巴塔耶為指標人物的所謂詩人民族學家（poet-ethnologists），以及在一九三七至三九年間形成之私人聚會討論團體社會學學院（Collège de Sociologie）。此團體基本上關懷的是有關「甚麼是神聖」的問題，而這被視為是使得人們（靈魂）凝聚在一齊的基本要素，關懷的重點於是被定位在具社會集體意涵的「神聖體」何以形成以及其具有的社會意義上面。

到了一九五七年，德波（Guy Debord）所主導之「國際情境主義」（The Situationist International），雖

不完全依附在布荷東主張以潛意識做為任何創作之基礎的前提上，但是，超現實主義以慾望（特別是指驚奇的心理狀態）引發的情緒做為建構人們新生活方式的基本信念卻備受肯定，且被德波等人視為往前推動以做為有意識地創造（特別是都市）新生活情境的基本準繩。德波企圖在都市進行「文化」革命，重點即被安頓在於實現生產完全機械自動化，以便使得人們可以從事種種具創造契機的休閒消費活動，以締造具有詩意的主體與客體，並展現人存在的意義。他更是企圖強調經營一種可以讓人們在都市裡進行開放而「漂蕩」（dérive）行止的場景，以超越超現實主義只主張在鄉間創造一個讓人們可以有著無目的漫蕩或具所謂紈絝人之窺淫般的漫遊機會。於是，對國際情境主義者來說，與更早之巴塔耶以及其他批判「視覺中心主義者所主張的都是圖像」這樣的見解，似乎是意氣相投的。他們期待的都市景觀是，粉碎了商店之展示窗櫥與霓虹燈構成的迷宮（labyrinth），讓人們可以自由地在其中漂蕩，讓個體的主體性從中呈現出來。

就政治思想的歷史發展進路來看，上述種種主張，特別是國際情境主義，可以看成是西方馬克思主義（尤其是盧卡奇）的延續。德波把源於日常生活世界的「情境」概念擴展到「城市」，繼而至於整個「社會」，而以「展示社會」（the society of spectacle）來刻劃當代人類的處境。追根溯源，以如此方式來抗拒異化與物化的主張，可謂是有著深刻「文化」意涵的「整體」革命，明顯承繼著勒菲伏爾的說法，其場域最終還是還原到人們的日常生活世界，因為只有這樣的場域還原才足以使得人做為一個無異化的「全人」成為可能。

我說了這麼多看起來相當抽象的理論論述，無非是希望讓讀者有些背景性的瞭解，以闡明我這些年所關心之西方社會思想的基本課題，即上面提到的正負情愫交融的現象。簡單說，當我們認為人類的社會（文明）起於「節慶」這種令人情緒亢奮狂喜的非凡例外情境所帶來的共感共應的時候，共感共應是在怎樣的心理狀態底下孕著，於是乎成為跟著而來的課題。對西方社會思想家而言，正負情愫交融則一向即被視為共感共應的核心心理狀態，也正是文明創造的激挑動力。說來，這與古希臘文明所呈現之衝突對彰的世界觀有著一定的親近性，可以說是整個西方人對人之存在所具有的基本哲學人類學存有預設。整個佛洛依德理論所談論的，諸如戀母情結、陽具崇拜、本我與超我的對立等等涉及愛恨情仇的說法，可以說即是反映這樣的基本人觀。佛洛依德的著作，特別是晚期的《圖騰與禁忌》、《文明及其不滿》以及《摩西與一神教》等一系列著作，基本上就是要處理這個正負情愫交融的「病態」問題。當然，佛洛依德把正負情愫交融看成是「病態」（即精神官能症）的心理源頭，是有著時代背景的。那是因為啟蒙運動以來西方人（特別資產階級）強調行為的邏輯一致性，不容許一個人心理上有著正負情愫並存較鬥的現象存在。一個人一旦有著正負情愫並存交融的情形發生，勢必帶來壓抑的心理，處理不當，就可能引發「疾病」，而這正是在理性化之西方人身上所常見的現象，特別常見於強調自我壓抑的資產階級。

布希亞（Jean Baudrillard）在討論後現代性的時候，特別把正負情愫交融的概念又帶回來，認為這是以象徵交換為基調之後現代社會的基本原則。假若這樣的說法可以接受的話，那麼，處於這樣之歷史場景的我們，將如何來對待正負情愫交融的現象，如佛洛依德所指引的「病態」，還是涂爾幹所期待之初民社會裡頭「原始人」的文化創造根源，或如俄國思想家巴赫汀透過十六世紀作家拉伯雷之詼諧怪誕小說《巨人傳》所意圖告訴我們的故事——一種傳統社會裡芸芸眾生透過節慶的集體共感共應所引發之（把一切權威）「降格」的眾聲喧嘩現象。這構成了我在二〇〇八年以後整個思考工作的重點，甚至可以說這才正是整個思想營造的起點。

對我來說，這一切的思想不只是個人的任務，必須要世代傳承，我只不過開個頭而已。我十分明白，在台灣學術界，這樣的思想工作是相當寂寞孤獨的，因為台灣社會學科界基本上跟美國貼得太緊，就算不是貼著美國走，事實上也只是停留在引介、重述西方主流或流行的學說，比如說結構主義、後現代主義、後殖民主義等，不一而足，反正西方流行什麼，我們就跟著他們走。事實上，縱然是喜歡思考的年輕一代學子，他們也總是被西方現行的流行思潮強力地吸引著，畢竟，這才是主流，有著淵源流長的傳統，也有著較為厚重而刺激的對話對象。況且，在一般「崇洋媚外」的心理作祟下，只要下一點功夫，就可能有較可靠的回饋報酬——包含國科會的獎賞、粉絲的崇拜等等。在這樣的學術環境裡，從事具批判性的思想工作是相當寂寞的，必須有相當堅毅的心志作為後盾，否則難以為繼。

教學生涯最大遺憾

無論如何，在這樣一個眾聲喧嘩且嘩眾取寵的時代裡，人們需要的是足以引起功利實用之功能興奮感的「表現」，縱然它是多麼短暫、淺薄、乃至荒誕。作為一個所謂從事思想工作的社會學者，我毋寧是跟不上時代，更是孤單而寂寞的。然而，我並不以為忤，因為我從小喜歡思考，立志作一個思想家，思考問題已變成我的生活方式，更是經營生命的一個方便門，也就因緣際會地以此作為個人的生命態度。

即使孤獨、沒有人共享，對我來說，都可以接受，只是，我在台大社會學系教了三十年的社會理論，還是覺得有一個遺憾，始終耿耿於懷。這個芥蒂就是沒有機會教我自己的思想，讓下一代分享我的思想成果。回顧西方自成一家之言的重要社會思想家，像結構功能論代表性學者帕森斯，在哈佛大學教授社會理論時，基本上都是教他自己的理論。因此，我長期憧憬的場景是，作為一個大學教授，以及一個所謂的思想家，理當有機會，也應該傳授自己的思想。但對我來說，卻始終沒有這樣的機會，因為，為了讓學生多點機會接觸西方的社會思想，三十幾年下來，我教的一直就是西方人的既成東西，這我當然感覺遺憾。

不過，仔細一想，這樣的遺憾其實不能怪罪外在環境，自己本身也要負相當大的責任。早期我還沒有建立自己的思想體系，想教自己的東西，事實上也教不出名堂。像我這樣在專制獨裁體制以戒嚴來挾持思想之封閉環境成長的台灣學者，到國外留學期間，大部份的時間是花在學習西方的知識體系，回國以後才有機會開始反省。如此，大部份的時間是在學習如何「破」西方，因為只有破了既有的龐大優勢知識體制之後，才有「建」的可能。對我來講，這個「建」不過是在過去十年裡才慢慢發芽的事，我原本就沒有成熟到可以有系統地進行傳遞「自己的思想」的本錢。

況且，「破」西方厚重的優勢知識體制這項工作何其困難，因為長期受到西方影響，我們有太多來自西方的想法被視為理所當然，所以，光是破除某些根深蒂固的觀念本身就困難重重，情形正像十九世紀時非西方人學習西方的現代知識時一樣，要破除既有的認知與感受傳統即十分困難。所以，我很早就了解，在課堂上，我只能讓下一代有更多機會去領悟、體會西方的知識體系，教授自己的思想而蔚成一個學術傳統，就教育的優先次序來說，將會是操之過急，得不到效果的。

不過在二〇〇七年，也就是我在台大社會學系任教的最後一年，我還是決定開了一門「社會學理論基本問題」的課，對學生講講自己的思想，因為這是最後的機會，也是讓自己聊以了卻一輩子心願的恩典。這看起來相當奢侈，對我自己來講，更是一種帶著浪漫氣息的任性，但是，再怎麼說，這畢竟為自己的學術生涯留下一道不可磨滅的痕跡——只有我自己才看得出來的痕跡。

第四章

書生論政與社會實踐

《思與言》與國家建設研究會

在台灣民主化過程中，「書生論政」曾經發揮了某種程度的推進作用。我很幸運能夠躬逢其盛，在台灣轉型過程中的某些關鍵時刻，實際地參與了批判時政與推動社會改革的運動，讓自己感覺到與這片土地有了更緊密的連結。這段社會實踐經驗雖然不長，前後不過十五、六年，但卻在我的生命旅程裡扮演了重要角色。

跟我同時代的台灣青年，很多人是因為政論雜誌而受到啟蒙。我在台大唸書階段，就受到《自由中國》、《文星》、《中華雜誌》、《獨立評論》等雜誌裡的文章影響，其中《文星》更是我們吸收新知的重要來源。我出國唸書期間，陳少廷、楊國樞等人辦了頗具政治批判性的《大學雜誌》，但我一九七四年回台任教後，《大學雜誌》已經結束，沒有機會參與。不過，在楊國樞先生的引介下，我加入的是楊先生與李亦園、許倬雲、文崇一、胡佛、張存武等先輩更早創辦的《思與言》雜誌。

《思與言》雜誌創辦時有著濃厚的「書生以文報國」色彩，就我所知，一開始並非定位於純學術的刊物，而是做為知識份子批評時政的管道。國民黨政權當然不滿，也害怕，一直緊盯著這些主謀者，認定這本雜誌是美國人在背後資助，是當時國民黨政權最痛恨之哈佛大學漢學家費正清（John King Fairbank）教授所形成的集團在幕後指使。當然，實際的情形並不是如此，其實，只是這些「蛋頭」學者基於熱愛民主自由而引發的一種「愛國」行動而已。然而，由於其間不少參與者飽受有關單位的「關懷」，引來許多人的恐慌不安，後來，整個雜誌就漸漸走向純學術刊物的方向，不再直接牽涉到現實的政治（社會）議題了。因此，等到一九七九至八〇年我實際參與編務時，《思與言》早已成為純學術的刊物，並且成為年輕學者投入的刊物，對現實的社會（政治）事務起不了任何的影響力。這麼一來，除了黨外雜誌之外，在《大學雜誌》之後，直到一九七五年十月十日由《聯合報》支持的《中國論壇》創刊之間，可以說是學院知識分子論政的空窗期。

事實上，在當時，國民黨政權（包含黨本身）的有關單位，在各個學術團體與像《思與言》這樣之知識份子集結的組織裡都佈有「線民」，負責向有關單位報告動態。《思與言》也不例外，社員裡頭就有這樣的人物，所以，基本上，有關單位是可以放心的。在一九七九至八一年期間，我們的系主任朱岑樓先生擔任台灣社會學會（當時稱為「中國社會學社」）理事長時，我受邀擔任總幹事。我記得，每次召開理監事聯席會議的時候，總有一位名叫龍兆祥的人會列席。一開始，我就當面質疑他參加會議的正當性，他即自稱是副總幹事。我當時年少不經事，不知道國民黨政權的一貫作風，也就立刻回說：「誰任命你的？」奇怪的是，竟然大家都默然不語，朱先生當然是在場的，他也不吭一聲。這麼一來，可以算是默許了吧！朱先生比我年長許多，社會閱歷自然比我豐富，加以他又是國民黨員，自然明白這是怎麼一回事。就在這樣的情形之下，這位龍先生的「副總幹事」名號就這麼自己封上了，「監視」著我們每一次的理監事聯席會。這位國民黨黨部派來的龍先生每次來「開會」時，都不發一語，只是在旁「觀察」。可想而知，他回去後肯定是要打報告的。

說來，這是一個集權專制政權慣用的統治術。他擺個「線民」在現場，而且也不怕你知道。如此一來，不乖的，可以讓「罪行」多累積一點，等到適當的時候，再來個秋後總算帳。對那些原本就「安份守已的」，「大阿哥」在場，則有產生寒蟬效應的作用，在言行上，他們早就知道分寸，什麼不可以說，不可以做，而什麼可以說和做，該什麼時候說和做，心中自是明白的。在「乖的給糖吃，不乖的拿鞭打」的原則下，這樣的統治伎倆只要運用得當，老百姓是可以馴化的，集體專制的政權並不必然會倒垮，甚至可能贏來「明君聖王」的美名，蔣經國就是一個明例。

一九七一年，台灣的國民黨政權失去了聯合國的席位，中國共產黨政權取而代之。中共政權在國際間不斷力圖孤立國民黨政權，並對海外的華裔學者專家進行統戰。為了因應此一國際情勢的變化、並振奮島內人民的士氣，國民黨政權當局美其名為了廣納意見進行改革，決定召開以海外學者專家為主的「國家建設研究會」（簡稱「國建會」），並於一九七二年首次舉行。一九七九年一月一日，台美正式斷交，對國民黨政權來說，這無疑是一個巨大的挫敗，整個台灣頓時陷入充滿危機感的狀態之中。當時，為了穩定民心、拉攏不同政治黨派人士與學術界人士，在那一年暑假舉行的例行「國建會」之後，於年底再舉辦一次。

這次「國建會」除了邀請學者專家之外，也邀請了當時兩個「花瓶」政黨（民主社會黨與青年黨）的黨魁與重要人物（我記得有如李緞、王世憲等人），以及信得過的所謂「黨外」重要代表人物（如黃石城）。

當時台灣的政局還處於威權專制的統治格局，中央民意代表尚未全面改選，整個立法院只是政權的傳聲筒，起不了制衡的作用。為了樹立良好形象，國民黨政權很懂移花接木的欺矇伎倆，不真正賦予本就具正當制衡性的立法院應有的言論權利，而卻假不具正當性之「國建會」這樣的臨時性組織來製造廣納言路之容納百川「開明」假象。然而，至少對我而言，重要的是國民黨政權企圖透過國建會有著立法院擁有之「免責權」的假象來塑造開明的改革形象，正是我們可以借力使力，讓它發揮假戲真做的實質效果，在言論上大開「殺戒」。尤其，正處於台美斷交的危機之後，國民黨政權更需要塑造開明的改革形象來穩住政權，至少暫時堵住日益興起的不滿聲音。儘管如此，比較謹慎的人還是不敢提出太敏感的議題。

在那次被邀請的會議裡，我被安排在政治組，我記得同組的還有城仲模、黃石城、蔡敦銘、楊日然、陳繼盛與關中等先生。對於關懷台灣自由民主化的知識份子來說，這次的國建會無疑地是一個可以「大鳴大放」的大好機會。於是，城仲模、黃石城、蔡敦銘、楊日然、陳繼盛與我等志同道合的參與者，在會議期間總是利用晚上休會的時間聚在一齊研商可以提出的「建言」，分配隔日發言的內容，以及構思應對的策略，希望能夠群策群力，發揮一點總體陣地戰的效果。或許因為我當時是初生之犢，比較單純，不懂得計算，顧慮少了一點，也就顯得比較勇猛不怕死的樣子。除了配合大家的共識意見，提出解除戒嚴、取消動員戡亂時期臨時條款、國會全面改選等久已存在許多自由派知識份子心中的老議題之外，我尚主張開放兩岸三通（通郵、通航、通商）以及允許老兵回鄉省親。記得，《中國時報》還把我對兩岸三通的主張做成頭條新聞；時任《中國時報》記者、筆名南方朔的王杏慶先生即對我說著，「葉教授，你是一個小 liberal（自由派）」，他還特別強調說：「我們每天都盯著你，看你今天要講甚麼。」王先生所以說我是小 liberal，可能是拿當時已是風雲人物的胡佛與楊國樞先生等自由派學者來對照。相對於他們這些早已被烙上印的自由派學者，我這個初出茅廬的小子當然只是一個小 liberal 而已。

其實，我沒有刻意要出風頭，因為這並不合乎我的個性。我想，當時所以勇於衝破禁忌提出意見，主要的應當是那心直口快的個性使然，況且，當時還真的不知道害怕是什麼，實在太單純了。我接受了西方文明的薰陶，一直懷有人道主義的情懷，總認為兩岸互不往來已經三十年了，至少應當開放通郵與通航，讓那些跟隨蔣介石來台的老兵能夠回去中國的家鄉省親。當年，這些人多的是在半騙半威脅的情況下，出生入死，參與捍衛這個政權的「神聖」任務，沒有功勞也有苦勞，到頭來，總不能讓這些人老了回家不得而老死客鄉，這是不人道的，一個有同理心的統治者絕對不會這麼做的。

當時，統治階層的那些高官，有辦法的早就把親人接來台灣或送到美國，但社會底層的這些老兵卻只能與親人分隔兩地。例如，當時的台大法學院有一位王姓工友，在福州的老家擁有三條輪船，算是有錢人家。有一天，他出去看電影，不幸碰到國民黨的部隊「捉壯丁」，就被捉了充軍，從此再也無法回家，與家人就這樣莫名其妙地永遠分離了。他每次講到此事都掉淚，不讓這樣的人回中國老家探親，實在太不人道了。我認為無論如何都要趁著這次有「免責權」假象的機會，把兩岸三通這項議題拋出來。以當時已顯現之爭取自由開放的社會氣氛，有關單位就算不高興，應當也不敢對我怎麼樣，頂多烙了印、貼了標籤，視為很不聽話的異議份子、反動份子、搗亂份子而已。這些恰恰是後來國民黨青年工作會檔案裡稱呼我的名號。

《中國論壇》集結自由派學者

一九七五年初，黨外健將康寧祥等人（假如沒有記錯的話）創辦了《台灣政論》雜誌，重啟在野知識份子批判時政的言論園地。同年十月十日《聯合報》籌辦《中國論壇》雜誌，由楊選堂先生擔任社長，網羅胡佛、楊國樞、文崇一、張忠楝、孫震、沈君山、尉天驄等當時被認為是自由派的學者充當編輯委員，儼然有與《台灣政論》打對台的意思。根據我後來所得的消息與側面的瞭解，《聯合報》所以籌辦《中國論壇》雜誌，可能有兩個因素：第一、就「私」的立場，楊選堂先生剛卸下《聯合報》總編輯（或社長，我記不清楚）的職位，報方需要安排一個去處來安頓他。第二、就「公」的立場，至少是受到有關單位的暗示鼓勵，讓《聯合報》籌辦《中國論壇》，把學院裡這些「不安本分」、蠢蠢欲動的自由派學者圈籠在一個比較看得見且可以掌握的地方，以免讓他們參加了《台灣政論》，與那些較激進且實踐行動力較強的「黨外」知識份子結合起來。所以，《中國論壇》社長楊選堂就透過原先已認識的台大政治學系教授袁頌西先生（袁先生成為編輯委員會的首任執行編輯、且當了好一陣子），先把胡佛與楊國樞這兩位代表自由派學者的靈魂人物套住，再由此出發來網羅其他人。

在前面我提過，一九七五年八月，我在政治大學民族社會學系擔任一年的客座副教授之後，由於醉心於研究知識份子，決定再回美國，到芝加哥大學從當時研究知識份子最有心得的社會學家席爾斯（Edward Shils）修習知識份子社會學。所以，《中國論壇》成立時，我人已不在台灣了，而次年我回政大任教，也只知道有這麼一份政論雜誌而已，並沒有任何的接觸。直到一九七七年我轉到台大任教後，接受了楊國樞與胡佛等先生的邀約，與李鴻禧（台大法律學系教授）以及金神保（政大外交學系教授）一齊加入《中國論壇》的編輯委員會，算是第二批加入《中國論壇》的學者，這可說是我正式以撰寫政論文章批評時政的方式來實踐知識份子角色的開始，也因此在輿論界裡逐漸有一點名氣。

在這兒，讓我岔開一下，順帶說一件事。因為參加了《中國論壇》編輯委員會，才認識金神保先生。他是當時擔任行政院新聞局長宋楚瑜先生的摯友，也是政治大學外交系前後期的系友，兩人過往甚密。當時的行政院長是孫運璿先生（任期是一九七八至八四年），他在國建會的開幕詞與閉幕詞均委託宋楚瑜先生處理，而宋先生則透過金教授邀請學者捉刀撰寫。在那段日子裡，就我個人參與的場合，這些捉刀「師爺」多數是來自《中國論壇》的編輯委員。在我的記憶裡，最常參與的是袁頌西、胡佛、楊國樞、孫震與我，加上政治大學新聞學系的徐佳士先生，金神保先生當然是基本成員，只是，他大多不參與討論，只是旁觀。我所以願意擔任這樣的臨時幕後捉刀「師爺」的工作，基本上是懷著可以藉此機會把一些平時對政府措施的想法，透過院長的口來實踐。當時我們就提出不少有關教育與文化建設的意見，把它融入演講稿中，讓它產生「生米煮成飯」的作用，逼著政府不能不兌現。別的不說，我敢肯定的說，後來政府成立文化建設委員會，推動精緻文化，可以說是我們精心設計所牽帶出來的「陷阱」。當時，孫院長國建會的開閉幕詞可以說是報紙關注的重點，每每提出，都引來很多的討論，對政府的施政方向起了不少作用。

回到正題。這些以胡佛與楊國樞先生為核心（後來，保守派者稱為「胡楊之亂」，又加上張忠棟與李鴻禧先生，被冠為「四大寇」的名號）的《中國論壇》學者，大約兩個禮拜開一次編輯會議，決定每期的討論主題、撰寫文章的人選、與撰寫社論的輪值表等等。會後，楊國樞、胡佛、張忠棟先生與我常會走一段路，到東區頂好廣場附近的咖啡廳聊天。後來，每每遇到有重要的事件發生，覺得需要發表共同聲明時，我們總是去位於仁愛路與敦化南路路口一棟大樓二樓的元穠茶館（據說幕後老闆是現今雲林縣長的蘇治芬女士）商討聲明書的內容，每次都是把內容的梗概先訂下，由張忠棟先生實際執筆撰寫初稿。張先生文筆好又快，總是第二天就寫好，大家再次聚在一齊修潤一下再發表出去。現在回想起那段跟著這些老師輩後面進行「革命」，還覺得蠻有趣。大家都有一股傻傻的幹勁，也不知為什麼會這樣逆著當道的意志來行事，或許是知識份子的使命感使然，只不過卻並非總是在心坎裡浮現著，「反動」似乎已成為日常生活的慣性反應，想想，還真有點感動呢！就算是一種自我陶醉吧！

由於《聯合報》董事長王惕吾先生出身情治系統，在外界人們眼中，《中國論壇》學者其實是安全的，頂多只是體制內的異議者而已，甚至，當時有人揶揄《中國論壇》這批學者是《聯合報》養的文人打手。我聽了感到很不是滋味，埋下了離開的念頭，差的是時機而已。不過，話說回來，當時假若一個學院裡的學者不願意跟那些和黨外人士過往甚密的實踐行動派知識份子「和」在一齊，那麼，透過類似《中國論壇》這樣的政論雜誌來批判時政，的確是書生論政的一種方式，縱然其間有許多的無奈，也需要做一定程度的妥協，顯得有點四不像。在當時的政治環境裡，對於有使命感的學院知識份子來說，倘若不願意、也不敢以具體行動來對掌權者抗議的話，或許這是一種另類的選擇。說來，這是老一代行事風格含蓄的學院知識份子（如胡佛、楊國樞、文崇一等人）始終不會頭綁布條走上街頭表示抗議的基本「心結」。若說楊國樞先生後來在擔任《澄社》社長時，為了抗議郝柏村被任命為行政院長，帶頭在廣場抗議所謂「軍人干政」，也是因為礙於這是《澄社》成員決議的結果，做為社長，他不能不執行。事實上，以楊先生的性格與他們那個世代所接受的「教養」來說，他壓根兒就不可能上街頭抗爭，不是他害怕，而是覺得臉上掛不住、不好意思，甚至是不成體統的。

因王惕吾選中常委風波而退出

有人揶揄我們這批《中國論壇》學者是《聯合報》養的文人打手，我因此早有離開的念頭。終於，有個機會讓我有了離開的好理由，導火線是王惕吾先生要參選國民黨的中常委。

當時，國民黨召開全國黨代表大會（確實的年份我已記不得了）改選中常委。兩大報——《聯合報》的王惕吾先生與《中國時報》的余紀忠先生——都有意出來競選中常委。王惕吾與余紀忠這兩位代表台灣兩個最重要報紙的經營者一直有著瑜亮情結。這次，兩人自然都有勢在必得的決心，萬一落選，那將是莫大的羞恥，顏面絕對是掛不住的。

不記得是誰在《中國論壇》編輯委員會開會時建議，應該辦個座談會來為國民黨建言，這個建議獲得多數的贊同，並且決定找老中青三代的專家學者來參加，也決定了刊登的日期。就這樣舉辦了座談會，結果，決定刊登的日期到了，文章並沒有刊登出來。我們在編輯會議時質問社長楊選堂先生，只見他支支吾吾，無法清楚交代沒有刊登的理由。最後，竟然是在國民黨選完中常委後才刊登座談會紀錄，而且只刊登了中青兩代的發言記錄，把老一輩的發言記錄保留下來。楊社長所以這麼做，是因為老一輩的發言最辛辣，倘若全文照登（而且也勢必需要如此，否則大家會不依的），雜誌一上市，必然會轟動，恐怕會影響王惕吾先生的選情。在保護老闆利益的前提下，一切還是謹慎為妙，於是就不登了。我記得這些老一輩的有陶百川與王世憲先生，其他的我記不得了。當時，陶先生應當是監察委員，而王世憲先生則是中國民主社會黨的重要人物。至於老一輩的在座談會裡怎麼談，至少我個人沒看到，所以不知道有多辛辣，蠻可惜的。

對這件關鍵時刻「消音」事件，一些編輯委員是不滿的。我記得胡佛、楊國樞、文崇一、張忠棟等先生與我在一次開完編輯會後，又到忠孝東路頂好廣場邊的那家咖啡店聊天，大家頗覺意興闌珊，有不如歸去的感覺。當時，我特別勸胡佛與楊國樞先生不要辭退，應當留下來再觀察一陣子，因為他們是靈魂人物，一旦辭退了，事實上就等於宣告《中國論壇》瓦解。不知他們倆人是否聽進我的話，還是另有原因（後來聽說楊選堂社長曾經親自拜訪過他們），他們倆沒退了。不再出席的只有文崇一、張忠棟兩位先生，還有我。之後，據說楊選堂社長也親自拜訪過他們兩人，恐怕其他委員（特別是胡楊二人）也規勸過，文崇一與張忠棟兩位先生最後還是歸隊。我就從此退出《中國論壇》的編輯委員會，與此組織不再有任何關係了。胡佛、楊國樞、文崇一與張忠棟等先生是屬於同一個世代的「戰友」，平時彼此之間就有深厚的友誼，在事情處理上做明顯的切割，實屬不易。至於我，可以說是屬於下個世代，是他們的學生輩，自然在情誼上有隔閡，實在也沒有竭力挽留的感情壓力。這或許也說明這個事件發生後，楊選堂社長會親自拜訪他們，懇求他們的諒解，而不會向我表示任何意思的緣故吧！況且，對一向自尊心重、臉皮薄的楊選堂先生來說，縱然他覺得對我不好意思，也不會當著我的面表示任何歉意的。這一切，我看在眼裡，也明白他們的心意，根本就沒記在心裡頭。後來幾次有機會見到楊選堂先生，他對我表現得特別熱絡、親切，我自然明白他的心意，那是一種歉意的委婉表達。如此一來，我更加覺得沒有理由苛責了。

過了一陣子，我從第三者口中得知，楊選堂先生在許多人面前推崇我，說我這個人有原則，是個君子，離開了《中國論壇》後，從未口出惡言，也沒有因此改志投入其他的陣營（如參與當時剛成立的「台灣教授協會」，簡稱「台教會」）。其實，這樣的評語是過獎了。假若我顯得的是如楊選堂先生所說的，那是因為參與這些社會事務純然是因緣際會而來的做為，也只是聊盡知識份子的社會責任，基本上可說是懷著「業餘」的心情來做的，不像有些學者想的是在外（特別是輿論界）闖萬立名，把這當成一生的志業。對我來說，我真正喜歡與在意的還是從事抽象的理論思考，做個思想家。或許，正因心志如此，所以我可以說撤就撤，不會有任何的猶疑與眷念。

差不多在加入《中國論壇》的那段時間，我也開始幫《中國時報》、《聯合報》、《自立晚報》、《民眾日報》與《台灣時報》等報紙寫時政評論。在報紙還是限制在三大張的報禁時代，各大報似乎很重視學者的觀點，評論文章都登在第二版左下方顯目位置，篇幅大概是三千字，多則可至五千字。在當時媒體比較封閉的環境下，受到邀請在大報撰寫政論的學者，很快就能累積知名度與能見度，也多了很多演講的機會。我就以這樣的書生論政方式，表達對於台灣社會的關懷。除了每日正常版面的政論文章之外，各大報都常利用政府允准在諸如國慶日等各種特殊日子增版一大張的機會來添增廣告份量，而廣告之外的增張內容則是找學者來撰寫與當日之特殊節慶有關的文章。這個安排好比美國《紐約時報》、英國《泰晤士報》等等的周日報，專門刊登高水準的評論文章，上海的《文匯報》也是一樣，到今天還保持這樣的傳統。

顯然，當年在特殊國家慶典或紀念日出單張特刊，是在報禁情形下國民黨政權給報社的恩賜。受限於言論受到管制、特刊內容必須完全配合慶典或紀念日的內涵等因素。在絕大多數的情形下，特刊的內容是相當八股的，一般民眾大多沒興趣閱讀，幾乎是一拿到報紙後就抽掉，根本不看，至少我就是如此。到了一九八七年戒嚴令解除，尤其次年蔣經國過世，李登輝繼任大位，報禁解除了之後，報社沒必要增刊了，此一特刊現象跟著走入歷史。對此，我特別感到遺憾的是，報社當局沒有藉此順勢把它轉型為專門刊登高水準評論文章（或書評）之周日報形式。尤有進之的，隨著言論尺度的開放與政治體制民主化與自由化日益落實，過去仰賴學者專家（特別是有名望者）撰寫長篇大論的政論文章似乎已經不必要了。加上隨著經濟「起飛」，台灣社會漸漸走入以符號消費為導向的型態，一般讀者不只不耐閱讀長篇大論的文章，而且也漸漸與政治疏離，不關心社會大事的人（尤其後解嚴的年輕一代）愈來愈多。在這樣的時代背景下，出現了今天我們在平面媒體上所看到的場景——專門的言論版出現，學者專家的言論與一般民眾的投書被擺在同一版面同等看待，而且文章的字數限制在八百字上下。這麼一來，我們可以看到的經常只是對個別事件或人物的「事實性」臧否描述，其中宣洩情緒的成份較多，而且，也隨著報紙的基本政治立場，各有特定的意識型態選擇。過去允許論理的政論文章有一定份量篇幅、以常軌方式出現的現象，從此消失無蹤了，頂多只偶而在極為特殊的場合裡才看得到。總地來說，無論就文化水準或政治關懷熱情度的角度來看，整個台灣社會的一般民眾並不足以支撐出一個足夠大的需求市場，讓報紙有發行專門刊登高水準評論文章（或書評）之周日報的意願，這殊為可惜，只能說有怎樣水準的讀者，就有怎樣水準的報紙。

在那一段日子裡，我曾經有一段時間先後固定幫《台灣日報》、《台灣時報》、《自立晚報》、《自立早報》與《民眾日報》等報紙撰寫政論或小方塊文章。至於兩大報，我從《中國論壇》事件後，就不幫《聯合報》寫稿了。其實，在擔任《中國論壇》編輯委員期間，由於有較多的機會知道一些「內幕」消息，早就對《聯合報》當局的種種作為感到失望，不替他們寫文章可說早已註定。況且，他們也覺得我已非同路人，更是不好規馴，可能早已把我列入「拒絕往來戶」了，我自然更沒有理由把自己的熱臉往人家的冷屁股貼。

至於《中國時報》，我的基本態度是，他們來邀稿我才會寫。倒是有次我主動投稿到《中國時報》，寫的是批評中央研究院的院士選舉「重洋輕土」與「近親繁殖」現象。就我後來從側面得知的消息，原先專欄組是有意刊登的，他們把我的稿子拿給當時中央研究院院長吳大猷先生看，希望吳先生寫一篇文章來予以平衡，但吳先生不肯寫，所以就壓了我的文章不發。不過，後來這篇文章還是在隔了一年的《時報雜誌》刊了出來。

當時，我寫那篇文章是針對將召開的院士選舉會議而來的。沒想到的是，那一次吳大猷院長好不容易說服了諾貝爾物理獎得主楊振寧與李政道兩位先生回來接受院士的頭銜。當時，海峽兩岸都在爭取這兩位華裔美籍物理學家的「認同」，自然是不能出任何差錯的。我的文章無疑是逆著這樣的「集體期待」，既可能破壞了和諧的氣氛，更有平添不必要的枝節發生的疑慮，吳大猷先生當然是不肯回應的。況且，對他來說，我只是個無名小卒，根本不值得回應，否則既有損他的地位，間接也抬高了我的身分，不值！

我就這樣一直為多份報紙撰寫政論文章，直到一九九〇年代初經過一連串的「改革」，包含解嚴、中央民意代表全面改選、確立正副總統直選等等之後，我就封筆，不再撰寫政論文章了。李登輝總統掌權後，台灣的自由民主化可以說是進入一個嶄新階段，至少，就民主體制的形式來說是如此。此時，經過八〇年代以來日益活潑的抗議活動，社會裡要求改革的聲浪不斷，至少，學院裡敢出來說話的愈來愈多。再者，此時的台灣社會已非停留於單純之「回歸憲政」正軌的階段，不是我前面提及單憑著個人勇氣與毅力，以簡單之民主政治ＡＢＣ來推動改革運動就能夠完全照顧到的。此後的台灣社會需要的是一些有關政治基本體制與種種具體政策的建言，這些涉及的基本上是學有專精的技術性知識，超乎我個人學識所及的面向了。特別經過一九九〇年野百合學生運動時見聞到一些教授積極參與運動且頗有爭取媒體曝光機會與運動領導權的情形，我更決心結束這段撰寫政論生涯，回歸學院從事我一向喜愛、也是立志奉獻一生的抽象社會理論思想工作。

澄社的開始與結束

在這段「書生論政」期間，我的另一項重要參與是加入澄社。澄社的源起是因為胡佛先生相當欣賞一八八四年英國中產階級知識份子所組成的費邊社，當然，不是要走費邊社所主張的傾左路線，而是希望由學界知識份子為主來籌組一個類似費邊社這樣知識分子匯集的正式組織，論政而不參政。就我所知，這個想法多少是受到陶百川先生所影響與鼓勵。陶百川先生時任監察委員，常在報紙上寫文章批評國民黨，素有清名令譽，兩蔣父子對他一直有所顧忌，有管道可以直接通達蔣經國。在知識份子群中，陶先生無疑是甚受大家敬重著，在胡佛與楊國樞兩位先生的主導牽引下，這樣的構想在大家之間談了一大段時間。單就我個人知道且實際參與的，在正式成立澄社之前，就有四次的飯局討論，平時見面談論到的，更不知有多少次。這四次的第一次就在新店中央新村陶百川先生的家，第二次在地處大湖山莊的胡佛先生家、第三或第四次在永和李鴻禧先生的家、還有一次則是在臨沂街巷子裡一家福州師父經營、沒有店名的私人餐廳。雖然多次討論相當熱烈，大家興致勃勃，但始終不敢實際進行，說穿了還是害怕被有關單位逮捕，一直拖到一九八九年才終於成立澄社這個模仿費邊社、但卻是變形的知識份子論政組織。

依我個人的意見，一九八七年至八八年間的一連串事件，包含解嚴、蔣經國逝世、李登輝繼任總統、報禁解除等等，以及其後之中央民意代表全面改選和正副總統直選等「革命性」的改變，是劃分台灣人追求自由民主化運動的一個重要里程碑。在這之前，整個問題的核心在於國民黨執政當局始終是言行不一，在憲法上自稱實行自由民主政治體制，但卻沒有認真實際依循憲政規範履行民主體制，反而是逆其道，以實行戒嚴與假動員戡亂時期臨時條款來挾持自由民主與侵犯人民的基本人權與政治參與權。所以，誠如我在前面一再提到的，當時只要稍具民主政治的基礎知識與論述，就可以明白整個台灣的政治問題癥結何在，不需要太多高深的政治學知識作為後盾。換句話說，很多人都知道問題的關鍵在哪裡，差別的只是有否發言的機會與勇氣而已，我們這些學者既有發言管道，又多了一點勇氣，所以才能適時發揮作用。

事實上，到了一九七〇年代後段開始，在國際社會的壓力下，加以蔣經國先生深深體會到需要以更具柔性的方式來統治的道理，國民黨政權當局已經不敢隨便捉人了。只是我們並不那麼清楚，也沒有深刻感受到。記得，在二〇〇〇年之後與楊國樞先生見面的一個場合裡，他提到他的岳丈——時任警備副總司令的李立柏先生——就告訴過他，蔣經國在晚年即已下令不能再任意捉人入罪。聽了之後，我即笑著對楊先生說道：「楊老師啊！早知道，我們就可以再衝猛一點。」當然，這是馬後砲，一點都沒有用處的，充其量，只是自我調侃而已，所以楊老師也只是笑一笑，不置可否。假若楊先生說的話是真的，那麼，在一九八〇年代我們這些學者有機會透過筆墨批評時政，參加政治改革運動，可以說是深得天時、地利、人和俱全之便，雖然因為尚無法體察到「聖上」蔣經國的「仁慈」心意，我們這些人心裡還是會有著莫名的壓力，但是，說實話，大體上並沒有太嚴重，偶而會受到一些特別的「關照」，還不至於有立即遭到迫害的感覺。畢竟，國民黨政權所必須面對之整個台灣社會的狀況，已經與過去大相逕庭，蔣經國先生到底還是有點智慧，也有一定的敏銳感。這或許可以看成是台灣社會的自由民主化得以相對順利進行的一個邊際因緣吧！

處在一九八〇年代後期的情勢格局裡，整個台灣的政治問題癥結可以說面臨轉變的關卡。許多本已存在、但因時機不對而潛藏的議題逐漸浮現出來，其中，最為明顯而至為關鍵的莫過於是文化與國族認同的問題。也就是說，更多的台灣人開始思考在文化與政治主體上的「我是誰」問題。澄社即在這樣之政治議題主軸面臨關鍵性「質變」的時刻成立，我個人認為，確實是成立得太晚了，因為我們所面對的課題已經不只是過去存在的老問題，而是必須面對即將來臨更棘手、意見更分歧的新問題。說來，這正是澄社成員之屬性多元而分歧所帶來的一種結構性命運，真的是時也、命也、運也。

一九八九年四月十六日，以胡佛與楊國樞兩人為領導靈魂人物的《中國論壇》學者做為班底的澄社，在地處近林森北路之忠孝東路上的「假日飯店」召開籌備會。為了擴大參與，胡佛與楊國樞等發起人以幾近不分立場的方式廣發英雄帖，只要被認定具有「知識分子」基本質地的，基本上都受到邀請。在離開《中國論壇》後，我與胡佛、楊國樞先生等過去的「戰友」，幾乎已無像過去那樣密切往來的機會了，所以，澄社成立前的一些前置活動我完全無知，只是還接到邀請參與的通知而已。

從一九四九年國民黨政權撤退到台灣以來，在推動自由民主化過程中，學院的知識份子幾乎是以外省籍人士為主，而學院外的運動則以本省籍的一些專業知識份子為主（律師與民意代表為主的公職人員是重點人物）。單就學院內的知識份子集結而言，在大家的共同理想是反抗國民黨威權體制、推行民主憲政的年代裡，由於當下的目標一致，當時，不論年齡輩份，本省與外省籍學者可以合作無間。但是，當執政當局開始展開推動民主憲政之後，合作的目標已經喪失了，與省籍族群相關聯的統獨立場的分殊立刻浮現出來，成為異議知識份子內部分裂、且註定終究分道揚鑣的重要癥結因素。事實上，一九八九年四月十六日晚上澄社成立籌備會那一天，分裂的痕跡就浮現出來了。

就澄社最早成員的成分來說，老一代的（也是主要發起者），如胡佛、楊國樞、文崇一、張忠棟、韋政通、何懷碩與張曉春等先生都是外省籍的，其中除了張忠棟先生傾向認同台灣之外，所有其他的先生基本上都是大中華民族主義者，至少在文化上，都是認同中國的，已過世的張曉春更是不折不扣的左傾統派人士。所以，張忠棟先生在他們中間是異數，或許與他娶的是比他年輕許多的台灣妻子有關吧！一笑！

記得，當天召開籌備會時，首先討論的是這些外省籍老一代所擬好的成立宣言，準備隔天公開召開記者會時發給媒體的。在這宣言的草稿中，首先立刻引起爭議的就是涉及統獨認同的敏感問題。在這些外省籍老一代所擬的宣言中，主張認同大中華文化（即暗示統一是終極目標）被定位為澄社的基本宗旨。當時，我即提出異議，以是否可以暫時懸擱不提為妥協準點來化解。這自然引起一些情緒性的爭議，最後怎麼定論，我已忘了。重要的是，這引起被邀來共襄盛舉的黃武雄與李永熾先生（我只記得他們兩人）立刻憤而退席，拒絕參加。誇張地說，這正意味著澄社從一開始成立，其實即已註定結束了，至少，對整個台灣社會往前推動而言，已缺乏足以展現具體影響力道的引導作用了。

按理，像李鴻禧先生這樣主張台灣獨立的知識份子，何以當時沒有極力反對而離開，反倒是繼續留在澄社成為創始者，這得留待他本人來回答，但是，依我個人的觀察，我以為，這極可能是因為長期以來他與胡佛先生兩人一直是主張「回歸憲政」的親密戰友，長期的合作使得兩人之間有著剪不斷理還亂的「革命」情感，難以完全反目割捨。只有等到澄社實際運作時不同認同的兩造不時有所齟齬，而且民間種種反對勢力崛起（特別是主張獨立的「台教會」）之後，李鴻禧先生開始明顯轉向，才造成胡佛擺明批評李鴻禧為「變色龍」，而使得兩人從此「正式」分道揚鑣。

我個人認為，批評李鴻禧為「變色龍」似乎是過分了些。在早些時候，即使到了蔣經國主政的時代，主張台獨始終還是政治上的禁忌，生命是會受到威脅的。在這樣的情況下，對所謂的「台獨」主張者，以

「回歸憲政」的自由民主化作為訴求，可以說是一種務實的階段性策略，況且，就爭取獨立的台灣人立場來說，「聯合次要敵人來打擊主要敵人」原本就可以看成是一種具階段性的戰略。因此，縱然李鴻禧先生是變色龍，似乎也有值得同情理解的理由。至少，他沒有違背作為一個自由主義者的基本立場。

以我個人傾向認同台灣的政治立場來說，我應該在召開籌備會時即與黃武雄與李永熾先生一樣，立刻離席。我會繼續留在澄社，基本是因為溫情主義的心理作祟使然，關鍵是楊國樞先生。長期來，楊先生和我亦師亦友的特殊關係，使得我與他有著難以言名的感情。對我來說，除非他叫我作奸犯科，否則他的請託與邀請，我向來總是照辦，可說從未拒絕。在籌備會召開時，楊國樞先生擔任主席。當時，我本有意思隨著黃武雄與李永熾先生退席，但是，轉眼看見楊先生站在台上，我還是不自主地留下來了。這麼一瞬間的感性念頭，決定了我往後一、兩年的部份命運。

澄社的首任社長是楊國樞先生，我記得執行委員有胡佛、文崇一、張忠棟與我等人。從成立到我離開為止，我一直擔任著執行委員的工作；換句話說，我一直處在澄社的決策核心，有機會商討社務與即將推行的計畫等等。我在前面已經提及過，當時的台灣社會已進入需要區分認同本位的階段。不論就政治或文化認同，所牽涉的不是可以設定某種「客觀」判準（如民主與否）來分辨對錯是非，因為任何的認同傾向基本上都是以情感的歸依選擇為座架，而情感的歸依又是出生背景——尤其是長期的生活經驗——慢慢澱積形成的，是說不上理，也難以勉強的。這樣的認同分殊最為典型且棘手的莫過於「台灣主體／中國主體」的拉扯，也就是這些年來民間所稱的「統／獨」立場的爭執。

對我來說，「統／獨」立場的爭執是台灣社會的歷史宿命，乃體現著日本戰敗、國民黨政權領政、卻喪失了整個中國的統治權、而被迫屈守台澎金馬四個蕞薾小島等等一連串歷史遭遇所塑成的。最嚴重的莫過於讓兩種完全不同歷史經驗、乃至文化底蘊的族群被迫共處於一個島上，而且，族群的區隔又與政權的掌握、職業的類別、流動的機會有著一定的親近性。凡此種種因歷史際遇而隨之的結構性區隔，註定整個台灣社會是要被撕裂的。尤其，一九九〇年以後，歷經海峽兩岸三通、台商在中國投資、中國因經濟發展而崛起等等因素的催化，「統／獨」意識的爭執浮上檯面，更加白熱化。於是乎，小台灣民族主義與大中國民族主義的對峙，而且是以毫無妥協之公分母可言的方式對立著，可以說是整個社會最核心的問題。

國族認同牽涉的是人們心靈底處的感情問題，其間，特別經過海峽兩岸有了來往互動以後，又糾結了許多利益的問題。如此一來，認同感情加上利益私情的加溫，使得台灣人的國族認同分歧性更加深層化。說來，正是島內自身這樣的分歧拉扯，削弱了整個台灣往前推進的力量。既然沒有絕對的對與錯的區辨、兩造又絲毫沒有坐下來對話尋求一個公分母來化解的契機，我們所將面對的恐怕只有靜待「命運之神」來安排了。現實地講，「統／獨」兩造力量的消長、中國共產黨政權的興衰以及整個國際情勢的變遷等等，將是具決定性的關鍵因素。說來，這是所有台灣人無法規避的歷史宿命。

在澄社成立的那個年代，台灣主體／中國主體的意識分殊已經漸漸浮上檯面了，這註定澄社一開始就會面對路線的問題，爭執是無法避免的。儘管我們難以說所有社內成員的爭執都與「統／獨」意識有關，但是，只要是與「統／獨」意識有關的，都會帶上情緒，弄得棘手難解。這是在執行委員會裡，我常與老一代的外省籍同仁（特別胡佛先生）意見相左的關鍵所在。這樣的意識分歧可說是造成我認為澄社一開始即將結束之命運的決定性因素。

後來，澄社擴大參與成員，引進了陳師孟、張清溪、夏鑄九、鄭瑞城等年輕學者，這對往後的社務運作帶來重大衝擊。此一衝擊已不只是省籍或統獨的分歧引來的，而是不同世代的行事風格，以及對社會現象的理解與詮釋有著落差使然。在老一輩學者眼中，這些年輕學者幾乎就是「紅衛兵」，想法與動作都比較激進而急躁，並且不時挑戰老一輩學者的權威。在一連串的「對局」當中，最為經典、也是導致澄社原始成員大幅退社、甚至瀕臨瓦解的就是「許曉丹事件」。

許曉丹原本是個模特兒，常常裸體供畫家繪畫，是一位正派的女性，只不過，她這樣超俗的「女性主義」實踐者在當時難以為尚屬保守的社會輿論接受。她決定出來參選立委，同選區的還有當時國民黨的明日之星趙少康先生等人。對這次立法委員選舉，澄社決定做一次社員假投票，推薦優秀立委候選人，原有著藉此導引選民投票的意思，可想而知，這正是國民黨政權當局最忌諱、也最痛恨的地方，說是恨得牙癢癢的，應當不為過。

結果二十多位社員假投票出爐了，許曉丹的平均得分竟然比趙少康的分數高了零點幾，所差確實是不多，用統計學語言來說，此一差異是沒有顯著意義的。但不管怎麼說，這樣的數字一出現確實是驚世駭俗的，一旦公諸於世，肯定會引起輿論的騷動。原本第二天就要召開記者會宣布假投票結果，面對這樣的詭異結果，老一輩的成員有意見，表示不滿，怎麼一個「脫星」得分竟然會比「議會金童」還高，這不像話。於是，大家七嘴八舌，社長楊國樞先生支支吾吾，卻說不出一套足以令年輕一代信服的道理，看來是想以打馬虎眼的方式終止公佈此部份的結果，怕的當然是造成輿論譁然，嚴重影響到澄社的「清譽」。

這個顧忌，大家都知道，問題在於這樣做不免會讓人感覺到「作假」，而這恰恰正是我們一向詬病國民黨政權的重要失德之處。況且，澄社成員中，多的是從事實徵經驗研究的社會學科專家，尊重資料一向就是學者必須遵守的基本學術倫理，怎麼可以在節骨眼上自己帶頭「作假」，這傳出去，可是對澄社「清譽」的一種另類傷害。我主張絕不可如此做，當場就憤而起身，準備走人，不願背書，後來被韋政通與夏鑄九兩位先生拉住。又一次的，我因對楊國樞先生的感性糾結，再次留了下來，但是，這次的會議之後，我就再也沒出席了。

隔天澄社如是公佈了假投票的結果，果然，輿論譁然，澄社被批評得一文不值，老一輩的學者就覺得很委屈，有了怨言。從此，我記得，胡佛、文崇一、韋政通與何懷碩等先生不再出席，等於自動退社。我想，倘若楊國樞先生不是擔任社長的職務，他應當也會退社的。楊先生一向責任心重，所以勉強待下來，等到他卸下社長的職務後，他也不再過問社務，等於退社了。因此，雖然之後澄社繼續存在，直到今天還在運作，但其實已經不是昔日創社的光景了。

當時，各家報紙莫不以道學家的嘴臉寫專欄與報導對澄社大加撻伐，只有《首都早報》記者、也是我在台大社會學系教過的學生林國明先生（現為台大社會學系教授）的分析道出了澄社那些年輕成員的心聲。他指出，雖然許曉丹被視為「脫星」，但一向潔身自愛，澄社學者是把許曉丹當做不受政治污染的純淨清白象徵。相對的，在這些澄社學者的認知裡，趙少康先生在台北市議員任內，為了不得罪國民黨當局，在關鍵投票時總是以上廁所為由「尿遁」來逃避責任。於是乎，在這些年輕社員的認知裡，顯然趙少康先生是虛假的，而許曉丹小姐則有不懼怕衛道人士撻伐的勇氣，是清白而潔淨的。在老少兩代這樣的認知差異之下，縱然老一代的給了趙少康先生高分，但是，年輕一代的則刻意貶低他的分數，反而給了許曉丹小姐高分。

當然，無論就量化社會科學的研究方法或統計學的原理來說，整個樣本的反應如此極端，評鑑分數的變異量一定很大，資料使用起來，確實是需要謹慎處理，至少需要有附加說明。只是，當時並沒有充分的時間可以這麼處理，只能「如實」呈現，這是相當遺憾的地方。況且，現實地來講，倘若保留許曉丹與趙少康的資料不提出評鑑結果，則又帶來另一面的倫理困境，如何做才妥貼，確實是兩難。對澄社來說，「許曉丹事件」凸顯了澄社內部不僅存在著統獨主張的差異，新生代與老一輩學者對於政治事務的看法也嚴重歧異。在這樣的情況下，老一輩學者發現無法繼續完全掌控，更是覺得沒意思，也因此只有退出一途了。發展至此，澄社要走下去，勢必是由另外一個世代來領導，也必然「走了味」，有不同的作法。況且，此後，整個台灣社會所表現的快速變遷，各種異議團體的出現，已使得澄社作為學院知識分子論政的據點，不再像過去一樣背負著萬民的期待，保持唯我獨尊的優勢。

野百合學運到獨台會案

我淡出澄社後，正是台灣社會更趨開放、抗議活動日益頻繁的年代，誠如我前面已提到的，愈來愈多人投入政治改革運動，過去學者在報紙或雜誌上寫文章論政的階段性任務已經結束，加以我個人不喜拋頭露面，因此我不再積極參與社會實踐活動。大致上，我在一九九二年以後幾乎可以說是封筆了。至於一九九〇年三月的野百合學運，我也只是扮演著聲援的角色，到「中正廟」（我對官方所宣稱之「中正紀念堂」的個人慣用語）陪學生靜坐，如此而已。

野百合學運之前，台灣的學運都是在校園內，幾乎沒有走入社會。野百合學運所以會成形，一九八九年中國六四天安門事件顯然是起了催化的作用。當時，我幾乎每日都去中正廟現場觀察，發現匯聚的學生愈來愈多，覺得學生動員狀況並不單純。其中，有些學生顯然是國民黨有關單位動員來的，甚至，連一些參與的老師也捲入其中，導致這場學運變得非常複雜，暗地裡糾結著國民黨權力圈內部的鬥爭，可以說是當時之主流派／非主流派鬥爭的一種易地延續。

那個時候，李登輝先生剛「登基」不久，一個原本就不屬於既有統治集團的台灣本地人「當了家」，黨內既得利益者，尤其是原本期待接班掌權的「外省籍」人士，自然是不滿、也是不屑的。為了政治權力與利益，有著某種形式的鬥爭，可以說是順理成章的。甚至並無任何政治野心的「自由派」外省籍學者，對李登輝先生也始終懷有某個程度的輕蔑感，也認為不可信任。我記得，有一陣子我常與已故的文崇一先生吃飯聊天。雖然文先生年長我十七歲左右，但是，我始終認為他比同年齡層的一些宣稱自由主義者有著更加開放的心靈，他的心靈可以說是相當年輕。然而，像他這樣心胸開放、思想前進的社會學家，還是無法跳脫潛在的省籍意識與對中國的國族認同情感。幾次他都問我：「你說，李登輝是不是台獨？」每次我總是毫不猶疑地回答說：「當然是！」從與心胸已經相當開放、思想也相當前進的這麼一個社會學者的對話裡，我們可以充分地意識到，省籍情結埋在台灣人（至少在一九五〇年以前出生者，不管是所謂的外省人或本省人）的心中是多麼深　，因省籍情結引來族群間的種種刻板印象是多麼牢不可破！

在這樣的時代背景下，儘管野百合學運某個程度變成國民黨內部不同流派的鬥爭角逐場，但是再怎麼說，這是台灣有史以來最顯眼、也是最有威力的一場學生運動，值得肯定。它也可看成是島內年輕人不滿情緒長期鬱積的一次能量總釋放。就政治權力的角逐來說，李登輝總統更是大贏家，他巧妙利用了這次學生運動，找到了進行改革（如中央民意代表全面改選）的後盾支持力，也為推動改革的「正當性」找到社會基礎。隨後，李登輝總統更是利用一九九一年五月九日發生的「獨台會案」，一口氣把挾持基本人權的「懲治叛亂條例」、「檢肅匪諜條例」、以及刑法一百條「和平內亂罪」廢除掉，讓台灣人至少在體制形式上從此真正享有自由的機會。

至於讓我不得不再度站上火線的獨台會案，這段參與對我而言純屬意外。獨台會案的第一主角陳正然先生是我在台大社會學系教過的學生，我也擔任他碩士論文的指導老師。在學生時期，陳正然原本是國民黨在台大之學生社團——覺民學會——的成員，是國民黨亟欲吸收的校園菁英。但是，不知道什麼原因，使得他的政治意識有了改變，本土意識愈來愈濃厚，終至與國民黨學生黨部漸行漸遠。或許由於過去的背景，他總是有著不少的消息，有一次，他就特別善意告訴我：「老師你要注意啊！上課有人監視。」後來，我們互動比較密切，他唸大四時剛好碰到我搬家，還來幫我押車。我一直把陳正然當成自己的弟弟，甚至是兒子一樣看待。

在台大社會學研究所獲得碩士學位之後，陳正然到美國加州大學洛杉磯校區繼續攻讀社會學的博士學位。他出國前，我還到他在新生南路的住處看過他，送他一點禮金。出國後，他繼續跟我連絡，後來，他告訴我不想再唸學位了，覺得沒有意思，我說也可以啊，不一定人人要做學者，有另外的抱負也很好。原來他想蒐集有關台灣歷史文化資料，成立資料庫，這也就是後來他成立「蕃薯藤」網站的前置動機。我始終認為，年輕人應當有自己的想法與衝勁，正然有了這樣的志向，很好，值得鼓勵。我不知道的是，他在回台灣的途中，為了蒐集更多的資料，特別停留日本去拜訪當時國民黨政府通緝的頭號政治犯、「獨立台灣會」（簡稱「獨台會」）創辦人史明先生，只是陳正然不知道自己被情治單位盯上了，種下了後來短暫的牢獄之災。

回台後，陳正然找了我的另一個學生賴曉黎先生合開了「無花果工作室」，以專替大學生與研究生論文打字等等來謀生，而實則從事建立有關台灣文化的資料檔。在「獨台會案」終結後，陳正然把這個工作室轉型為網站，即是台灣的第一個入口網站「蕃薯藤」。我猜想，他們所以取這個名字，應當是基於強烈的台灣本土意識，以一向象徵台灣人有如蕃薯一般，儘管被認為是低賤粗俗，但卻有著無比的韌性，乃是社會底層人們賴以生存的天然資源，而且，其藤堅韌，總可以到處蔓延，綿綿而不斷。

一九九一年五月九日，調查局幹員進入清華大學拘提清大歷史研究所碩士生廖偉程先生，同一天在台北市新生南路住家逮捕了陳正然，同案被抓的還有社運工作者王秀惠與原住民傳教士林銀福先生，宣布偵破獨立台灣會在台組織，並指稱四人接受史明資助，將在台灣發動武裝革命。更嚴重的是，廖偉程等四人都被以違反懲治叛亂條例與刑法第一百條的「預謀叛亂罪」起訴。

是時，郝柏村擔任行政院長還未滿一年，這位充滿著大中國民族主義意識的大將軍，似乎是有著藉懲治一些台獨份子來向海峽對岸「兄弟」政權表態的意思。陳正然、廖偉程、王秀惠與林銀福等人，充其量只是情治單位為了貫徹當局的決定而尋找到的四個可欺代罪羔羊，用來作為打壓台獨勢力的警告，其中，陳正然顯然被認定是首犯。後來，正然告訴我，當天情治人員到他家搜索時，當然是拿走不少有關的「台獨」證據（實則是有關台灣文化的資料，當然，包含有關獨台會的資料），有趣的是，連一些德國社會學大師韋伯（Max Weber）的英譯著作也一併被沒收，理由是被認為是共產黨老祖宗馬克思（Karl Marx）的著作。顯然，情治人員太沒有常識了，錯把 Max 當 Marx，指鹿為馬，張冠李戴，一笑！

廖偉程先生是正然之夫人——連韻文女士（時在美國加州大學洛杉磯校區攻讀心理學博士）的表弟，當時為了撰寫有關台灣歷史的論文，透過正然，曾經到日本訪問過史明先生以及一些文史方面的留日台裔教授、並蒐集資料。至於王秀惠與林銀福，根本就與陳正然毫無關係，他們彼此之間原先並不相識。按過去的情形來說，這樣的事件原無擴大成為另一個學運的可能，所以鬧成為另一個學運，顯然是受到前一年剛發生的「野百合學運」的餘勢猶在，起了推波助瀾的作用。但是，最直接的觸媒應當是情治人員沒通知校方當局即逕行進入清華大學校園逮捕廖偉程先生，這樣的不當動作確實是過於囂張放肆。當時，清大校長劉兆玄先生正出國公幹，人不在台灣，但他馬上提出抗議，全國各大學的學生馬上起來聲援清大的學生。這是政府在這個事件裡所犯的第一個錯誤。

當時的清華大學社會學研究所被視為是學運份子雲集的大本營，廖偉程先生的女友、重要的學運份子王時思小姐（後來成為廖夫人），正是該所的研究生。就在這樣的氛圍下，清華大學的學生首先發難，是日傍晚集結在位於台北市基隆路之調查局台北市調查處門口，各路學生跟著聚集過來。我記得是台大歷史學系畢業的前大陸社社長鍾佳濱先生打電話給我，說陳正然被抓了，我馬上問陳正然在哪裡，他說在基隆路調查局台北市調查處，並且告訴我學生已經聚集在那裡抗議了。我問怎麼回事，他說是因為涉嫌台獨運動被落罪。於是，我立即趕到基隆路台北市調查處，到時，調查處狹小的大門口已經擠滿靜坐的學生。

我在調查處大廳碰到當時的民進黨立委盧修一與鄭余鎮兩位先生，在那兒表示關懷，也從事協調的工作。同時，我也第一次碰到正然的父親，他得知我的身份，立刻對我說：「葉老師，這是二條一吔（即「動員戡亂時期懲治叛亂條例」第二條第一款——罰則是唯一死刑）！」我回說：「我知道，讓我們盡量想想辦法吧！」說真的，這只是一種安慰的話，那個時候碰到這樣情形，誰也不知道結果會是怎麼樣，我一介書生，那有能耐扭轉乾坤。我一直待在外面與學生在一齊。只見盧修一與鄭余鎮兩位先生進進出出，與調查站的人員協調，最後，調查局副局長高明輝先生答應通融，也讓我入內探視正然，條件是我不對外張揚，我當然一口答應。後來，記者問我時，為了對這位副局長的「法外開恩」信守承諾，我撒了謊，說我沒見到正然。

然而，遺憾的是，五月十二日我們在中正廟靜坐，發生毆打靜坐教授的大事後，這位副局長竟然向記者說我說謊。是的，我是說了謊，但是，為的是信守對他的承諾，以免讓他受責與難堪，可以說是完全站在他的立場來考慮的。不料，在五月十二日他竟然自己違背承諾，刻意抹黑我，說了這樣自己沒有信守約定的話。從這件小事，我領略到官僚的嘴臉，翻臉像翻書一樣快，話總是順著勢轉，只求有利於自己。當然，我得知他的「坦白」之後，立刻在中正廟示威的現場，當著抗議師生的面前，把事情原委說了出來，看看到底誰是「小人」，誰是「君子」。

我進去陳正然受審的羈押室，只看他躺在靠門旁的小床上休息。他一看到我，立刻站起來，態度很冷靜地對我微笑一下，叫了一聲：「葉老師。」我問他有沒有挨打，他說沒有。我就說點鼓勵的話，退出羈押室（事實上，也不允許逗留太久）。我百萬分地確信陳正然不可能從事「發動武裝革命」這樣的造反活動，這絕對是為了顯示消滅台獨的「政績」所設計的亂槍打鳥作為，正然只是一個倒楣的代罪羔羊而已。當時，心裡感到相當憤慨，心中咒罵著這個罔顧基本人權的「邪惡」政權。一出北調處大門，我就對聚集在外頭的學生發表談話，一再表示我信任陳正然這個學生，他絕不可能有以武裝進行叛亂的作為，這是情治單位羅織的罪狀，也是國民黨政權一貫的作風。當時有一個華視記者想訪問我，因為我以前常吃到電視媒體刻意扭曲剪接的虧，這次又不想錯失上電視批判國民黨政權的機會，我於是對華視記者強調必須要一字不漏的報導，才願意接受訪問。還好，我在電視上抨擊政府隨便抓人，後來看到播出的新聞，真的一字未剪，感到很意外，也特別感謝當時華視忠於報導的勇氣。

帶頭抗爭被抓上車

在事隔三天的五月十二日，學生正式成立「全民反政治迫害聯盟」，一大清早，群情激憤的學生移師中正廟繼續靜坐抗議，人愈聚愈多。當天是星期日，我人在家。大約在早上八點多鐘時，我接到賴曉黎先生打來電話，告訴我學生聚集在中正廟了，希望我立刻過去。我答應，吃過早餐，約略看過報紙的報導即趕過去。到達靠近國家劇院這邊的現場後不久，看到了夏鑄九（時任城鄉研究所教授）和陳師孟（時任經濟學系教授）兩位台大的同仁也來了，早上的場子就由我們三人負責。那時候兩廳院的主任是由台大外文系借調來的胡耀恆教授，我們早就認識，但不是那麼熟悉。胡先生是個沉默寡言的學者，心地善良，從未經歷過學生示威的場合，不太懂得示威場合的慣用語言與學生的心理狀態。是時，胡教授企圖以道德良行的傳統方式規勸學生，但是，對那些情緒處於亢奮狀態的學生來說，這絕對是無效的，只有反效果。果然，學生對他很不客氣，態度也相當不友善，我知道胡先生是一番好意，立即制止這些學生，希望他們冷靜，不要對胡老師不敬，並不是每個人都是國民黨的黨羽。我也反過來和胡先生說：「你不要管，讓我來處理，否則你會受侮辱的。」我看著胡先生懷著失望的心情，悻悻然離開，想來，心裡肯定是相當難過，也見識了人處於情緒亢奮狀態下的「異常」反應。

其實，我從未現場主持過學運或社運，只因有鑑於當時必須有一個老師出來坐鎮，負責在場學生的安危，我幾乎是首先到達現場的老師，才不得不趕鴨子上架擔起責任來。這些聲援廖偉程與陳正然的學生，我相信成份比較單純，不會像前一年的三月學運一般，有著複雜的政治力量動員。也因為如此，警察的動作應當會比較不客氣。果然沒錯，早上九、十點時，鎮暴部隊就出來「鎮壓」，把學生抬走，其中，不少保安警察（當時沒有女警）竟然趁抬女學生時對女學生不規矩，大展鹹豬手。我得知之後，向負責帶隊的警官抗議。縱然這些基層保安警察行徑像流氓一般，說是「敗類」也不為過，但是「死無對證」（若當時有附了照相功能的手機就好了），上司總是護著下屬的。結果，警方當然是支吾其詞，一再地強調說：「沒有啊！沒看見啊」，企圖打馬虎眼地帶過。說來說去，算學生倒楣，誰叫你要與「人民的保母」警察相鬥，活該！

當天整個早上國家劇院的現場並不見有大批警力「伺候」，後來我才知道，大批保警是躲在國家劇院的地下層，隨時待命驅趕學生。一個早上我整個人的情緒處於亢奮狀態，只不斷喝著瓶裝水。到了中午時分，我想，自己應該休息一下，於是，在回徐州路台大法學院研究室的途中，先到一家小麵館吃了一碗麵，回到研究室，人依舊是亢奮著，根本坐不安穩，更別說小睡休息，想想還是回到抗議現場吧！我一回到中正廟現場，發現抗議人馬已經移到靠中山南路之廣場入口的牌樓下，可能是因為聚集的學生與教授愈來愈多的緣故吧！

我一到，只見中央研究院社會學研究所的瞿海源教授喊著我，邀我在他身邊席地在第一排坐了下來。沒想到才坐下不久，警方就展開強制驅離。只見一排排保警不停以警棍敲打著盾牌，並頓跺著釘有鐵片的長筒靴子，殺氣騰騰地齊步奔向我們而來。但看保警黑壓壓一大片逼到眼前，我們大家手臂相互勾連著坐在地上，這樣臨時搭成的人肉抵抗陣線，畢竟還是敵不住這些年輕力壯，訓練有素、且有了「武裝」的警察。我們的陣線脆弱得很，一下就被攻破，兩個警察抬一個靜坐者，一一拖送上警備車。與早上不同的是，這次警方略過女性教授與女學生，只抬走男性。看來，警方還真有點「概念」，知道少讓這些年輕保警惹禍，早上驅離時的惡行絕不能再發生，以免遭到輿論譴責，但是人算不如天算，終究還是惹了禍，犯了處理此一事件的第二個大錯誤。

驅離時，我坐的是第一排正中間，遂成為第一個被抓上車。我一上車就發現，除了保警（少說也有六、七個）之外，還有兩個學生早就被捉來，安置在車上了。其中一個是我認識的，當時就讀於台大大氣系的周克任（後來擔任過屏東縣的社會局長），另一個我不認識，後來才知道是台灣工業技術學院（後來改制為台灣科技大學）的學生。原來，早上第一次驅趕時，他們就已被抓到國家劇院地下樓，整體強制驅離行動開始前再帶上車。

我很懷念這兩位學生，因為他們很帶種，被保警打的時候，一聲也不吭，頗耐操，尤其，那位台灣科技大學的學生，沉默寡言，但總是打先鋒。他們跟我說，之前被抓到國家劇院地下樓時，即聽到領頭指揮的台北市警局中山分局分局長張琪鎖定了陳師孟先生，要其手下在下午驅離行動展開時一定要狠狠毆打。

過去，陳師孟先生從未參加過類似的示威抗議活動，我想，前一年的三月學運時，他應當是完全沒有參與的。這一次他何以出現在抗議現場，我不得而知，之後也從未問過他。或許，由於他從未親身見識過警察驅離學生的惡形惡狀，在早上警方進行驅離時，陳師孟先生實在看不慣警方的作為，曾經對警方大聲譴責，因此，在張局長的心目中留下極為「惡劣」的印象，準備下午驅離時給予「對稱」的回報，看起來，似乎頗為呼應法國人類學家牟斯所說的「報稱」（prestation）。當然，這僅是一種諷刺的譬喻而已。

這些保警孔武有力，我被抓時，顯然他們刻意運用擒拿術來拉扯，使得我的手臂疼痛了好幾天。不過，所幸我並沒有被保警毆打，我猜那極可能是因為整個上午我看起來像是帶頭者，張局長或許已交代底下的保警不要對我動粗，以免引來更多麻煩。儘管如此，我一上車，裡面的保警就露出兇狠的眼神，甚至想要衝上來，但我也兇回去：「你打！你敢打你打！如此小輩！幫兇！」是的，我的脾氣一向是不好的，有點暴躁，當時又是一整天在緊張壓抑的亢奮情緒中，看到保警這樣的嘴臉，也就自然有了情緒性的反應，沒有一個年近五十的學者應有的修養。

此時，中山分局的一位組長吳振吉先生（後來擔任過基隆警察局的局長）剛好上車來，他是我當天早上曾經多次接觸過的警官，看起來為人尚溫和，通達情理，他立刻來打圓場，希望我不要生氣。我跟他說：「我們不是什麼作奸犯科之徒，只是希望台灣的自由民主能夠落實發展，才會這麼做。我們也知道你們的職責所在，大家各安其份就好了，大可不必如此以敵仇的態度對待我們。培養出這樣的台灣子弟，尤其警察人員，是整個台灣社會的恥辱。」教書的總是喜歡說教，在這樣的節骨眼，我還真有興緻說了一點教。只見吳先生一直說著：「是！是！是！葉教授別生氣啦。」

後來陸續被抓上車的教授與學生告訴我，他們在驅離過程中多有被警察毆打，較多的是以陰損暗地的手法來進行傷害，譬如，以手肘重擊胸側或腰部、或以膝蓋頂撞下檔陰部，像當時任教於清華大學的陳光興教授受到的「禮待」就是這樣。當時，想到自詡身為人民保姆的警察，行徑竟像不入流的流氓小弟一般的卑鄙下流，我相當感慨，真個「百般無用是書生」。到了緊要關頭，來自動物本能的赤裸裸暴力，終究才是最重要的；充滿著仇恨敵意的神情也自然顯露出來，在這個時候，文明化的禮教使不上力。這也說明了使用暴力經常是專制獨裁政權慣用、也是最後的武器，確實是有著人類來自動物性本能的生理基礎，而這正是文明的起始分離點，也是文明意圖加以壓制與管理的部分。說來，專制獨裁政權的本質乃體現在以「文明」來包裝的暴力基礎上，這是一種對文明極具諷刺的宿命，總是在人類的歷史循環出現。

是時，警方安排了四輛警備車，以兩輛一組，把我們分別送到公館的師大分部與士林廢河道，我是被運送到師大分部的。在車內，我有機會詢問那兩位早被送上車的學生，到底早上被監禁在國家劇院內有沒有「受刑」，他們說沒有。車子一到師大分部，我不讓警備車立刻離開，親自檢視了兩輛車，確定沒有滯留任何的教授與學生，才放行，我擔心的是，警方留下他們認為「罪大惡極」的人帶回去「整理」。

下車後一團混亂，鞋子丟了的、衣服被撕裂的、受傷流血的、被打疼腫的多的是，雖不至於哀鴻遍野，但是，悲悽哀傷的氣氛卻是凝聚著。我再次確認了沒有重大受傷需要緊急治療，才請大家各自安排下一步的打算。我和陳師孟、中興大學的廖宜恩、淡江大學的莊淇銘三位先生合搭了一輛計程車，準備再回中正廟。在車裡，我才知道莊淇銘先生的鞋子掉了，廖宜恩先生的頭頂挨了兩棍，那麼巧，打的竟然是同一個部位，因此，一個大腫包上面再有一個小腫包。至於陳師孟先生，一上了車情緒即有點失控，雙手握拳猛打自己的頭，說著：「我真沒用！我真沒用！」我立刻意識到他受毆相當嚴重，只是看不出何處明顯受傷。看來，連他自己也不知道，我們自然也就問不出來。我知道警方可以把警員訓練得打人卻不著痕跡，或許，在刻意安排之下，陳師孟先生得到了這樣的特殊「禮遇」，因為他早已被鎖定了。沿途我只能以「參與抗議示威原本就預期會是如此」的話語來安慰他，顯然，在情緒高昂的情況下，任何的安慰都不太有用，只能等心情平靜下來。

我們四人回到中正廟後，發現原先的場地已被警方淨空了，學生們移到對面的國家圖書館門口。這次的驅離，被送上警備車的全是男性，至少，送到師大分部的那兩輛是如此。回到國家圖書館門口的抗爭現場後，我拿著麥克風跟群眾說：「今天警方不惜以暴力相向學生與大學教授，這不稀奇。奇怪的是，他打了一個不該打的人物——陳師孟教授，他是陳布雷先生的嫡長孫。或許，現在提起陳布雷，知道的人不多，我現在告訴各位，他曾經是蔣介石的貼身秘書，是忠貞的國民黨員，更是憂國憂民而自殺。」總之，我還加了一些並無誇張的料，用意很明顯，當然是意圖在點熱大家的情緒。只見底下許多女性，包含教授，都哭了。許多人更是圍抱著陳師孟先生哭泣。

陳師孟先生被公認是一位剛正不阿、嚴守分際、進退得宜、溫文儒雅、彬彬有禮的謙謙君子，有著典型讀書人的風範。平時甚受大家敬重，被台大經濟學系的學生視為「台大經濟學系的守護神」，女學生特別喜歡他，可說是一位明星級的教授。陳師孟先生被毆打的消息一傳開後，過去很少參加學運的台大經濟學系學生（特別是女生）都踴躍參加了。當天民進黨在南部開黨員大會，一聽說我們被打了，許多人認為會不用再開了，全部北上聲援。

整個事件因警方毆打教授與學生愈鬧愈大，十三日二十八位清華大學教授連署了一份「學術自由、思想無罪」停課運動的抗議書，台大學生更於是日即率先發動罷課，由當時的法學院擴散到校總區的其他學院，進而蔓延全台灣的大學，帶來了國民黨政權治台以來從未有過的大學學生罷課現象，情勢不能不說是嚴峻。顯然，當時行政院長強人郝柏村發現事態不妙，或許李登輝總統也曾經施過壓力，就在我們舉行了示威遊行的第二天，立法院通過廢除本要用來修理陳正然等四人的「懲治叛亂條例」，二十四日跟著廢除「檢肅匪諜條例」。

在這兒，讓我岔開本題，說一件與陳師孟先生有關的小故事，來緩和一下這次事件帶來的沉悶氣氛。獨台會案過後，陳師孟先生在台大醫學院神經科教授（也是當時台大附屬醫院神經科主任）陳榮基先生的安排下，進駐台大醫院神經科專屬病房檢查受毆可能發生的後遺症。有一天我去探視，正好碰到當時的警政署長莊亨岱先生帶著那位實際負責驅離我們的張琪分局長，拎著一籃蘋果來慰問。陳師孟先生真有個性，不但拒絕受禮，而且也不願接見他們兩人，令這兩位警界高官十分尷尬。當時，我笑著對張琪分局長說：「張局長，你別看我們都是穿著牛仔褲，不起眼，你要打人前，最好先探聽一下要打是誰。像我，你就可以打，但是，陳教授就是打不得。」他一臉無辜狀，直說：「我怎麼知道？我怎麼知道？」我立刻回說：「你是帶頭的，就是要知道。」看來，這次他踢到了鐵板，大有吃不完兜著走的感覺。不過，這位仁兄後來調任為新竹縣警局局長，我不知這一調職是因功在黨國而晉升，還是因過錯而被降職。

回到正題。經過獨台會案後，陳師孟先生對政治事務變得相當積極，竭力投入，是年九月，聯合了台大法律學系教授林山田先生等人，還把台大醫學院教授李鎮源院士拱出來，組成一百行動聯盟，在台灣大學醫學院本部大門口靜坐，展開了反對刑法一百條及黑名單的抗議，可謂獨台會案運動的延續，頗有趁勢追擊的意味。對我個人而言，我已經提過，我原本就是一個不喜、也不擅出鋒頭的人，在獨台會案學生運動時，純然是因為陳正然先生是我的學生、也深知他的為人，才挺身表示不滿與抗議，到了一百行動聯盟的靜坐抗爭時，我就只到現場靜坐，頂多上台演講而已。此後，我完全回歸到學院從事有關社會思想的批判研究工作，所以，一百行動聯盟的靜坐抗爭可說是我最後一次參與社會實踐行動。

就法律而言，「懲治叛亂條例」與「檢肅匪諜條例」廢除之後，用來脅迫人民基本人權的就只剩下刑法一百條了。根據此條文的規定，人民就連「想」的自由都被限制，成為政府入人於罪的變相手段，因此，一向即被批評為「思想叛亂罪」、「和平叛亂罪」或「普遍叛亂罪」。在一百行動聯盟領導推動，並獲得各方的支援努力下，經過立法院內各黨委員的折衝，於一九九二年五月十六日通過刪除該條文中的和平內亂罪條款，修改為僅限於「以強暴、脅迫方式」進行「叛亂」者才會受到追訴處罰。從此，過去國民黨政權用以挾持基本人權的諸多惡法一併被廢除，形式上，台灣社會正式走入自由國家的行列之中。

我個人始終認為，當時若非李登輝總統當家，要國民黨政權的掌權者自行廢除足以威脅人民言論與行動自由的武功，應當是不太可能的。李登輝總統勇於自廢武功，應當是推動台灣邁向自由民主化的一大貢獻，值得肯定與敬重。這一切說明，台灣社會已走入需要以實際行動來表示不滿的階段，不能像過去只停留在書生論政，以苦口婆心的方式來對執政者曉以大義的做法了。

當然，按理，在一九八七年國民黨政府宣佈台澎地區解除戒嚴，其實即已動搖了「懲治叛亂條例」在法源上的正當性。但是，還是一直等到了一九九一年因為獨台會案這項意外事件，才逼使當時的執政當局以極快的速度動員立法院三讀通過廢止。後來有一次遇見盧修一委員，他就這麼說道：「葉教授，還是你們教授與學生厲害，三兩下就把這個惡法幹掉，我們在立法院不知動員了多少次，始終就是撼動不了。」我笑著回說：「哪裡！哪裡！這是大家共同努力的成果，只是天時、地利、人和三方面因素恰巧配合所使然。」這正說明著任何的改革得以成功尚得助於「機緣」，人們所能做、也是應當做的，只是確定一個目標，以勇氣與毅力為後盾全力以赴而已，成敗只能委之以「天命」了。

簡單地說，經過多年來民間（特別是教授結合大學生以及在野政治勢力）不斷以各種方式對執政當局表示抗議，而特別是一九九〇年的所謂三月學運，整個台灣的民間社會對執政當局的不滿能量，可以說是已經累積到頂點，不但呈現緊繃狀態，而且隨時都有再爆發的可能，獨台會案與一百行動聯盟運動所扮演的只不過是起了順勢一推的作用。其實，對執政當局來講，自蔣經國先生執政時代開始，即已採取逐漸開放言論空間，而且也不再大肆胡亂逮捕異己了。尤其，到李登輝先生主政的時候，種種主客觀條件使得執政當局不可能意圖維持過去獨裁威權的統治格局。就這次的獨台會案與一百行動聯盟運動而言，它只不過是因為執政當局（特別是負責鎮壓抗議靜坐的警方負責人）在整個抗議活動過程中一連「失誤」所衝擊出來的連鎖作用，當然，讓我再提一次，若非是李登輝先生主政，情形未必會如此順利。壓倒駱駝的最後一根稻草能夠發揮作用，還得有種種條件來搭配才有可能。

開課受阻餘波盪漾

讓我把場景拉回到一九八〇年代初整個肅殺氣氛猶存的台大校園，見識一下我過去種種社會實踐作為產生的「後座力」。就我所知，在一九八一年閻振興先生將卸任台大校長時，由於爭取繼任的人士（姑隱其名）互不相讓，以致於當時的教育部長朱匯森先生只好另覓人選。他找來曾在中國大陸之中央大學的同學虞兆中先生來擔任。當時，虞先生已從工學院院長卸任，為了協助老同學解決問題，應允出任。其實，我們都知道他只是個過渡性校長，恐怕虞校長自己也知道，所以願意大刀闊斧，進行許多的改革。遺憾的是，校內反動保守的既得利益集團勢力相當龐大，關係盤根錯節，任何改革必然遭致杯葛或阻擾，讓整個業務難以推動。虞校長勢單力薄，沒有足夠的奧援後盾，終於抵不過既得利益集團，所有推動的改革最後幾乎都失敗了。我負責開授社會科學概論的通識課程受到百般阻撓，也終告失敗，就是其中一例。

虞校長一上台就有意推動通識教育，他找來哲學系的郭博文教授負責籌劃。在郭教授的領導下，組成了通識教育推動委員會，我被邀請為成員之一。經過許多次的討論，也參考了國外許多大學的方案，我們設計了一套大家認為還相當滿意的課程規劃。為了有更充分的時間做更細緻的討論與設計，也為了尋找適當的授課老師與充分的課程準備，我們決定，這套課程在一年後再實施，準備在一九八二年的新學期先推出兩門課作為實驗，一門是〈自然科學概論〉，而另一門則是〈社會科學概論〉。〈自然科學概論〉找來當時任教於清華大學的沈君山教授負責，所以特別找他是因為沈教授早已在清華大學開授過，擔任起來駕輕就熟，可免有失敗之虞。〈社會科學概論〉則落在我身上，因為我是成員中唯一來自社會學科系的，擔起此一首次任務似乎是理所當然。

我深知，這個首次出擊不容失敗，也知道其中所可能涉及的政治敏感性問題。於是，我儘可能避開具政治敏感性的教授，幾經細思，終於安排出我自認足以代表當時之台大的王牌教授陣容名單。我找了哲學系郭博文教授社會思想方面的單元，經濟學單元則由經濟學系王作榮教授負責，法律學單元由法律學系王澤鑑教授（我特別避開具政治敏感性的李鴻禧教授），政治學單元由政治學系的胡佛教授擔任，人類學單元由中央研究院民族學研究所（也在台大人類學系兼任）的李亦園教授負責，社會與人格心理學單元自然是心理學系的楊國樞教授莫屬了，而社會學單元則由我自己來負責。這個教員陣容可以說是當時的黃金陣容，希望推出後一炮而紅，而事實上也是如此，可惜無以後繼。

郭博文教授把這份名單交給虞校長，他接受了，不料，卻因此讓他備受壓力，帶來很大的困擾。我當時並不知道，是隔了許多年之後，在一個私人聚會的場合哩，郭教授才告訴我。我聽了之後，感到難過之餘，對虞校長更是備加尊敬。他是一個有擔當的君子，自己承受那麼大的壓力，為了不讓我這個「麻煩製造者」也有了壓力，寧可隱藏一切，讓自己一個人默默承擔。

我相信，在通識教育推動委員會裡，有關單位早已安排了「細胞」。說來，一個大學教授還願意扮演著這個齷齪角色，著實令人感到遺憾。總之，在郭教授把名單交給校長之前，有關單位就已經知道授課教師的名單了。在此，我特別引述虞校長所說的第一手歷史證言，他是這麼說著：

七十一學年所開的社會科學大意，想不到引起有關單位的注意。八月二十日我接受了通才教育工作小組的推薦，敦請葉啟政教授為該課程的主持人。次日我便接到一位重要人士的電話，表示關切。幾天後又接到葉教授不當言論的文字資料。為這門課，葉教授洽請了李亦園、楊國樞、胡佛、王作榮、王澤鑑、郭博文和他自己共七位教授來分擔主講，確是堂堂陣容。可是在葉教授還沒有將這份名單交給我之前，我又接獲該重要人士的電話，他已得知這份名單，對於其中的幾位表示關切。當時我對他說：「儘管現在還不知這門課的教師名單，我將全盤同意主持教授的推薦，不作更動。」此後很有一些人認為事態嚴重，來商解決之道。我表示這門課一定要開，授課教授的名單不能改，我負全部責任。不然先更換校長就好辦了。記得九月二十日那天有位先生來辦公室，勸我向有關方面解釋一下。我說我覺得他們向我解釋才對。果然當晚這位重要人士來到我的住所，表示他們對於此事別無異議。這件事歷經真正一月算是告一段落。上面提及我的後二年是在有關方面的極度容忍下度過的，這件事是關鍵所在。（引自虞兆中，〈台大與我〉，《台大校訊》第三九九號，一九九五年十二月十二日，收入虞兆中：《台大與我》，台北：圖文技術服務有限公司，一九九七，引文見頁十二──十三）

就我所知，虞校長所提到這位重要人士是當時任總統府秘書長的蔣彥士先生。這段證言很明白地告訴我們，在當年威權統治的時代裡，大學校長堅持大學自主與講學自由是多麼困難！虞校長在這件事中充分展現了台大人應有的風格與骨氣，可敬！難怪，在一九八四年新年前夕，台大學生代聯會發起「向虞校長賀年簽名運動」，立刻獲得全校學生熱烈響應，總共簽了十五條橫幅，十本簽名簿，簽名人數超過三千人。由此可見，虞校長在學生心目中多麼受到敬重愛戴，這是繼傅斯年校長之後唯一如此受到學生敬重的校長。

有關單位所以極力阻擋開課，我想最主要的原因應當是，這個課程是為理工醫農科系的學生開設，他們害怕這些學生的思想受到我們「汙染」。至於人文社會學科的，他們已經無可奈何，管不住了，因為我們有授課的正當性，除非把我們全解聘了。根據後來郭博文先生所言，他們當時要求虞校長把兩個人換掉，其中一個是胡佛教授，另外一個竟然是我，奇怪的是，他們竟然對楊國樞教授沒有異議，可能是因為他負責的是政治意味相當淡的心理學課程的緣故罷！郭博文教授問我：「你上課時有沒有過批評蔣介石嗎？」我想了一下，說：「有啊！」是的，我記得了，在「社會學理論」的課裡，當我講到韋伯論權威型態中的神才權威時，我曾經舉蔣介石與毛澤東造神運動為例來闡述。當然，他們記的賬不只如此，顯然，我在課堂與演講場合裡的「不當」言論，他們都有了記錄在案。誠如我提過的，有個曾經旁聽過我的課、後來在國民黨青工會工作的學生即好心特別來看我，提醒我在他們會裡的資料有一大疊，而且還被冠上五種份子的稱號。我這個時候才意識到，原來我在國民黨有關單位的心中還蠻重要的，竟然可以與當時被尊稱為「自由主義的導師」的胡佛教授等齊看待，真的受寵若驚。

授課風波發生時，虞先生剛接任校長不久，倘若因此事件而辭職，勢必引起外界輿論的關切，成為耀目的新聞。我想，有關當局應當考慮到這一點，得失的考量，使得他們讓步，最後讓我主持，把一個學期的課程開上了。另外一個小插曲是，後來知道了這整件事的來龍去脈，我才恍然醒悟，為何在與教務處協商教室的安排時，教務處的人員總是對我百般刁難，不給我上課教室，推託找不著空教室。後來還意圖把教室排到現在小福利社旁邊的矮房裡頭，我親自去看了之後，大為光火，不只教室狹小，而且光線不足，雖然抗議，教務處也僅以「排不出教室」為由回覆。這下我發火大拍桌子，揚言找校長申訴，他們才勉強讓我在當時的普通教室開課。一學年後，這堂課立刻改由政治學系一位「忠黨愛國」的老一輩教授負責開課，顯示當時國民黨對台大的控制仍很嚴密，而且有效。說來，虞校長也顯得心有餘而力不足，徒呼負負。

過了好些年之後，虞校長有天打電話到我在社會學系的研究室，說要來拜訪我，我立刻回說：「不要！不要！不敢當，我去看您。」校長回說：「我就在你們系館的對面，我過來看你。」校長是專程來送我一本有關西方文明史的英文書，作為表達對我的敬意。他跟我說，他很尊敬勇於出來說話的人，而我就是其中的一個。他說，他代替大家來感謝我。我感到他真的過獎了，我只是心直口快，說出心中想講的話而已，充其量只是聊盡知識份子的社會責任，如此而已。虞校長比我年長許多，幾乎可以當我的父親，然而，他依舊秉承著中國傳統文人的謙沖誠懇美德，持禮敬待後輩，實有謙謙君子的氣度，這是我們這一代知識份子所缺乏的，當今更是難以尋覓。

在這兒，我想有必要為虞校長卸任後台大開授通識教育課程的做法提出個人的看法。我在前面已經提到，虞校長原本就只是一個具過渡性質的校長，這點他自己也清楚。孫震先生接任校長之後，他不只把我們費了力氣設計的那套通識課程束諸高閣不執行，而且似乎意圖把整個通識教育「搞爛」掉。他的做法是讓全校各學系都可以提出各自認定歸屬於通識教育的課程，於是，形形色色的課程出現，五光十色，繽紛燦爛，諸如「寵物保健」（獸醫學系提供）與「寶石評鑑」（地質學系提供）這樣荒唐的課程也列在其中。結果，整個學校的通識教育課程毫無規範，每個學系願意提供怎樣的「通識」課程都可以，學生要怎麼選也任憑高興。嚴格來說，這是台大校方極為嚴重的失責，也是對整體台大教授群之文化品質與教育理念的一大諷刺。

以科系性質與教員的素質來說，台灣大學可以說是全台灣最有條件提供優質通識教育課程的大學，結果卻落到這樣不堪的地步，可以說是台大之恥，孫震校長要負最大的責任。當然，我知道，這樣的嚴厲批評只是書生之見，沒有掌握到台大校方所以如此「擺爛」真正的涵意。我不否認，校方所以如此作賤通識教育，這批有權決定的掌權者對整個高等教育理念的無知和漠視，是重要的因素，但我認為，更重要的是政治考量。

簡言之，在國民黨政權之「黨國一體」思想的要脅下，校方把整個通識教育課程搞爛是故意的，因為只有這樣，才可以讓純潔的學生，特別是理工醫農科系的學生，一直生活在無菌室中，保持永遠的純潔。道理很簡單，一旦通識教育課程真正上軌道，那麼，將會有一些課程提供學生懂得如何獨立思考與批判的機會，而這將成為挑戰、威脅國民黨一貫的「愚民」教育策略，甚至使得過去辛苦經營的整個思想教育瓦解。當時極力阻擋胡佛教授與我參與授課，考慮的不正是如此嗎？我合理懷疑，孫震校長一上台即把整個通識教育課程「搞爛」，最重要的應當是基於「忠黨愛國」的動機而刻意設計的，這是國民黨政權捍衛政權大作戰策略的一環——台大不能淪陷。

對政治生態的一些感想

史學家蓋伊（Peter Gay）在《威瑪文化：一九一八—一九三三》（*Welmar Culture*）一書中曾經提到，在德國威瑪共和時期，許多人（包含大學教授、工業家與政治家）既討厭納粹，也不見得熱愛共和。他們接受過良好的教育，有見識，但卻不願意以帝國時代舊有的價值系統去交換不可靠的民主運作，內心充滿衝突而騷動不安。在整個威瑪共和期間，他們一直努力透過間歇的活動來點綴自己庸碌乏味的公共生涯。他們學習與共和融洽相處，把共和看成歷史潮流下無可避免的政治體制，也尊敬共和的某些領導者，但是他們卻從不願意學習去愛共和，也絕不肯相信這個共和會有甚麼未來。這些被稱為理性共和黨人（Vernunftrepublikaner），他們對共和的擁護並非出自熱情的信念，毋寧是來自一種知性的選擇。

這段對一九二〇至四〇年代德國社會中某些中上階層人士心理感受的描繪，當然不能毫無保留地平行移植到一九七〇年代以後的台灣社會，畢竟這兩個社會的文化體質不同，歷史際遇也迥異。但是，我們卻可以清楚看出，一些台灣人與蓋伊所刻畫德國威瑪共和時期的「理性共和黨人」一樣，他們所以擁護民主共和，並非出自熱情信念的驅使，而是基於某種知性考量的選擇；更具體地說，乃在體認到民主體制具普世價值的前提下，一種基於利益考量的「理性」選擇。

袁劍先生曾寫了一篇〈中國：奇蹟的黃昏〉，檢討一九八九年發生在中國的「天安門運動」。他認為，與其把這個運動說是當時中國社會裡所充斥之不安情緒的集體宣洩，不如說是中國知識份子對「文化大革命」的一種帶有著「君子報仇」性質的總清算，儘管表面看起來，有著來自廣泛社會階層的人士參與。在袁先生的眼中，中國知識份子追求自由民主的強烈意願，和當時中國社會整體上的不成熟，形成相當刺眼的對比。在這樣的情況下，企圖依靠一場大規模抗議示威所營造的危機來催生民主意識，甚至進而推動民主制度的實踐，中國知識份子不只高估了自己的能耐，也高估了大眾。袁先生於是斷言，「天安門運動」是中國知識份子獨立從事政治運動的一個頂峰，更是意味著全民民主運動這樣一個奇特的「危機生長策略」形式將在中國歷史中徹底消失。「在危機中爭取到的民主，可能因為危機而變得十分短暫。如果不將民主建立在紮實的階層利益的基礎之上，其脆弱性一望即知。」

在此，我並不在意袁先生對中國一九八九年發生的「天安門運動」所提出的歷史評價是否妥貼恰當，我感到興趣、且認為相當有見地的，是我最後引用他說的「民主需要建立在紮實的階層利益的基礎之上」。援引這樣的說法來刻畫過去台灣社會所推動的民主運動，特別是佐以前面提到蓋伊對德國威瑪共和時期之「理性共和黨人」的描繪，可以說是相當貼切的。

我不否認有些台灣人，尤其，過去不惜犧牲生命爭取自由民主的諸多先驅，對於「自由民主」懷有幾近宗教狂熱信仰的強烈信念，但是我始終堅信著，倘若沒有階層利益作為實質的後盾，單靠這樣具「共感共應」的集體情操，實未足以蔚成一股強大的沛然正氣，也難以持續動能來推動民主制度的實踐。當然，對台灣人來說，至少從一九四五年國民黨主政以來，政治體制上一直就有民主選舉的設計，這確實為自由民主信念的落實提供了有利的客觀結構條件。易言之，為了宣示實行的是「民主體制」以使得政權具有統治正當性，而選舉是證明民主體制的最低要件，國民黨政權是不能不定期舉辦選舉的，就在這樣結構性的要求底下，為了保證勝選，諸多卑鄙的小動作（如作票、買票、綁樁、換票箱等等）才會因應而生。

民主體制的運轉不只涉及基本理念，還必然碰觸到實際的政治操作。就此而言，民主理念所可能衍生的，只是決定了權力的獲得、運作與終結的法則之體制形式，但卻無法完全掌握權力施放背後的利益操作，儘管體制上有特定監督與制約機制的設計（如三權分立制衡）。就此，假若民主體制與專制獨裁體制有什麼基本差異，最明顯的恐怕是，理論上、且僅僅是理論上，民主體制意涵著人們都有機會奪得權力，透過政策來實踐自己所認同的理念，連帶遂行了個人的利益。因此，對權力與利益的獲取、施放，民主體制頂多只不過是一種具「理性」意涵的道具或載體而已。說來，一旦民主化形成為普世價值、且搶得了被體制化的歷史契機之後，這股基於現實權力與利益動機的考量，轉而成為保證民主化得以順利推進最踏實的力道來源，而這正是這幾十年來台灣社會民主化不能忽視的重要一環，深刻地決定了整個民主體制運作的品質。

這麼一來，統治／被統治階層的分疏，往往即表呈著不等的利益獲取機會，這已非實行的經濟體制是否為資本主義或社會主義，就有著根本的不同。更進一步，倘若統治／被統治階層的分疏與族群區隔之間又有一定的符應關係，那麼，社會階層的利益矛盾則更加容易被強化。這半個多世紀以來的台灣社會所顯現的正是這樣的場景，致使現實社會階層的利益結構被認為依順著族群地圖而分化著。這樣的一種負面現象，於是被用來強化民主理念內涵的道德正當性，成為推動民主化的重要打擊對象。過去反對政治勢力喜歡以「外省統治階層結合大資本家壟斷國民黨政權」作為訴求，所以相當有效地獲得社會基層（包含農民、勞工以及中小資產階級）的認同，即是一個明例。

在民主理念結合著族群分殊利益之社會力的驅動下，對一九七〇年代以後的台灣社會而言，民主化確實成為一股難以抵擋的沛然潮流，落實代議的政黨政治體制，幾乎是天經地義的事情，已經不是那個政黨的專屬主張了。然而，回顧過去的歷史，對台灣人來說，兩蔣時代秉承的是傳統的中華封建專制文化體質，實行的是愚民的統治策略，以至於台灣人基本上缺乏實踐民主的文化素養，也對民主理念的核心價值毫無認識，透過選舉制度所可能彰揚的民主理念於是乎被「異化」了，起不了揚升政治品質的作用。也就是說，從西方學來透過選舉所呈現的民主分權制度，只是一個獲得正當權力的形式，權力的獲得和運作過程卻依舊是依循著中華傳統的行事法則——講究人情與關係，人情與關係透不過去的，就用金錢賄賂或暴力威脅來補足。許多台灣人，特別處於社會底層的，更是根本體會不到政治與他自己的切身利益息息相關，對政治（因而，選舉），他們的態度是冷漠的，甚至認為與自己無關，投票只是被設計的定期活動，為的是攤還人情與維持特定的人際關係。因此，對許多台灣人，民主政治理念中所肯定和追求的政治品質，基本上是超乎他們的想像的。

在像台灣這樣的政治文化環境底下，擁有權力的人，不管是哪個黨派，基本上是最懂得民主政治體制之現實運作的人，他們是向現實的行事理路靠攏的「政客」，這在長期執政的國民黨人身上尤其明顯。即使是原本懷有熱烈民主理念情懷的反對政黨，也在這樣的現實氛圍誘導下不斷被腐蝕著。這麼一來，在這個社會裡，原本有些人將新的民主思想引進，也以勇氣與毅力對抗專制獨裁的政權，爭取自由民主理念的落實，而這正是過去許多台灣知識份子所扮演的浪漫神聖角色。但是，一旦自由民主理念稍有被體制化的著地機會，另外一批並無此概念（與信念）、尤其藉此謀取私利的「政客」，卻是實際享有運作權力的獲利者，他們撿到了坐享其成的便宜。

最令人感到傷心、也是不齒的，莫過於物以類聚地以「黨」的集體力量來進行壟斷性的操作。結果，政治權力成為遂行經濟利益的附庸，官商勾結的情形使得整個民主政治制度原先蘊涵的崇高理念一再被扭曲、限制或誤用，更罔論因「政客」的私心作祟，把整個理念踐踏了。於是乎，在這樣牛鬼蛇神雜處的政治生態之下，除了保身、追逐權力與利益之外，許多政治人物並沒有什麼高尚的品格可言，更是絲毫沒有什麼政治理想。回顧民主政治的發展史，這樣的場景似乎總是永恆輪迴著。

英國社會學家包曼（Zygmunt Bauman）在《現代性與正負情愫交融》（*The Modernity and Ambivalence*）一書中提到，在（特別是一九三〇年代以後）德國進行現代化的過程中，德國的猶太人（特別知識份子）期待產生新認同，但結果卻是令人失望。在前現代，猶太人還可以與其所處社會裡的其他族群「隔離」，過著自己的生活。但是，在現代化過程中，國家力量浮現，在生活方式、語言、風俗習慣、信仰、公眾態度等，要求同一的集體意識浮現，這反而使得追求認同的猶太人顯得特別不同，因為這樣就不像猶太人。於是，他們轉為一種被區隔、具正負情愫交融情結、且不和諧之不屬任何範疇的「被同化的猶太人」，這終於種下了納粹屠殺猶太人的禍因。對照著這半個多世紀以來的台灣社會，類似鮑曼所刻畫之第二世界大戰前德國猶太人的認同現象也發生在許多外省人（尤其是五、六十歲以上者）的身上，當然，不同的是他們絕對不會被屠殺，甚至，有一小撮是反過來參與了國家機器所進行的「屠殺」惡行。

這些在一九四九年被迫跟著國民黨政權退到台灣來的「外省人」，特別是參與了統治集團的軍公教中上階層者，無論在生活方式、語言、風俗習慣、信仰、公眾態度乃至飲食習慣等等上面，與處於被統治的本省人（特別基層人民）是大不相同的，有自己的風格，生活在自己所設定的圈子裡。他們甚多有著優越感（至少潛意識裡），對本省人經常會流露出鄙視的態度，甚至拒絕認同大部分本省人所持有的「台灣意識」，更是反過來（特別是透過國家機器）主導著認同。

在這些外省族群當中，在兩蔣專政時代，不乏是扛著自由民主的大旗對抗專制獨裁，以無比的勇氣和毅力扮演捍衛自由民主的鬥士角色。然而，當李登輝總統主政，尤其是陳水扁「意外」獲得了總統大位之後，這些自詡自由主義者的「外省知識分子」，卻抵不過內心所隱藏認同大中華民族的深化情感，讓大中國民族主義駕凌了自由主義主張尊重個人信仰認同的基本信念，不只開始同情、甚至接受過去參與壓迫自由民主的國民黨高階人物（如王昇），而且向著中國共產黨政權靠攏、認同。到頭來，自由主義的主張要有意義，是需要有條件的，這個條件即是以統一在大中國的旗幟底下為基本前提。若不是（主張台獨就是一個例子），則是「數典忘祖」，可誅，也無自由主義可言。

總的來說，既然統治／被統治階層的分疏與族群區隔之間的某種符應關係，是締造台灣社會階層利益矛盾的歷史禍因，在過去，不管本省人或外省人，整體台灣人因此都累積了不少的偏見、乃至仇恨。雙方甚至因歷史文化背景與階層立場的不同，而各自以幾乎是對抗且無可妥協的方式累積著偏見與歧視，這特別顯現在急統與急獨兩個極端陣營的對峙局面。尤其在一些人有心或無意地「煽火」之下，兩造幾乎找不到可妥協商議的共分母，社會兩極化現象所可能帶來的種種後遺症更明顯浮現，為台灣社會帶來無比沉重的內耗拖力。在這樣的情況之下，人們執著的情感性國族認同決定了具真理意涵的原則，這個原則是神聖的，是信仰的核心。正是這樣的信仰不可救藥地分歧著，使得台灣社會一直是被撕裂著。特別令人感到惋惜的是，這樣的特殊歷史命運所烙印出分裂的悲情情懷，落在「政客」手中，變成只是引發一些廉價的情緒發洩，碰到選舉時總是被巧妙運用著，成為獲取權力的選票來源。表現在國民黨的，最典型的莫過於是以「安定牌」、「黨即是國」等口號來吸引眷村的鐵票與公教票；展現在民進黨陣營的，則是訴諸如「台灣人出頭天」、「台灣人當家作主」的口號來號召中下階層之本省人的認同。

在這樣的情境下，以「同質」個體（如宣稱人人平等且自由）為基礎的古典自由主義傳統，並不能立刻保證形式民主化後的台灣社會就可以安心而平穩地走入「理想」的境地。民主的制度與自由的保障，不自主地成為因族群與階層交錯作用之兩造彼此較勁的「合法」手段，種種偏狹的感情訴求、利益追求與認知模式，就在這中間得到發揮的空間。「正義」（因而，反面的「政治迫害」）輕易成為廉價的「陳腔爛調」口號訴求，往往缺乏懾服魅力。這樣的「不正規」社會條件，無疑地使得當前台灣社會裡所展現的自由，缺乏展現合理而有品質之自我約束特質的契機。尤其，在大眾傳播媒體往往意圖「譁眾取寵」的催化之下，自由竟然更是讓整個社會喪失了認定「品質」的條件。至少在某個年齡層以上的（特別是接近六十歲者以上），各有認同歸屬（最典型的是統／獨）的矜持感情，使得台灣社會撕裂而淌血，想要從中凝聚更深沉、更具歷史質性沈澱的共同生命意義與共同感應，似乎還相當遙遠，也確實是難上加難的。

再說，即使是處於兩蔣專政的「民主革命」時期，具正義「真理」意涵的民主理念本身，也還不是推動民主的「真實」社會機制。它頂多是一種高尚的理念圖像，作為啟動器讓人膜拜、信仰著；真實推動民主的攪動機制是主導、操弄著「民意」的介體。簡單來說，最重要且影響力最大的介體就是大眾傳播媒體。它們幾乎左右著人們的感覺與認知，當然，相當程度的，它似乎也反映人們的基本願望。但無論怎麼說，對它們更形重要的，毋寧是精明地呼應（或操縱）民意，以從中獲得利益——增加報份與廣告。如此讓共益與私利巧妙結合，堪稱是表現十七世紀亞當·斯密（Adam Smith）所寫之「一隻看不見的手」的現代版本。於是，推動民主運作的實際力量是在既有一套具神聖意涵的理想政治理念做為基本支架的前提下，如何操縱人們的喜好感覺與認知成為重要的課題，而這也正是政治人物意圖透過大眾傳播媒體來塑造形象所欲掌握的重點，隱藏在媒體體制內一批擅於操控人們之心理喜好的「學有專精」藏鏡人（如民意調查專家、廣告製作人、導演、宣傳設計師等等），成為始終有不在場證明的「犯罪」共謀。政治—神聖的民主政治，更是變成一種演藝現象，帶著濃厚騙術意味的「作秀」則是必要修習的功夫。

十九世紀的尼采曾以「群盲」來揶揄民主社會裡那些透過選舉才擁有一絲絲的短暫政治權力的大眾。他們經常是短視、盲從、感情脆弱且容易受煽動的，政客往往可以以不負責任的態度亂開政策支票，只要夠讓選民眩惑而入迷，就可以輕易獲得選票。反之，政見再穩重、慎思、周密，候選人有著多遠大的眼光、膽識、明智與洞見，只要眩惑不了大眾，都經不起「考驗」。於是，在這樣被演藝化的媒體政治格局裡，選舉是選秀、選的經常是銀樣蠟槍頭，頂多只是重看不重吃，除非選民對民主政治的內容有一定水準的認知。這在一九九〇年代後的台灣社會明顯出現，兩個典型的代表人物是陳水扁與馬英九，各有其典型。

最後，我要在此特別提到的是，自從李登輝先生上台，尤其是陳水扁先生就任以後，一方面結束了恐怖政治的時代，另一方面，種種客觀條件迫使海峽兩岸開放三通，台灣人到中國經商與旅遊的日多，這無疑模糊了過去兩蔣時代所刻意塑造兩岸敵對關係的氛圍，更不說有多少台灣人在中國有利益。尤其，後現代消費社會（媒體社會）的來臨，形成了新世代與舊世代的認知和期待斷層，新一代台灣人普遍對中共政權的獨裁專制可能帶來的「毒害」毫無警覺。種種因素慢慢地腐蝕了困頓壓制時代所經營出來的歷史意識，也忽略了台灣好不容易建立起來之自由民主體制的深刻歷史意涵——特別是對確保基本人權的意義。今天的台灣人已經漸漸沒有足以引來共感共應的基本集體信念，也沒有可以讓大家矜持、並感到興奮的共同理想。剩下的似乎只是追求無止盡的歡愉，而且是短暫、易變、拼貼式的歡愉，因循苟且，以為「時間」自然可以解決一切（如統獨問題）。

第五章 知識份子的風骨

國科會見聞與「學霸」現象

知識份子不可能脫離所處的社會環境而真空存在，作為一個研究知識份子課題的學者，必須反省我所看見的台灣知識社群問題，進而回應知識份子面臨的時代挑戰。

一九七八年起，我接替楊國樞先生擔任國科會兼任研究員，負責安排社會學、心理學、傳播學、教育學與人類學等領域有關獎助和研究計畫申請的審查以及相關事務，直到一九八四年離職。

當時在我份下可以運用於研究計畫的預算有三千多萬元，很多人認為我像散財童子一般，發錢給大家，有決定申請案「生死」的權力，因此，到處受到禮遇自是可以理解。但是，在國科會工作了六年，我看到許多令人搖頭的現象，其中，令我感到最失望的，莫過於第一屆傑出獎的審查過程，讓我深切體會到什麼叫做學術權力的運作。

過去，國科會的每個學術組設有諮議委員，由每學門一到兩位資深教授擔任。在我服務期間，諮議會最重要的任務之一是決定每年研究獎助的名單。當時，所以設置研究獎助乃有鑑教授待遇過低，生活困頓，研究獎助形同帶有鼓勵性質的生活補助。發放的方式前前後後也做了幾次的改變，我記得，一次是以研究成果來申請，另一次則是隨著研究計畫按月補貼。假若我沒記錯的話，到了一九八四年，美其名為了對研究成果表現特別優秀的學者予以鼓勵，特別於正規的獎助之上，設置了「傑出獎」。當然，此獎勵獎金特別高，機會自然是稀少的，拿到了就形同被認定為各個領域的領頭人，不只種種資源源源而來，更將握有更多決定他人生死的機會。所以，傑出獎代表的不僅是榮譽，而且是獲得權力的名器。

傑出獎一推出，就吸引了學術界菁英的興趣。諮議委員本身向來即代表學術界菁英，難得遇到這樣可以名利雙收的機會，他們自然不想把自己排除在外，很多人也就申請了，於是，發生了「球員兼裁判」的離譜情況。

平時，這些不同學門的諮議委員碰到對方學門的申請案時，彼此都曉得謹守分寸，不會互砍案子，以免相互殘殺，弄得兩敗俱傷。我作為承辦人，在會議中，總是可以目睹這些委員發言時冠冕堂皇，其實卻是在爭奪各學門的預算配額。這次，審核數量有限的傑出獎，如何「共體時艱」相互忍讓妥協，以獲得雙贏，自然是這些自身提出申請的「球員兼裁判」諮議委員特別關心的。在這次審查傑出獎的會議中，我作為列席人員，自然有機會臨場觀察他們的表演。最後，為了避免有傷和氣，提出申請的諮議委員都通通有獎，其他的再來分給「真正」的球員，當然是被認定有具體「傑出」表現的學者。

結果可以預期，台灣大學與中央研究院兩個單位是最大贏家，諸如政大、師大等等「次級」單位則多少分到一兩個。是時，有位代表法律學的諮議委員發現中興大學（現在的台北大學前身）竟然沒有得到配額，認為這樣不好。這麼一說，這些委員於是硬擠出一個名額給興大的法律學門。我想，這位得獎的先生應當是祖上積德，竟然有這樣可以說是天上掉下來的機會。這個事件讓我深深體認到，傅科（Michel Foucault）說得沒錯：知識的社會本質就是一種權力的遊戲。

以當時我在學術研究上的表現、所居的職位、人脈關係以及在整個社會學界中所具有的地位，只要我也提出傑出獎的申情，應當是可以得到的。但是，作為業務的實際承辦人，我自認是需要避嫌，因此我放棄了這樣的機會。離開國科會後，我更是決心與國科會斷絕關係，什麼都不申請，因為我看得太多了，況且，我從事的是思想性的工作，根本就不需要國科會的研究經費補助，難不成我請個研究助理來幫我看書、想問題、寫文章、或買便當、當小差嗎？縱然有很多人這麼做，但是我絕對做不到。

在國科會服務的經驗讓我清楚知道，如果承辦人想要挾怨「整人」，其實並不難，只要把申請案交給與申請者有過節的學者審查，這個申請案就很難過關了；反之，如果想要讓一個申請案順利過關，也很容易，安排一個與申請者友善的審查人就得了。任何的學術審查，尤其是人文社會學科的，都不可能是客觀的，整個過程充滿定見，依循著主流思維與認知模式，總是最安全的。倘若有良好的關係，彼此更是可以庇護奧援；關係不好的，當然就是互相砍殺。這些現象其實存在已久，大家都心裡有數，只是沒有講明而已。於是，我們看到有些學門呈現的是師徒相承的狀態，傑出獎依輩份年輪挨序獲得，次序幾乎都可以預想到，像雞群所呈現的啄食次序一般，這自然是形成了一個「吃香喝辣」的集團，分享各種資源與權力。相反的，有的領域則因為種種原因相互看不慣，一碰到審查案在手，就毫不留情地彼此砍殺，結果是人人陣亡，好處都得不到。

我記得有一次把一位我相當熟悉的學者（可以說是好朋友）的研究申請案送給一位在美國任教的資深教授審查，沒想到回來的評語糟透了，被批評得一文不值。就我個人的意見，其實這個研究計畫書寫得還不錯，也蠻有意義的，再怎麼也不應當有這樣的下場。可是，作為承辦人，我只能尊重審查人的建議，愛莫能助，案子無法通過。到今天，我還想不透這位申請者到底有什麼地方得罪了這位學術界大老，以至於有這麼悲慘的下場。經過這次「教訓」，在安排審查人時，我總會特別注意審查人與受審人之間是否有過節或特別親密的問題，以免又有「冤屈」的情形發生。

從我到國科會人文社會科學處服務之後，我就發現整個研究計畫經費的運作過程有致命的缺點。政府官員似乎相信人性是本惡的，一直採取防堵的方式來處理經費的運用。對一般的行政機構，這樣的做法或許有道理，但是對於學術研究經費的核銷，則大有斟酌的必要。當時，我就多次建議對研究經費的核銷制度要更改，但總是在會裡以通不過審計部這一關為由而擋了下來。政府官員總是抱著多一事不如少一事，少一事不如不做事的因循心態，他們實在不想只為了國科會的研究經費核報來大動周章，修改整個審計法規。於是一拖再拖，對這些吃公糧的官僚，不變總是比變好，心態保守因循，管他體制合理不合理。

就拿理工科的學者來說吧，研究需要種種儀器設備來支撐，儀器設備的購買需要時間，倘若事先向國外廠商購買，少則也需要半年到一年。可是，我們的研究計畫案的申請卻是按年度來申請，換句話說，申請案通過開始執行時經費才能動用，也就是說，這個時候才能購買儀器設備，而等到儀器設備到來，往往已經是計畫執行期過了一大半，甚至是已經結束了。這是相當不合理的預算運用規定，以至於造成所有計畫執行者都必須造假，最典型的例子是今年申請的研究案所列的儀器設備經費，其實是明年度、甚至後年度才要使用的，否則，整個研究就無法順利進行。這麼一來，計畫主持人被逼得必須與廠商之間要有默契，開列假發票，更不用說，政府機關要求的三家比價單，其實經常是單一家廠商找其他廠商彼此關照奧援而得來的。這早已是公開的祕密，要說政府相關機構不知道，沒有人會相信。當時我就建議商請審計部另立法規來規約學術研究的核銷，但是始終行不得。其實，真要做並不難，只要允許學者可以預先申請數年後執行的研究計畫就可以迎刃而解了。

如此種種不合理的經費核報規定，讓計畫執行的主持人不得不作假，一旦整個制度間接鼓勵作假，積非成是，大家不以為忤，有良心守規矩的，還能恪守基本操守，不會嘉惠自己，但是，抵不住惡質制度引誘的，就另當別論，多少經費被納入私人荷包或公器私用，就很難講了。尤其，理工科的研究計畫動輒上百萬，其中讓個人挪用的空間當然不是以千或萬來計算的，更別說從廠商那兒獲得的「回扣」。長期處於這樣結構性的引誘之下，近來一再爆發大學教授涉嫌貪汙研究經費的情形會被發現，原就不足為怪的，說得誇張一點，這幾乎已經成為一種學院內不成文的既成文化，雖是陋規，但若說是「常態」，也不太過分。至於社會學科方面的研究計畫一向經費都不會太大，除非是大型的調查研究。稽核制度所帶來的結構性引誘當然一樣存在，但是後遺症就沒有那麼誇張，因為沒有儀器設備的經費，缺乏可供作弊的龐大空間。

我在國科會人文社會科學處服務的那個年代，研究經費使用項目的規定很嚴苛。譬如，進行社會調查訪問時送給受訪者的小禮物就不能核銷，但是這份小禮物背後所剔透的溫情，常是決定調查訪問能否成功的重要因素。於是乎，計畫主持人就被逼得不得不想辦法，尋找合乎規定項目的各色發票或收據來沖帳（當時最常見的方式是收集購買火車票根，以出差調查之名來核銷）。換言之，當年只要做的是需要調查訪問的研究，沒有一個計畫主持人不作假的。

這樣的制度性逼迫使得「作假」有了正當性，獲得大家的實際認可，這一認可無疑使得善意作假與惡意作假之間的界線模糊掉，只能依靠計畫主持人的良知來決定。我始終認為，這樣因規定不合理所帶來的結構性誘導機制才是問題的根本，我們實在難以期待大學教授比一般大眾（或甚至公務員）更高尚，更能抵擋住金錢的引誘。尤其，長期浸潤在一個有著淵遠流長之貪汙文化傳統的社會裡，期待所有大學教授清高得不受污染，實在是緣木求魚。當年，我就很明白這個道理，知道防貪是無法完全做到的，我只能對具有貪汙傾向之研究計畫申請者的經費預算做較為嚴苛的審核。

一九八〇年代的台灣學術界還是處於學術研究的起步階段，需要更多的學者有意願投入研究工作，所以應當以鼓勵而非限制打擊為原則。我在國科會服務時，一開始，手中三千萬的研究經費預算用在社會學、心理學、人類學、教育學與傳播學等五個學門還消耗不完，年年有餘。所以，當時，我以國科會的名義推動了一些較大型的集體研究計畫，主動找適當的學者來主持，譬如，當時就推動了有關老人、電視傳播媒體等研究。

也就在這個時期，我一直說服著當時的人文社會科學處處長、也是我的長官華嚴教授（從台大經濟學系借調來的）推動以全台灣為樣本的大型社會調查。我的兩個理由是：一、台灣社會正處於劇烈變遷的時刻，值得開始蒐集資料，有利於未來從事貫時性的社會變遷研究；二、做為一個自足的社會體，台灣地小，人口密集，蒐集到足以代表整個社會的資料相對容易。看起來，這兩個理由讓華處長心動，之後，就讓她去說服當時的主任委員（我忘了是徐賢修還是張明哲先生）。會方終於同意了，華處長要我自己來主持，把計畫掛在台大社會學系，我對她說這樣不好，一樣有兩個理由：一、我是承辦人、也是推動者，不能自肥；二、我早已把自己的學術工作定位在從事社會理論的研究上面，沒有理由來主持具經驗實徵性的社會調查研究。我建議把這份沉重的任務交給當時在中央研究院民族學研究所任職的瞿海源教授負責，這就是後來中央研究院成立調查研究中心做為專責單位的背景。如今，這個中心累積了近二十年的資料，可以說是相當寶貴，全世界沒有幾個國家有這樣具貫時性的資料庫。

從一九七四年第一次返台任教，我即接受國科會的補助。為了吸引海外的留學生返國任教，當時國科會有個政策，補助這些具「客座」教授身分的歸國學人，每人每個月三千元的房屋津貼與三千元的研究補助津貼，再加上副教授的八千元薪水，如此一個月有了一萬四千元，才勉強可以維持一家四口的開銷。但這項補助頂多只有兩年，倘若繼續留任，則回歸一般建制，沒有房屋津貼，至於研究補助津貼，則需要自己以論文向國科會申請。說來，這是為什麼我後來會接受《中國論壇》的邀請擔任編輯委員，也會在報紙上撰寫政論文章的現實理由，因為我需要這些額外的收入來補貼家用。

當時政府採取這樣的補貼制度來吸引留學生學成返國服務，其實是不得已的救急辦法，有階段性的意義，可以理解，也可以支持。在這樣的制度下，我一直就以論文年年向國科會申請獎助，倒也年年都得到甲種的獎助，總有十多年，我記得，直到一九八七年我接受美國傅爾布萊特基金會（Fulbright Foundation）的資助到維吉尼亞大學（University of Virginia）教了一年書為止。其中，一九八三至八四年我拿了國科會的補助到英國倫敦政經學院（London School of Economics and Political Science）與牛津大學（University of Oxford）進修一年，因自覺不應好處佔盡，我就沒申請獎助。從維吉尼亞大學回來後，我所以沒再繼續申請最主要的理由是：當時教授的正規待遇已足夠維持一家四口最起碼的生活，我不願再參加這種具「恩賜」性質的年度作文比賽，尤其，這中間有著多少令人感到不堪的現象，做為一個讀書人，我實在難以再接受這樣的「恩賜」了。從此，我既不參加年度作文比賽（即獎助），也不擔任任何的審查工作。

在國科會服務多年的實務經驗，讓我深深體認到，運用研究獎助的方式來鼓勵學者從事研究，尤其是提升學術水準，並非治本的方法，倒是可能因此帶來了一個值得細思的「副作用」——加重了「學霸」經營與運作權力的機會。台灣學術圈原本就很小，師徒同門牽出來的關係網絡緊密，派系雖非林立，但卻時有所聞。在這樣的生態環境裡，透過評審制度來決定研究計畫、獎助金等等的通過（或獲得）與否，不免曝露出一些弊病。當然，就現實來說，審查制度或許是唯一解決僧多粥少窘境的可行辦法，這是宿命，因此，必須承擔其所可能帶來的後果。但是，至少我們需要對整個台灣學術界的生態環境、歷史背景與發展階段有所認識，或許可以把結構性「弊端」的發生率降低些，也把影響程度減低一點。

誠如我在前面提過，當年，我在為所有研究計畫與「作文比賽」（即獎助金）申請案決定審查人（每案兩個）的時候，我都會注意審查人過去的審查記錄（如是否用心、是否人情味太濃、是否是好好先生、學術態度是否有特殊偏好等等），也會盡我所知去瞭解審查人與被審者兩造之間的關係（是否同門師兄弟、有否恩怨、專長取向為何等等），以力求避免因有特殊定見與利益糾結而有所偏頗。當然，這不過只是盡人事還得聽天命之情不得已的作法，相當消極。但是，在既不可能廢除審查制度，又要維持一定的公正性的兩難下，實在想不出更好的方法了。

在此讓我再次對「傑出獎」的設置再多表示一點意見。打從國科會自身在醞釀設置「傑出獎」時，我就極力反對，只是人微言輕，起不了作用，況且，有權做決定的學術界「大老」莫不是舉雙手贊成著。我所以持反對的立場，因為這最容易把整個審查制度的現實極限與台灣學界基本生態環境所內涵的「弊端」發揮得淋漓盡致，但卻換不到具明顯正面意義的效果。果不其然，首先發生的就是前面提到「球員兼裁判」的惡質現象，讓原本就佔盡優勢的各學門大老有了機會多得一份（其實是多餘的）「榮譽」，為他們的學術生涯錦上添花，不過，更吸引人的是一份優渥的獎金，這才是具體而實質的誘因。

更令人感到痛心的是，之後的傑出獎得主經常就在這些起始者的庇蔭與引導下，像粽子一般成串的繼承下去，這體現在「啄食次序」明確的學門裡又是特別明顯，只要仔細追蹤這些前後得獎的「傑出」學者的出身背景和關係網絡，就可以一目瞭然了。其次，傑出獎無形中強化了「學霸」的地位，間接助長派系集團的形成，終將產生既得利益集團「包吃包喝」地從國科會（進而延伸到教育部）獲取資源，甚至予以壟斷的情形。說穿了，當知識從官僚體系之中滾翻出來，知識就輕易喪失了原本自認是神聖脫俗的一面，展現出不折不扣的赤裸裸權力形式，成為謀取名利的道具，這正是台灣學術界所展現之「殺戮戰場」的原始場景。

我一直認為，台灣學術界最重要的課題應當是，就量而言，讓底層加大；就質而言，則是獎勵表現優異的新秀。如此質量雙管齊下，才可能厚植學術的根基，而不是讓在上位的少數既得利益者（且經常已不再可能有所精進，甚至只是浪得虛名）獲得更多名器和利益。平心而論，這些既得利益者早已不在乎作學問，每天忙於開會、演講、審查別人的論文、充當典試委員、改考卷等等，不可能因為獲得這份獎金殊榮，就讓自己更加努力治學，不斷追求精進。

與我一齊在國科會人文社會科學處服務的歷史學者劉翠溶教授（本職在中央研究院經濟學研究所，曾任中央研究院副院長）在一九九六年獲選為院士，之後有一次我們巧遇，她就對我說：「葉先生，沒想到得到院士後，變得這麼忙，很多過去沒有的事都找上門來，我快受不了了。」劉院士的年紀只比我略長點，那時，不過五十多歲吧！可想而知，倘若當時劉教授就陶醉在院士殊榮所帶來的種種權力資源之中，恐怕她的學問頂峰就停留在那兒，哪可能有時間精進自己？還好，劉院士是一個自律甚嚴、淡泊名利的學者，看起來，院士這個頭銜還沒有讓她昏了頭。我在此特別舉劉院士這個例子，只是為了表達一個基本的想法：與其錦上添花，把銀子灑在他們身上，倒不若用來厚植新進的優秀研究者。我當時還曾算過，把每年傑出獎預算省下來，全台灣的大學可以多增聘一百多位助理教授。對整個台灣學術發展，哪個用法比較得利，我想不用再多說了。

台灣的大學需要人文精神及重視教學

任職台大時，我曾經代表社會科學院參與校級教師評審委員會（以下簡稱「校教評會」），充當了六年左右的委員，目睹了一些有趣的現象，其中，「理工醫學科的傲慢態度」與「ＳＣＩ與ＳＳＣＩ引用索引的誤置」這兩種現象最值得在此引述，用來展示台大這個台灣最高學府之菁英教授的一般水準。

台大校教評會的結構是，每個學院各有三位委員（院長為當然委員，再加兩位教授級的代表），我參與時，整個台大共有十個學院，其中，屬於廣義的非自然學科的學院有四個（文、社會科學、管理與法律）。

校教評會最主要的兩個功能是決定新聘教員與教員的升等。大致上，對新聘教員的同意，校教評會的成員比較沒有爭議，都盡可能地尊重聘用單位的決定，除非發現有系與院級沒發現到的「瑕疵」（如作品有抄襲的嫌疑）。但是，對於教員的升等，或許，由於名額有限需得爭取的關係，委員們可就多所挑剔。

其中，特別值得一提的，是讓我深深感覺到來自理工醫等學科的教授多有看不起人文社會學科的，就讓我舉三個例子來說明吧！

第一個例子與台大校評會的委員無關，倒是與台大畢業的校友有關。我考大學的那個年代（一九五〇至六〇年代）分成三組，甲組是屬於自然科學的理工科，還特別把醫科擺在這兒，我想所以如此安排有兩個相互扣連的理由：一、讓理工科系有機會吸收到沒考上醫科，但卻是「優秀」的學生；二、認為投考醫科的學生有不少是相當優秀的，萬一沒考上，讓他有機會唸比較「高尚」的理工科，而不至於「淪落」到一般人不喜歡的農學院科系。這樣的組別安排可以說純然是替那些有唸理工科系潛能的「優秀」學生設想的。至於乙組是人文與社會學科（當時包含管理與傳播科系），而丙組則是醫科除外的生命科學，主要是農學院的科系。

那個時代，一般人（包含學生自身與一般社會大眾）總視投考乙組的都是成績次級的學生，數學、物理、化學等「理科」的表現都不好。懷著這樣以「理科」成績表現來定一個學生資質的刻板印象，投考甲組的學生自然是被認為比較優秀，投考丙組的其次，而投考乙組的肯定是最差的。在此刻板印象的主導下，有位黃姓中央研究院數學所的研究員（我肯定他是台大製造出來而後留洋獲得博士學位）曾經在《中國時報》投書，感嘆社會之所以那麼混亂的原因，都是因為「乙組的統治甲組的」，意思是說統治階層許多來自唸法律、政治或經濟學的「低等」乙組學生，而那些來自甲組的優秀學生卻被這些「低等」的統治。所以，他覺得很不甘心，認為社會要有所進步，就應當讓甲組的優秀人才來領導。這樣的見解非常荒謬，看了令人啼笑皆非，但卻竟然出於一個擁有美國博士學位的數學家口中，這反映出相當比例之理工科學者的深層思維，也顯示整個台灣的教育（尤其高等教育）徹底失敗的關鍵所在——缺乏足夠的人文素養教育。說到此，讓我回到我在台大校教評會的見聞，搏君一笑。

有次，在決定升等案時，我擔任開票的核記工作，我就發現大約有七至八票，凡是來自文學院、社會科學院、管理學院和法律學院的申請者都一致予以否決。我們很難說這樣的系統性否決是隨機，而不是刻意的！這不是偏見是什麼？

另外一個例子是：在一次的升等會議時，有一位來自醫學院的委員（姑隱其名，他還是一位婦產科的名醫）起來發言，他說的大致是：我們自然科學與理工科的論文最講究原創，你們學文學的也應該要有原創（他的目標顯然是指向文學院）。他說了老半天，我才弄清楚，他所謂的原創，原來是要求文學系的教授要寫小說、散文或詩之類文學作品。此論一出，文學院的三個委員默不出聲，我知道，他們怕得罪，以至影響到他們院內尋求升等的同仁。

我聽完後，實在無法忍受，於是起身說道：某某教授！你誤會了，所謂的文學教授並非自己要寫小說、散文或詩歌等等，而是以此等文學作品做為研究的對象。我自認這樣說已經很明白了，但他還是聽不懂，一直嘀嘀咕咕的。這位教授接著又說了類似這樣的話：「我們醫學院的教授一年大概都發表了十幾二十篇的文章，你們一年卻才只能生出一篇。何況，我們還都在國外的期刊發表。」他的意思其實就是暗指人文社會學者的程度不佳，不用功。

他這一說，我更是氣不過，當場又頂了過去。我大致是這麼說的：「對人文與社會現象的研究，尤其是關於文學評論、哲學與社會思想性的研究，有其不同的操作方式。首先，要花很多時間去閱讀相關文獻和資料才可能消化瞭解，而且也不可能透過助理來幫忙讀書、思想、體會與撰寫論文的，助理的功能頂多是幫忙借書、打字等工作而已。這是一種需要殫思竭慮功夫的『手工業』，只能依靠個人單槍匹馬地作工，不像你們理工醫農學科的，研究仰賴實驗或調查，而實驗或調查絕大多數由助理代勞，自己只出出口或動腦指點指點就可以。你們的操作是猶如工廠生產線的作業，做有人代勞，甚至寫也有人代勞，最後只要把名字掛在論文的作者上面就成了。這樣的不同研究操作怎麼可以要求有同樣的產出數量？以產出數量與出版地方來評斷一個學者的用功與否或品質的良窳是不公平的，況且，人文與社會現象的研究本身有著特殊的旨趣，受特定的歷史——文化條件所制約，並不需要、也往往很難跨越國界來發表的，發表在美國的期刊，並不就代表是優秀的。再說，一篇自然科學性的論文可以只有兩三頁或至多十來二十頁，但是，這樣的篇幅絕對不可能論證馬克思的理論或尼采的哲學，要論證一個社會理論或哲學思想，往往需要三十頁到一本書不等，這些都是曠日廢時的，需要下很大的功夫才可能完成的。」

但是，這些理工醫農學科的菁英教授還是聽不進去，依舊有著知識的傲慢，以至於那一年文學院等著升等的同仁被「整」得很慘，一敗塗地。

台灣一流大學教授的基本素養落到如此地步，只有令人感到不堪。這當然與長期來的教育政策有關，為了防止人們「造反」，整個教育基本上是壓抑著培養獨立自主的思想與批判能力的，更別說培養人們有著明智判斷能力、廣闊胸襟與見地，以及生命藝術的體會等等。這些台灣大學的菁英教授在專業領域裡或許都是佼佼者，但是絕大多數對人文與社會現象的認識，卻是連最基本的常識都沒有的，更別說有什麼高明的見地與願景。十九世紀以來整個知識被高度碎片化，倘若在受教過程中又是缺乏適當的人文素養教育，那麼，必然帶來「以管窺天」的情形，那些學有專精的優秀教授自然也就不例外了。這著實呼應著西班牙哲學家奧提嘉（Jose Ortega y Gasset）諷刺那些高度專業化的科學家，經常只不過是一群 learned ignorance 的人（我不想把它翻譯成中文，讀者可以查字典，這樣神祕一點，略表對這群人的同情），或借用尼采的用語，即是一堆「群盲」。

我參與校教評會期間，理學院院長是來自數學系的康明昌先生。這位先生是個用心而執著的人，可惜的是缺乏一個大學教授做為高級知識份子應有的基本見地。在每次進行同仁升等的審查會議之前，這位院長先生都會很盡責地上網站去調查這些申請升等的同仁（當然是理工科的）過去的論文有多少是在「科學引用索引」（即所謂的 scientific citation index，簡稱ＳＣＩ）上面，並進而設定了一個標準做為核准升等與否的「客觀」依據。他這麼努力的前置作業，可想而知，立刻獲得許多委員（當然是來自理工醫學院的委員，農學院的，他們還看輕著呢！所以，他們總是不時杯葛農學院提出的升等案）的認同。

幾次下來，康院長個人「發明」的升等評鑑判準，成為決定台大同仁升等的不成文規則了，當然，對社會學科的，在與他們有著同樣心態的經濟學教授的呼應下，則採用了「社會科學引用索引」（即 social science citation index，簡稱ＳＳＣＩ）。如此一來，當時，台大同仁的升等有了「客觀」的判準，後來，竟然漸漸推及全台灣的大學，且被教育部與國科會予以制式化。這可以說是康院長（也是台大校教評會）對整個台灣學術界一項極其「偉大」的未曾預期成就，巍巍乎壯哉！

在美國，SCI與SSCI原是一個商業機構為研究者的方便所提供的資料索引，並非用來做為評鑑的依據。美國教授的升等從來沒有規定什麼撈什子的SCI或SSCI的點數，只有在台灣這個亦步亦趨地跟著美國的學術次殖民地裡，這批始終對自己缺乏信心的學者，才會以SCI、SSCI與刊登國際論文的情況來評價學術成就，可以說是不折不扣之自卑心態作祟的結果。其實，在國際上發表了幾篇SSCI論文，並不代表在國際上就舉足輕重，何況有些SSCI的期刊還能付錢就可以換取刊登。然而，今日這樣的學術評鑑制度逼迫學者（特別是年輕學者）不得不強調論文（特別是經SSCI鑑定）產出，帶來不少投機取巧的做法，追求知識變成只是保障基本生存條件的工具，對於健全學術體制的立場來說，這是一種扼殺幼苗的作為。

我並不完全反對對大學與學者的研究成果進行評鑑，評鑑的問題不只是在於有否具公信力的方法，更重要的應當是必須審視整個台灣學術界的基本處境以及對學術的社會期待，換句話說，如何評鑑必須以我們怎樣為學術的社會責任定位為歸依，而不是一味胡亂地從西方（特別美國）找些自認是好的東西來當指標，這種亂槍打鳥的做法不只是浪費國家資源，甚至危害整個學術界的發展。眼看今天台灣學術界到處在弄評鑑，搞得雞飛狗跳，只會以紙上作業來應付體制，學者浪費了太多的精力與時間。我認為學術起步階段最重要的是讓百花齊放，基本上，教學遠比研究重要，整個高等教育的目標應當擺在提升下一代的自我反省、觀察、想像與了解整個時代局勢的應對能力，尤其，有高瞻遠矚的見識與洞明事理的明智判斷能力，這些都遠比寫多少篇論文來得重要。

這樣說並不意味著我也排斥研究的重要。我的意思是，讓幾所大學成為研究型大學，但不是把所有大學都以同一標準來看待，而這個一條鞭的標準竟然是以研究成果來判定大學的好壞與教授的良窳。記得，一九八三至八四年我到英國進修時，有一次在BBC電視台看到一個有關英國學術研究何去何從的報導，令我深有感受。有一個自然科學方面的教授在受訪時指出，以土地面積與人口數量，英國所擁有的差不多只等於美國東部幾個中小型州加起來的大小與數量，在這樣的客觀條件下，科學的發展自然無法像美國一樣是全面性，必須要根據既有的知識基礎、現實環境的需要等等因素而有所選擇，也就是說，要有重點規劃。這個說法相當有見地，也相當有現實感。無論就土地面積或人口數量，台灣比英國還小、還少，況且，整個學術發展的條件也大相逕庭，學術界實應有自己的規劃才對。

近些年來教育部主導的五年五百億頂尖大學計畫，就是最好的例子。對此一計畫，我始終有不同的看法，認為嚴重地走岔了路。

把幾個重點大學（如台大、清大、交大、成大、政大等等）定位為研究型大學，我不反對。縱然如此，也不是以五年五百億的短線支助方式，就可以一蹴即成，這些大學立刻搖身變得卓越超群，況且，怎樣才叫卓越，在認定上也不無問題。一個大學是否夠得上「卓越」，端看我們所設定的目標為何而定奪，不是特別以提高研究論文的數量來擠進什麼百大，就叫卓越，這樣太廉價了。

研究水準只是界定一個大學卓越與否的諸多標準之一而已，能否擔負起為所在的社會培養更多有著人文關懷與社會責任、且有著更寬廣的胸襟、宏遠的見識、明智的判斷能力、深邃的文化涵養等等的未來領導人才，才是一個大學更為重要的貢獻，這才是卓越的首要內涵。儘管設備再好、研究論文再多、甚至擁有一些諾貝爾級的大師，一個大學若祇是成為政治與企業領域的附庸，扮演著高級職業訓練所的角色，我認為不夠資格稱得上是卓越的。沒有人文精神與社會關懷為後盾的高等教育，基本上是沒有靈魂，只是一座大機器大量生產著標準化的制式產品，只不過美其名叫學有專精的人才而已，而這恰恰是當前台灣高等教育的通性。所以，提昇台灣的高等教育水準，不是創造更多可以擠進世界百名席次的大學，而是在於下一代的文化水準、社會人格品質與專業知識有沒有提昇。這些遠比寫一些亂七八糟的文章，或是投一些奇怪的雜誌爭取積點來評比成就，更為實在、也更為具體有用。一句話：我們應該思考的是：學術界對於下一代有怎樣的責任？怎樣提昇下一代的一般文化水準？

在這兒，讓我特別再次強調一下我在台大社會學系退休感言中所提出的一點感想，即「知識份子要懂得謙卑」。我認為，在今天這樣一個知識分化細密的時代裡，一個學院知識份子是學有專精，在某個專業小領域確實可能是頂尖人物，但這並不表示他是十八般武藝都行，學貫中西，樣樣精通，尤其是有見地與膽識。尤其處於像今天台灣這樣眾聲喧嘩的大眾民主社會裡，學院知識份子學習謙卑，承認自己的知識是有限而謹言慎行，才是對知識本身的尊重，也才是具使命感之知識份子應當持有的基本倫理態度。對於位居主流地位的知識份子，更是需要有接受批評的雅量，留給非主流的知識份子一些發揮的空間，讓整個學術界多元化，這樣下一代才有希望。

讀書人要有「格」

過去，我在許許多多的公開場合毫無保留地批評以自然科學觀為本位所導引的實證主義，也對在理工科系學者身上常見的知識傲慢與常識淺薄有所批評。尤其，幾年來在校教評會的表現，著實讓一些同仁「感冒」，對我有相當負面的印象。一九九九年社會科學院提名我為講座教授，就在校教評會裡遭遇到困難，遲遲沒有結果。有一天我在校總區碰到當時社會科學院的院長許介鱗教授，他見了我顯得相當尷尬，告訴我確實遭遇一些困難，我立刻回道：「不要緊！我知道反對的有哪些人，我不在意。」按常理，我是當年社會科學院推薦的唯一人選，應當受尊重，不應有任何意外才對，但終究還是受到杯葛。

我想，我平時多言得罪人不自知，至少給人留下不好的印象，況且，當年寫政論文章與到處演講批判國民黨政權，許多「忠黨愛國」之士（台大教授中不乏此輩）對我印象奇差。這些都可能成為杯葛的情緒因素，但是，據我所知，這些評審委員擺明的理由是，我從沒獲得過國科會的傑出獎，也沒有教育部的學術獎或相應獎勵，加以從一九八七年後就沒有申請國科會研究案的記錄，儘管我之前至少十二年得到甲種獎助（除了出國那一年之外），但這一切都無濟於事，一九八七年後我的確沒有任何被認可的顯赫「傑出」記錄，這是「事實」。

對我個人來說，既然決心做個從事純思想工作的特立獨行學者，不願繼續向國科會懇求恩賜，我自然是與世俗認定的種種「傑出」指標性頭銜絕了緣。這是倔傲個性必需付出的代價，我認了！然而，對社會科學院來說，這無疑是一項侮辱，經過院內更具專業性之委員的共同推薦，竟然比不上外行委員的判斷。後來，委員會妥協了，據說找來兩位「專家」的評審，好像評價都很高，此案才以「有條件通過」的方式勉強給了我一年的講座教授頭銜與獎金，但其他學院給的卻是兩年。

這些都是我過了一陣子才拼湊得知的，倘若在當時我早早知道了，依我一貫的行事風格，我會拒絕接受這樣近乎嗟來之食的施捨，就像早先我悍然拒絕接受「連震東講座」一樣。這件事的情形大致是如此的：台大社會科學院（當時包含法律學系在內）設有「連震東講座」，每年兩名，社會學系與經濟學系為一組，而政治學系則與法律學系為另一組。我被推薦的那一次，支持票數與經濟系受推薦者相同，委員相持不下，結果決定抽籤，我被抽中了。我得知這個情況後，甚不以為然，講座還有用抽籤的機率來決定，這相當荒唐。於是，我立即就向當時的院長戴東雄先生表示拒絕被推薦，因為我絕無法接受這樣的操作模式，對我的學格是一種侮辱。何況，對我而言，只要日子過得去，什麼獎金再多，我不會特別爭取，也不會在意的，取，要取之有道。我知道，自己這樣的想法早已落伍，但這是我長久以來矜持的信念，自認是一個讀書人的基本格調。

長期在學術圈裡打滾，早就看清了學術背後的權力本質，也甚了然芸芸學者的從俗特質。儘管這些都是學有專精的博士，但是卻與一般大眾一樣的，是爭名逐利的「群盲」，想的不外是能否受到主流同道

（尤其前輩）的認可，認可是一種象徵資本，成就了名氣，可以帶來權與利，贏得眾人的欽羨與尊敬。但是，對我，作為一個學院知識分子，總是會問自己一個問題：到底作研究的生命意義何在？對此，我始終是呼應著韋伯所說「學術做為一種志業」的立場。我認為，除了藉此謀生以養家活口之外，從事學術研究，還有善盡社會責任（或乃至是使命）的自我期許。這個期許是文化性的，也就是說，為的是創造意義與價值。這樣的期許，對修習人文與社會學科的學院知識份子特別重要，必須有悲天憫人的準宗教情懷，不能只為了個人的名與利。

我很清楚，過去近四十年自己所走的學術之路，事實上是一趟孤獨的旅途。假若學術只不過是經營名利權勢的一種方式的話，那麼就一定要向居優勢地位的主流集團靠攏，建立人際網絡，至少不要得罪人，並學會不斷順勢自我調整。然而，這不是我想要的，我的性格也不允許這麼做，我要的是作為一個具獨立人格的學術人（特別是具有人文氣息的社會思想家），這需要的是懂得欣賞孤獨與持有不輕易妥協的傲氣。這使得我原本已漸漸邁進學術權力中心，但卻逆了方向自我放逐，走向邊緣。說真的，在這一大段日子裡，需要花更多的心力學習抗拒各種名利誘惑。我從原本家境富裕變到貧困無立錐之地，照常理講，應該把金錢看得重才是，但我的天性卻總是把名和利看得很淡，從小如此，走向邊緣當個永遠的在野者，反而符合我的心性。

從三十幾歲開始，我就有幾次機會受邀出去做官（當然，不是很大的官），我總是毫不遲疑地說「不」，沒第二句話，也沒第二想法。學術圈內的行政職務也一樣，在台大社會學系任職時，被選為系主任，但我堅持不願意幹，不是我矯情，而是我不願意讓行政工作，尤其數不清的大小會議來耽誤了我的思考工作，我需要的是完整的時間（特別是心思）來從事思考的工作。因此，我也一連拒絕幾次擔任社會科學院院長的邀請，沒有任何猶豫。當然，也有朋友和學生勸我，我可以透過這些行政職位進行改革，但對我來說，思想工作與行政職務就是只能選一個，我必須衡量自己的心力與時間分配。我之所以選擇比較少人做的思想工作，不只是因為我喜歡，我也認為自己比較擅長，這是我從小到教書的成長過程中，不斷對自己解析得到的結論，我從來沒有改變過。

我也不是特別比別人超越，而是自己深信，人活著一輩子，大概只能做好一兩件事情，所以，我在進行抉擇時，從來沒有困擾過。自從一九九〇年代主動不再扮演公共知識份子的角色以後，我幾乎已沒有任何應酬，外面邀請演講的機會也漸漸減少，讓我可以專心從事思想工作。如此一來，生活型態幾乎是二十年如一日，除非有事，否則，每天一大早就到研究室，傍晚時分才離開，從來不熬夜，也幾乎沒有夜生活。

就這樣，我養成了在有音樂的環境下進行思考與寫作的習慣，在我的研究室裡，擺著一台一九八七年在美國維吉尼亞買的收音機，把頻道一直定位在愛樂電台，整天放著音樂，我在其中悠遊思考，樂在其中。用一般標準來看，我的生活實在太單調了，但我認為，這就是思想工作者與他人不同的生活方式。借用小說家米蘭昆德拉（Milan Kundera）的話，這樣的生活經常是在百萬分之一的差異裡面找到樂趣。譬如說我今天在文章裡改了一個地方，這一改，讓我能夠加一點新的想法進去，這就是我的樂趣，甚至於只改了一個字，只要比原來那個字好，我就會感到樂趣。

這樣的生活讓我想起心理學家馬斯洛（Abraham Maslow）在論人的自我實現時所提出的看法。他認為，最有自我實現感的人，不一定是最有世俗成就的人，可能只是一個平平凡凡的媽媽。只要她全心全意照顧小孩，不時有著令自己感到珍惜、感動、滿足、快樂、充滿愛意等的「尖端經驗」感受律動，就可以得到自我實現。後來，馬斯洛略微修改看法，認為最具自我實現感的人是有著「高原經驗」（而非「尖端經驗」）的人。什麼是「高原經驗」，馬斯洛說，這是一種類似高原所呈現之崇高、但卻一路平坦的經驗感受，沒有起起伏伏的情緒激昂，有的是平靜和祥的「心靜如水」心境表現。就現實的角度來說，也就是說，行事為人重視的是圓融自如、隨遇而安，但又能有自視與矜持，而不在乎榮譽、聲望、利益、地位或獎賞等等。

假若「尖端經驗」反映的是西方英雄式的生命經驗，那麼，「高原經驗」則帶著濃厚東方修道式的生命體驗。我認為，馬斯洛對自我實現的理解有這樣的改變，是一種認知上頗具東方禪味的精進思想，體現出超脫瀟灑的心靈境界，必須要有孤獨心境作為後盾。自從讀到馬斯洛這樣的說法之後，我即一直以培養此一「高原經驗」來自勉。

從常人的眼光來看，我過的是清教徒生活，有人稱之為工作狂，但我不是那樣的人，工作狂經常有成就動機做為後盾，我卻毫無成就動機，我只是把它當成是一種自在自得的生活方式。這絕對不是做作，而是我希望誠懇面對自己的生命態度，一向就是這樣。我等於是隱居在都市裡面，整天常常沒有任何電話，也沒與其他人說話過，我無所謂。當年我參與《中國論壇》及澄社等外面活動頻繁的日子，常常有人（報社、國民黨黨部、政府機構等等）請吃飯，或是有演講沒辦法回家吃飯，甚至有過整個星期的晚上都有飯局，最後令我實在受不了，只想回家吃稀飯配醬瓜。這樣光彩活躍的生活方式，脫離不開與其他人互動，總是言不及義，可以說是不折不扣的「社交」，多了，讓我感到厭煩，不合我的本性。結束那段美其名為「從事社會實踐」的日子，對我來說，是一種解脫，生活才真正回到自己的「常軌」。

我個性一向率直，對人行事難免過於衝動。正因為如此，有時候不懂得給別人留情面，現在想想，覺得很慚愧。當年前民進黨首任主席江鵬堅先生曾邀請我到他所屬的扶輪社演講，他很客氣，把我捧高了，說著類似「葉教授是台灣的社會學大師」這樣的話。那時候，我才回台任教不久，還只是一個副教授而已，實在是沒有那麼偉大啦！我禁不住直截了當地說：「您講得太誇張了，我剛回來沒多久怎麼可能成為大師，那未免太快了。」結果，江先生窘得很，整個場面顯得很尷尬，氣氛也立刻凍結起來。當時，我馬上發現不對，但是為時已晚。要是現在的我，知道這只不過是場面上的客套話，不必太認真，一定會用比較間接的方式來說，或祇是笑笑，免得對方難堪，更不會讓別人當眾下不了台。這就是修養。或許，修養好了，就表示你老了。

世新讀書會及著書明志

我從台大社會學系退休後，原本打算專心寫書，但人生計畫趕不上變化，二〇〇七年來到世新大學教課及帶領讀書會，成為另一段因緣。

二〇〇五年我還在台大任教時，在景美買了房子，希望擁有自己的小書房。那時我已打算，在台大任教滿三十年後就退休，好好完成想寫的著作。想不到退休的消息傳開，有幾所學校希望我退休後過去任教，其中世新大學展現了最大誠意，也最積極。先是認識已久的成露茜女士和後來當校長的賴鼎銘先生（當時是教務長）特別邀我在羅斯福路與新生南路交接之巷內的皇城滇緬料理吃飯，企圖說服我到世新大學繼續任教。當時我並沒有立即答應，不是因為別的學校開出更好的條件，而是我並不打算再有「第二春」。後來，幾次在景美溪堤外道遇見賴校長，我也只是與他寒暄幾句，一直沒有鬆口答應。有次，他告訴我，牟宗燦校長想親自來拜訪我，我立刻回說：「不用！不用！給我幾天的時間讓我好好考慮，再親自去拜訪他。」

幾經考慮，我最後決定接受世新大學之講座教授的禮聘，並找了一天親自到學校與牟校長會面，把條件談妥。我開的條件是：一、一間研究室；二、一個學期頂多只開兩門課；三、不申請國科會計畫、不申請任何獎項。我知道，對私立大學而言，教員有國科會研究計畫，不但是提昇學校的聲望，而且，也為學校帶來更多的財源，一向是相當重視的，甚至，有的學校所以禮聘國立大學的退休教授，為的就是借重他們過去累積的「資本」，為學校帶來更多的研究計畫與資源，添增學校的聲望。牟校長漠視這樣的現實利益考量，一口就答應我的要求，讓我感動，我還能有什麼好多說的呢？

我所以決定接受世新大學的禮聘，有三個主要的原因，兩個是現實的。讓我先說說現實的。第一、我迫切需要一個可以讓我安靜從事思考與寫作的地方，因為一些原先沒想到的事情發生，讓原本規劃好的書房構思泡湯了。第二、我在大學教書三十幾年，每月所得總是一手進、另一手出，到頭來，可以說是毫無積蓄，雖然有退休金，而且應當也夠日常費用，但是，購買景美的房子尚有貸款待付，需要錢。第三、我過去在台大社會學系教過的學生黃厚銘與蘇碩斌兩位先生的建議起了說服我的作用。他們對我說一樣的話，認為我不應當就此完全退休，應當找另一個舞台可以繼續宣揚我已漸漸成形的思想。這樣的意見對我很管用，我一輩子期待的就是孕育自己的思想，希望可以傳承下去。在台大社會學系任教三十年無此機會，不應就此罷休，理應再找機會讓它得以實現。後來想想，我的身體狀況還好，如果就這樣離開講台，還是會感到遺憾的。就在這樣現實與理想雙重的考量下，二〇〇七年從台大退休後，到世新擔任講座教授。

除了開授正規的課程之外，到世新的第二學年，賴鼎銘先生擔任校長，行政事務繁忙，拜託我接手主持他過去所帶領的讀書會，我當然是義不容辭的一口承擔下來。這或許可以說是我到世新大學任教最令自己感到滿意而愉悅的經驗，更是讓我個人在知識上有著最多收穫，一些想法都是透過讀書會才逐漸成形。

前面提過，我在台大社會學系任教的最後一個學期，決定嘗試把自己過去累積有關社會理論的一些想法在課堂裡講出來，我也做了。那時，有些想法還只是雛形，沒有明確的見解，但是我知道，這些是整個西方現代社會理論的核心概念，也是基本的議題，下一代社會學科領域的學者需要有所瞭解，才能掌握自已從西方所學到的知識到底有怎樣的特質與侷限，進而從中走出自己的路。於是，我嘗試以此一讀書會為基地，有系統地閱讀相關的重要文獻，讓下一代學者有機會接觸這些核心思想。

在今天台灣大學學院的社會學科正式課程裡，我們有比較多的機會接觸到古典社會理論大師（如馬克斯．韋伯、涂爾幹與齊美爾）的思想。對二十世紀（尤其一九四、五〇年代）以後的，我們比較有機會接觸的也寬廣了許多，舉凡英、美、德、法的主要理論，甚至所謂的後現代主義的思想，基本上都有機會接觸到，但是，唯獨我所稱之以勒菲伏爾為領航人的法國日常生活學派的思想，討論的並不多。

接續在前面已提過的一些說法，在這兒所指的法國日常生活學派，除了勒菲伏爾之外，至少包含代表一九三〇年代之「社會學院」（College of Sociology）的巴塔耶、代表興起於一九五〇年代後期之「國際情境主義」的德波以及後來的馬費索利（Michel Maffesoli）。尤其，勒菲伏爾是討論後現代性最重要思想家布希亞的博士論文指導教授，思想上的傳襲有著密不可分的關係，無論就法國社會思想或文化馬克思主義而言，都可說是一位承先啟後的重要人物，我個人認為，是瞭解當代西方社會思想不能或缺的一位思想家。啟後就不說了，勒菲伏爾結合代表著超現實主義（Surrealism）的布荷東，影響了巴塔耶、德波與布希亞等人自不在話下。就承先而言，勒菲伏爾一方面承接了代表法國社會與人類學傳統之涂爾幹與牟斯的思想，另一方面又接續了自盧卡奇與葛蘭西以降之文化馬克思主義所關心的議題。因此，在承先啟後的轉折上，勒菲伏爾扮演極為關鍵的角色，是認識「後現代性」不能忽視的一位思想家。

就在這樣的基本認知下，我決定讀書會的閱讀就從法國日常生活學派的重要作品開始，勒菲伏爾的作品當然就成為首選了，我特別選《現代世界中的日常生活》（*Everyday Life in the Modern World*），而沒選三卷之多的《日常生活的批判》（*Critique of Everyday Life*），很明顯是基於篇幅的精簡考慮，況且，《現代世界中的日常生活》一書大致上已足以表達勒菲伏爾的基本思想與其所關心的議題了，更也足以讓大家體會到處於消費導向之後現代社會中之當代人的基本問題，可以作為往後閱讀布希亞作品的知識基礎。

就西方的知識典範來看，哲學是不能不觀照的一個層面，這是認識整個知識典範（不管是自然科學或社會學科）的根本基礎。哲學作為一種學問，自然是社會的產物，有特定的思維和感知模式，反映了一定的歷史－文化背景。古希臘之柏拉圖的思想一直是主導整個西方哲學思維的基調，經過十七世紀的笛卡兒（René Descartes）主體哲學的加持，奠定了今天西方人所認知之哲學的基本內容。在漫長的發展過程中，尼采可說是一個異數，意圖顛覆整個西方的哲學傳統，帶來一個嶄新的哲學典範，尤其相當程度與整個後現代性所展現的體質呼應。就此，我一直深信，尼采的思想對未來社會思想的發展有著舉足輕重的地位，需要瞭解學習，更需要討論，而這正是我決定在讀書會接著閱讀尼采作品的緣由。

四年下來，讀書會的成員進進出出，但還是有些是一開始就參加的成員，他們相當有恆心地閱讀，令人感佩。如今，這個讀書會已成為跨校的組織，成員似乎已經穩定下來，我希望能夠從中培養出未來能在台灣社會思想界居有一席地位的學者，這是我畢生的願望。

社會學界應自我批判

一九八〇年代我曾在《自由時報》副刊發表一篇文章〈人人都是社會學家〉，表達我作為一個「社會學家」的基本立場。對我來說，作為一個社會學家，尤其是大學裡的一名社會學教授，是一種向既有專業分工之職業結構屈從的作為，可以說是因緣方便的選擇，如此而已。我從來就沒有像許多專業人士一般，一股腦地往自己從事的專業認同，開口「社會學」，閉口「社會學」，把這門學問看成是生命的全部，彷彿把自己賣給它似的。我所以這麼說，並非蔑視應有的專業倫理，或不尊重學術作為一種志業的高尚情操，而是把自己是一個活生生的人作為優先前提來看待自己。也就是說，作為大學裡的社會學教授是此生因緣際會而來的扮演角色，該如何做是以「我是一個人」為前提來考量，而不是單純以學院內既成的慣性期望來看待自己。

再說，活在這個世界裡，幾乎沒有任何人可以讓自己完全孤立於人群之外而生活著，而且，除非是心智異常，我們也無法完全漠視日常生活裡人與人互動所發生的種種，每個人都有自己的社會經驗，因此都有一套為自己塑成的社會觀。對於社會是什麼，應該怎樣為人處世，人們都有自己一套琅琅上口的說法，也都有自己信以為真、並奉為準則的行事理法，可說人人都是社會學家。

若是如此，那麼，專業的社會學家（特別大學裡的社會學教授）又有什麼不同的地方，值得特別尊重？畢竟，這與醫生、律師或工程師等等不一樣，至少他們具有的專業知識是一般人不懂、且又有特別需要尊重的實用價值，經常是人們應對日常生活時所不能或缺的。說得誇張一點，就實用濟世的角度來說，正像許多所謂的「某某家」（如哲學家、人類學家、歷史學家等等）一樣，社會學家可以說是「多餘的」，頂多是其意見顯得帶點智慧，可以豐富人們的感覺，對為人行事具有參考價值。因此，社會學家倒比較像「藝術家」一般，它的存在，基本上是時代變遷下因緣際會所帶出來的歷史產物。說多，不多；說少，不少；可有可無的。

準此立場，我認為，除了把「社會學家」視為養家活口的一種權宜職業之外，我們應當對它有著更深刻的期待，簡單地說，這個期待涉及即是社會責任的問題。也就是說，對任何自認是社會學家的人來說，都應當問自己「如何扮演好角色」的責任倫理問題，而這個角色扮演的倫理問題，必須回到自己所身處之「在地」的歷史處境來予以審視。我從出道在大學傳授社會學知識以來，始終就是以這樣的立場來為自己的職業角色定位，也以此期待著台灣社會學的發展。

西方的社會學傳統最令人讚賞的特色，莫過於強調批判和反省，這與其誕生的歷史背景有關。自十八、十九世紀之交以來，工業革命與法國大革命使得整個歐洲面臨劇變，社會處於動盪不安的狀態之中，知識份子（如聖西蒙〔Saint Simon〕）與孔德〔Auguste Comte〕）認為需要認真瞭解一下社會到底是什麼，社會學乃因運而生。因此，社會學從一開始就是因應著人們感到需要瞭解自身之社會而生的學問，批判和反省順理成章地成為治學背後的基本心理動力，最為典型的莫過於馬克思的社會思想。當然，因為國情的不同，這樣的批判與反省的要求有著程度與強調重點的不同。就美國社會學來講，在古德納的眼中，體現在帕森斯的結構功能論與高夫曼的象徵互動論，就被認定是一種缺乏批判與反思力道的「安於現狀」（status quo）社會學。尤其，經過福利社會的推動與強調經驗實徵研究之實證主義的加持，這樣的社會學認知取向更形加深，使得社會學基本上即是為既有政治經濟建制服務。

巴森（Jacques Barzum）在《從黎明到衰頹——五百年來的西方文化生活》一書中即指出，在進入一八八〇與九〇年代的美國社會裡，專門化科學的旗幟到處飄揚，大隊侵入學院的門牆，唯我獨尊，自稱唯有它才配稱為知識。巴森更做了進一步的闡明：

誠然，科學家並未刻意出兵殺傷人文學者，後者的傷口其實是自殘所致：因希望能與科學抗衡，讓人文學也能變成科學，人文學界遂在這種心理下放棄了自家與生俱來的知識權，開始教起學子使用瑣屑的學術方法，人文學的底蘊因此變了本性，其價值也開始面目模糊。「研究調查」這個字眼，誤導了人文學者，使他們把精力都用在挖掘與研究主題「相關」的事實，卻忘記回到主題「本身」。

依我個人的理解，巴森所說的這個主題本身，指的應當是具有歷史與文化意義的人文關懷。難怪他進而說道：「校園這一端文科教授的愚行，無須由另一端的理工科同事負起責任，一八九〇年代的人文學者對科學又懼又羨，根本是一種無稽心理。」但是，令人感到遺憾的是，這種無稽心理卻一直無法揮抹掉，反而更加地把整個人文學界的牢籠形塑起來。我們的社會學家絕大多數是留學美國，深受巴森所指出之美國社會學的文化風格影響，自是不意外。即使沒有機會留學讓自己親身浸潤於美國社會學風範者，也因美國社會學典範成為世界霸權而間接受到影響。

當然，在一九七〇年代以後，美國社會學漸漸受到歐洲（特別歐陸）社會學（馬克思主義與批判社會學）的影響，批判與反省風氣日開，是時留學美國的台灣社會學家，自然也跟著受到影響。在一九八〇年代以後，無論政治、經濟或文化的面向，台灣社會都處於風雲變色的狀態，社會裡思變而謀變的力量日益加大。在這樣的氛圍之下，社會學家與受到社會學薰陶的學生自是不會讓自己身處其外的。與其他相關學門的教授和學生相較，他們確實是有著更多的人以各種方式參與社會（與學生）運動，表現出具批判與反省風格的社會實踐行動，這當然應當予以肯定。

除了極少數因為個人特殊學術興趣的緣故之外，研究在地化可以說是社會學家學術生涯的宿命，尤其是從事經驗實徵研究者為最。也就是說，社會學家研究的絕大多數是在地的社會現象。因此，假若批判始終是伴隨著社會學研究而來的話，那麼台灣社會學家對自己的社會，基本上並不缺乏批判精神。然而，關鍵不在於有沒有發揮批判精神，而是如何發揮的問題，這恰恰是整個台灣社會學知識的經營最值得關心的課題。

對身處全球知識體系之邊陲（或半邊陲）地帶的台灣社會學，批判反省有雙重的指涉。首先，它當然是指涉對在地的社會現象是否展現了力道，這點我已說過，台灣社會學家基本上是做到了。然而，這樣之在地研究的批判反省化並不足以涵蓋批判反省對象的全部，批判反省應當有更深層的指向，即對整個社會學知識的來源，不管是美國、英國或歐陸地區，我們是否一樣懷著批判反省的慣性，這點，我個人認為，台灣社會學家沒有盡到力，甚至完全沒做到。

說得白一點，今天許多台灣社會學家還是亦步亦趨地跟著西方（特別美國）社會學的發展潮流走著，他們流行什麼理論或概念，就被認為是最前衛的，立刻借來作為分析台灣社會的道具。這樣的作為或許是長期以來所有邊陲世界之學者的共有慣性反應，但是，如此作為卻有一種邊際效應：既可以進行「文化間的比較」，以台灣所呈現的現象，提供給西方主流社會學實徵性的對照資料，更重要的是，可以有優勢機會與西方主流社會學對話，擠入國際學術界，而這經常即被美名為「國際化」。「摸蛤兼洗褲」，一舉兩得，何樂不為？

對我個人來說，把話說到極端點，就非西方劣勢學術社群而言，進行「文化間的比較」其實就是完全的投降，因為勢必是以西方優勢學術社群的主流概念與論述架構作為座架來進行「比較」，無論在概念或論述架構的決定上，一開始就完全向西方傾斜，毫無另類選擇的空間，不是嗎？大多數的社會學家都忘了，任何的社會學知識都是社會的產物，必然受到特定的歷史—文化條件所制約，有特殊的問題意識、感知模式、價值期待和化解慣性等等。在學習西方的知識時，這些都是我們不能須臾忽略的，但事實上，絕大部分的台灣社會學家是漠視了。

當然，我深刻意識到，從十九世紀中葉以降，西方優勢文化（特別是體現在「現代性」概念當中）排山倒海般向非西方世界傾瀉，發展至今，產生了以西方「現代性」為主調所經營起來的全球化現象。結果，我們被納入西方的歷史發展潮流裡，分享了西方「現代化」的成果，以至於西方社會學知識系統裡的許多概念（乃至論述架構）被使用在非西方社會裡，很難說完全不可行。

儘管這樣帶著歷史宿命的情形無以逃脫，但是倘若我們完全無視於任何知識系統背後所具有的特殊歷史—文化質性，那麼，我們則又相當容易被西方既有的社會學論述典範牽著鼻子走而不自知，所做的研究，甚至盡是一些被「異化」的虛擬研究，寫些言不及義的論文，對現實的在地社會可能毫不相關，更遑論有什麼具體貢獻。有的話，或許，盡是一些順著西方知識典範依樣畫葫蘆而形塑的「客觀科學」知識，被當成「真理」來供奉景仰著，這可以說是一種現代化的「咒語」，有著催眠陶醉效果。

美國學者賈可比（Russell Jacoby）於一九八二年出版了《最後的知識份子》（*The Last Intellectuals*）討論美國的知識份子。他在書中指出，自詡為馬克思主義的美國社會學家，並不像過去的西歐左派學者投入實際的社會實踐行動（甚至投身革命），而是置身於大社會之外，只在學院裡高談闊論，相互辯詰。他們看重的是在「美國社會學會」這個專業組織裡自設了一個諸如「馬克思主義學派」這樣的一個委員會，然後，大家在這個組織裡互批或互捧論文，評比彼此之間在學問上的高低，或相互取暖。於是，原本帶有濃厚入世實踐的批判論述，被鎖在學院裡頭，成為學者的腦力遊戲，基本上與實際的美國社會無關，批判成為只是一種名義而已。

其實，回顧美國的社會學界，深鎖在學院裡成為學者自我陶醉的腦力遊戲的，何止馬克思主義者？難怪，社會學者李策（George Ritzer）詬病美國社會學者沒有認真擔負起社會責任，他因而鞭策自己撰寫《社會的麥當勞化》（*The McDonaldizaton of Society*）一書來分析美國社會，作為社會學者以論述實際貢獻社會。

平心而論，這段時間以來，台灣社會學者不是不關心社會，只把自己深鎖在學院裡頭。譬如，對外勞、外籍新娘、基層勞工、社會運動，乃至全民健康保險等等的研究，都有一定的社會現實感存在著。假若台灣社會學者的研究與這個社會是疏離著，那是因為對社會學知識本身的批判反思相對淺薄，一味向西方的主流社會學論述看齊，以至於經常無法妥貼掌握一般台灣庶民的日常生活脈動與生命感受，寫出來的東西甚至與庶民的日常生活經驗脫節，搭不上邊，缺乏現實感。在這樣情況下經營起來的社會學知識，顯得和這個社會無關，成為只是美國社會學知識典範的卵翼，引不起親切感應。這一切所以如此的根本，在於社會學者對自己的社會缺乏足以令自己感動的心理感應觸媒，也缺乏足以創造明智體認的能力基礎。

尤其，這些年來，政府以「追求卓越」為名，透過政策來鞭策大學提昇水準，但卻帶來必須付出更大代價的後遺症——產生了一種柔性的中央集權形式，對學術界的管控愈加細膩、綿密。首先，在既有的權力與資源分配階序結構下，無疑使得學院主流思維更加得以霸權型態強化既有的優勢，以集團的方式壟斷資源的情形勢必更加嚴重。提出以諸如ＳＣＩ、ＳＳＣＩ或ＴＳＳＣＩ等等作為指標來評比學者的表現，甚至決定資源分配，就是最好的例子，結果，知識的經營，下者成為只是個人謀取生存的道具，上者則是獲得權力與資源的保證。至於什麼才叫有價值的知識，首要的則是向美國的知識典範看齊，獲得他們肯定的就是有價值，美其名為「符合國際學術潮流」。

對於極需要在地實際生命脈動孕育的社會學知識而言，這樣向美國中心知識典範認同所經營起來的知識，頂多只是有了骨架，而且也是片斷的，但卻是沒有血肉的，就算有血有肉，也沒有靈魂，變成一個沒有個性、也與在地疏離的一套碎片化的知識，幾乎沒有累積成為自己之學術典範的可能。在這樣的情形下，社會學家對台灣社會的貢獻，遠比一個記者來得少，因為記者的報導至少還能反映真實的社會脈動及社會問題，而且，也不如小說家，至少小說可以透過情節來感動人，也讓人們體會社會的現象與問題。

台灣當然不能忽略全球化、現代化，也必須關心西方，但不能完全跟著優勢的主流思維走，這是台灣社會學界乃至整個學術界最大的問題。尤其在五年五百億卓越大學政策下，社會學的知識經營變成一個被標準化的國力指標中的一環，但社會學對這塊土地有甚麼貢獻呢？我們的子孫要繼續活在這塊土地上，難道社會學界不需要關心嗎？難道社會學界不需要經營更好的社會型態、努力為人類文明創造一個更好的未來嗎？

在諸如SCI、SSCI、TSSCI及追求全球百大等等所謂客觀標準化的操作下，社會學等人文學科背後原本深厚、具有相對高尚的價值，完全屈從於政客主導的庸俗、醜陋的政治意識形態，也為眩惑於「全世界排第幾」的空洞指標所踐踏。然而，一個邊陲或半邊陲社會的學者若無法看透這一點，永遠跟著人家走，就會永遠趕不上人家，因為排名指標是人家訂的，你只能永遠在後追趕。尤其，管控愈加細膩而綿密的柔性中央集權階序形式，對資源分配與學者的生涯命脈具有莫大的決定作用。現階段的學者（尤其所謂頂尖的國立大學）幾乎是人人都感到前途不保，承受著「不發表論文即陣亡」的無比壓力，莫不為了顧及自己的飯碗，依順著體制的要求來「做學問」，而想盡辦法在名列SCI或SSCI上的外國期刊發表論文。在這樣「只為發表而發表」、且講究積點的功績主義主導下，養出了一批善於投機、短線操作的「功利實用」主義者，而且，正因為他們確實是「識時務」，所以常常可以「成俊傑」。因此，他們獲得獎賞、且一再累積，進而成為一方之霸，手中握有生殺大權，可以決定許多人的前程。

我個人深切認為，在台灣學術剛要起步的階段，就出現一種制度使得權力與資源分配定於一尊，是最大的敗筆。對人文社會學科來說，戕害尤其嚴重，因為這樣就扼殺了百家爭鳴的契機，而任何學問發展起步最需要的正是讓百家爭鳴的狀態來做為觸媒，這樣發展出來的學問根柢才可能深厚穩固，也才得以發揚光大。否則，一旦一開始就定於一尊，整個學問被同質化，成為一個自主自衍之圈內人的自我排序定位。這是一種耗盡，也是一灘死水，毫無生機可言，更別說發揮批判反思的精神，遑論要求社會學者以知識份子的身分來為自己的社會角色定位了。

在此，作為一個台灣人，讓我對這個社會的未來簡單地表達一下更廣大的關懷。我一直認為，對於廣義的知識份子來說，也同樣需要這樣的自我反省檢討。台灣的前途何去何從，已面臨非常關鍵的時刻，而核心問題就是台灣和中國的關係，這是知識份子接下來最重要的課題，知識份子一定要有自己的立場，更重要的是，知識份子必須認真思考，希望讓下一代過怎麼樣的生活？希望台灣未來有怎麼樣的社會？

我知道，我在前面的整個論述表現出來的，是帶著濃厚啟蒙色彩的知識份子情懷，是「現代性」的一種表現。對於習慣於一切顯得多元、多變、輕盈、片面、自我繁殖且表面化的後現代人種來說，這樣的生命態度太厚重了，難以承擔，也不願意承擔。他們要的是帶著濃厚戲謔而浪蕩的態度來生活，任何倫理上的重量都是沒有意義的。反之，他們在意的是如米蘭昆德拉所描繪的那種僅有著百萬分之一差異的感覺

（如音響的些微效果差異），因此，不可承受的不是倫理的重，而是感覺上的「輕」。

說真的，對處於這樣之後現代場景的「社會學家」，我們實在不忍心要求什麼知識份子的社會責任或什麼批判反思。對他們，做社會學家，或許只不過有機會把它當成遊戲來耍弄，一切不必太嚴肅、太在意，隨波逐流就夠了，只要感覺到有樂子就可以。我也不反對這樣的生命觀，也不完全否定以這樣的態度來看待社會學，但是，這絕不是我個人所持有的態度。就此，我是落伍了。

末代武士的生命情懷

回顧這一生，我常常想像自己是一個末代武士，而且是邊陲社會的末代武士。我所以有這樣的深刻感受，最主要的原因是身處於一個已不再需要思想的後現代場景裡，而我偏偏獻身於思想工作，這註定是悲劇的下場，活像日本幕府末期的末代武士一般，縱然有高超的武藝，也無用武之地。我所以這麼說，不願說是活錯時代，也不是時不我予。我的意思是，既然活在這樣的時代，我也不敢祈求自己的思想、著作能有什麼影響，只求盡心盡力而已。

我從小就喜歡探究根本的問題，後來踏入學院從事思想性的基礎思考工作，看起來是不意外的。從事思想工作，就如同自然科學中的數學或物理學一樣，都是多數人不想做、不敢做、不願做之事，因為距離現實太遠了，既賺不了錢，也難以成就豐功偉業。讓自己整天沉溺在思考之中，是一項孤獨的活動，對話的對象，除了自己以外，只是無法與你溝通的過去人，而且只能透過閱讀他們的作品，與這些特殊例外的過去人單向溝通著。這樣的經驗告訴我，喜歡從事思考工作的人，理應不是喜歡熱鬧與應酬，與人有著頻繁互動的人，用在我身上似乎是相當適切。

我就是這樣的人，這些年來，我可以好幾天自己一個人獨處，說不上一句話，但卻怡然自得，只要能夠讓自己在腦子裡與那些心儀之思想家的對話。我知道，對一般人，這樣的生活方式是極端枯燥乏味，無聊到極點，但是，對我來說，這是讓自己的腦袋能夠保持清晰剔透的最好時刻。倘若有音樂陪伴著，這更是最享受的時刻，總可以讓自己感到心滿意足。每當此刻，我總覺得自己能夠早早擺脫過去參與社會事務時的忙碌，是值得慶幸的，也是一種幸福，應當感恩。

武士是接受嚴格訓練的，他的成就不只是在於武藝，更重要的在於人格的陶冶，陶冶著永遠是一個特殊而例外的靈魂，而非必然有著豐功偉業之成就大事業的大「人」物。嚴格訓練使得武士的靈魂是自律、忠誠、奉獻、矜持、果敢、信守承諾，有所為有所不為，並且把生與死當成一體的兩面。

日本江戶時期的武士山本常朝（一六五九—一七一九）在《葉隱聞書》中討論到日本武士道，他對武士的生死觀提出了一個令人省思的說法：「所謂武士道，就是看透死亡，於生死兩難之際，要當機立斷，首先選擇死。……死就是目的，這才是武士道中最重要的。」也就是說，武士的德行在於，生的時候，行事要有斷念的果斷，把死當成所以生的一部分，甚至是證成生的一種表現形式，基本上是一個涉及具社會性之關係的「至上」高貴作為（如盡忠、信守諾言）。顯然，對武士而言，死是生的一部分，亦即：有了生，才有死，死乃因生而衍生出來的。一旦死的概念生成，就立即與生的概念產生對反關係，構成生命的整體。這樣的安排最具典型的，莫過於體現在武士極為重視的自裁以及自裁時所彰顯極富神聖性的儀式行為。此時，儀式所意圖展現的可說就是：人的生死是一種由「神」而非「理」決定之具關係性的社會行為，同時，它更是以相互搓揉摩盪（而非互斥對彰並存之替代鬥爭）的方式激發感應的「神情」，並以此為基礎創造存在的意義。對日本傳統武士來說，處理生死正負情愫交融處境的神情是略帶淒涼而悲壯、但卻懷著安詳、自在、寧靜的心情，其所表現的是以死來貫徹生所體現之存在的最終且至高的意義，更是最寶貴、凝聚力最強之生命意志的極致表現，可說是對人的整個存在所呈現之一種極具至高神聖性且富極致美學意涵的實踐藝術。

我提及有關日本武士的生死觀，用意並非單純地在於生與死的糾結問題，也不只是意圖借用日本幕府末期武士的處境作為自己當前境遇的譬喻，而是有著另一層更深刻的涵義。對我來說，從事思想工作，讓我感覺到是一種生命的付託，更是猶如以生與死搓揉交融來淨化靈魂的修養道具，其令人心醉的在於精神神韻的培養。換句話說，思想工作需要的、也希冀達致的是有著一種精神神韻為後盾，讓人能夠感受到生命的抖動。這是一種生命藝術的表現，需要以個性來予以張揚，而這恰恰是實證主義主導下的經驗實徵研究場所闕如的。

回顧所有令人感動的社會思想，我們都可以從思想的描繪中感受到思想家內心所特別存有的一種對（個別或集體）生命的特殊人文關懷。譬如，主導著尼采思想的基本人文精神，就是以人為終極本位的基本態度，這是他所以特別肯定權能意志（will to power）與超克人（overman），也一再強調道德重估的關鍵所在。說得更細緻些，人文的關懷需要特定的神韻來支撐，否則就難以剔透出來。神韻的表現是一種藝術，更是一種倫理，因此必須有信念、有矜持、有決斷、有奉獻等等，而這些正是武士具備的基本質素。說來，這正是我說自己像武士的核心意涵，而這些恰恰又總是與後現代性所內涵的輕盈、易動、浮盪等特質，有著某個程度的扞格。結果，這個時代並不需要厚重而嚴肅的思想經營，因而，自然也就不需要正經八百的武士，它需要的，毋寧是不時有花招、討人喜歡的演員。

我自知一向不喜受到體制的約束，這樣的心性是不適合這個時代的台灣學術界操作風格的。尤其，我把自己的學術研究生涯看成是有關生命的一種洗煉過程，為的不是成就功名利祿，而是生命抖動的感受，因此，自然很難要求自己合乎「行規」來寫作、表達與論述。從消極面來說，為了避免讓自己「受辱」，而從積極面來說，我只在意對知識本身的興趣，不需要節外生枝，所以我早早就不參加國科會的「作文比賽」拿獎金。這麼一來，沒有了牽掛，我可以隨性寫作，也有了十多年的自得其樂，可以充分貫徹我的生命哲學。也正因為我總是順著自己的想法走，成就動機又不強，我的選擇更與既有體制格格不入，儘管從回國任教至今前後將近四十年，我在台灣社會學界的輩分雖高，但不論就學術成就的紀錄、權力的掌握以及學術上的主張來說，我永遠是邊緣人，一個人人可以忽視不計的邊緣人。

對這樣的處境，我沒有任何怨尤，因為我始終認為這是一種幸運。別人沒有機會從事思想工作，很多人一輩子必須拼命賺錢以養活生計，我並不需要如此，還有學校長期付錢讓我成為思想型學者，想我喜歡想的問題，做我喜歡做的事，光是這一點，我就已經非常感激了。能夠不期待名與利，心甘情願用這種生命基調來表達自己，著實夠幸福了。

憑心而論，老天對我相當厚待。我的學術生涯除了一些小挫折，大致上都很順利，老天爺給我那麼好的機會，一回台就當頂尖國立大學的教授，當了以後還有一點名氣，有一陣子常常寫文章演講時，出去外面都不用帶名片，只要一提我是誰，很少不知道的。對世俗的眼光來講，這輩子實在沒什麼好抱怨的。

從我踏入學術界至今，從來沒有拉幫結派，總是獨來獨往，是個不折不扣的獨行俠，這也是從事思想工作者的特點。當然，我也不敢奢望，在台灣的學術環境下，年輕學者會有意願繼承我的思想工作。事實上，單憑我自己三十年的些微努力，就想蔚為具有特色且有發展潛力的學術傳統，那是天方夜譚。況且，西方學術界原本就有淵源流長的深厚學術傳統，加上嶄新的理論論述層出不窮，對台灣學生來講，向中心學術傳統看齊，自然是有著莫大的吸引力，成就感也較顯著。在這樣不利的現實條件下，要學生跟我分享同樣的感應，著實不太可能，我老早就知道命運會是這個樣子，更加不敢期待有什麼學生繼承了。

幸好，我一直把思想工作當成是生活方式，也是生命情調，更是把我的思想與關懷紀錄下來當成一種享受，有沒有人能接棒，畢竟是一種天命，我管不得，也不能在意。這是一個自命為武士之邊陲社會思想工作者命定的下場，我自己早已體認到了。認真一想，這確實也說不上是什麼悲劇，倒可以心安接受。來這個世界，有著這樣的經歷，自己也覺得足夠，沒有什麼更多的期待，也沒有什麼令人難以承受的遺憾！套句已圓寂之廣欽老和尚的話：既然是沒來也沒去，何來遺憾之有？

這一生我曾經貧窮過，窮到隔天吃飯的錢在哪兒都不知道，也曾經向親戚求援紓困而不得，望著夕陽悻悻然地拖著絕望的身子走在繁華的街道上，在人海中感到茫茫然，不知如何是好。但是，這些痛苦的經歷卻沒使得我特別看重金錢，更是從沒想過要賺大錢。雖然這一輩子沒有什麼大錢，甚至也沒有積蓄，但是，總是在有足夠的金錢使用的情況下度過。這，我已感到十分滿足，總認為是上蒼的垂憐與恩典。

范登布洛克（Goldian Vanden Broeck）在《少即是多》中說過這麼一句話：「自願的貧窮是財富的延伸，是深刻理解財富之道。」十九世紀美國的梭羅（Henry D. Thoreau）也曾說過：「唯有從所謂自願的貧窮此一至高點來看，才能對人生風景作全面而睿智的關照。」這些說法我都深以為然，而我始終就是學習以簡樸作為基本的生命態度，這讓我更能感受到生命的抖動，因為只要稍微有了一點就足以令自己感動，心滿意足。希薄德（Robert Theobald）不就這麼說過：「富足是一種心態，一種處世哲學。人類所能生產的永遠比所能用的要少；富足意指接受合理的生活水準。」因此，真正富裕的人永遠是不會不斷需索的人。這麼一來，我想我這一輩子是富裕的，而這並不是因為我的德性高超，純然是心性使然。

我並沒有那麼偉大！不像尼采可以那麼自豪著。

附錄

臨別前的告白

（葉啟政台大社會系退休感言，二〇〇七年六月）

人生的旅途中，有著許多的偶然，有的偶然是純粹的機遇，一過，就雲消霧散，消失無蹤，人們也遺忘掉了。然而，有的偶然卻是一種機緣，留住，甚至影響左右著人們的一輩子。三十年前到這個學系任職，就是這樣的一種機緣在偶然之間促成的。這既不是我原先規劃的，更不是我以高度的意志努力爭取來的，純然是在因緣際會的安排下順著情勢進來，況且，當時幾乎已決定遠赴新加坡大學任教了。

除了在政大民族社會學系任教過兩年之外，這個學系可以說是我整個人生生涯的唯一託身處。三十年的緣份牽引著，若說沒有一絲情感的投入、或某個程度的期待，那是矯情，不實在。然而，我倒也深深體認到，再多的情感牽掛、期待、甚至懷著強烈的使命感來投入，並不就會因此黏沾不去。歲月總是像洗淨力強勁的清潔劑一般，一潑上，再是濃稠的黏沾都會立刻去除得乾乾淨淨的。說真的，再過十幾、二十年後回首一看，年輕一代的，還有誰記得你與我。人生原本就是既有「來」，就得有「去」；時光總是留不住，也抓不著。只不過，驀然回首，還是不免驚訝：沒想到，該去的時候竟然已經到了！為這，縱然不願承認有著遺憾、眷念、或難捨，但是，感慨總是難免的。

理智地來看，到了這個年紀，歲月總是讓我學習到，必須懂得接受命運的安排，過去縱非平靜到來，如今卻得是平靜離去。一切耀目、絢爛、煦麗的過去，假若有的話，也得藉著今天大家為我安排的這樣一個具惜別象徵意義的盛會，把它恭迎送走，讓原先的空無留白歸位。

在歷史洪流裡，不論就時間與空間來說，我只不過是滄海一粟，或說是一顆小水珠而已。這絕不是矯情或謙虛之詞，因為，就現實機率來說，我相信，在座諸位中的絕大多數也像我一樣，都只是一顆小水珠。只是，對我自己，我不修飾地說出了這樣一個既成的事實，而對著各位，則是不得體地指陳著一項極可能體現之「殘酷」的機率事實，雖然發生的時間是在未來。

我這顆小水珠，或許，過去，在太陽照射下，曾經顯得有點晶瑩，也放射出一點光彩，但是，總是不夠剔透，既光耀不了整條河川，甚至，縱然只是一個小小的水域，也無以熒炙，更別說有著創造歷史的壯舉或鴻志了。然而，或許，正因為是一顆輕輕附著在岸邊草叢中的小水珠，它不用擔心被整個時代的洪流吞食。它的微小與安身的位置，讓時代的洪流遺忘掉它的存在，這倒令它隨時可以保護住自己，安然渡過三十載。

擺在學術領域來說，這樣的自我表白，毋寧地是對著韋伯所說之學術做為志業的說法的一種另類詮釋，也是一種另類的對話。在我所理解的架構裡，學術做為志業的說法，乃是企圖讓大學教授對其生涯的期待走出無奈而流俗地向體制無條件屈服之「職業」角色所設定的慣性，而有著更深厚根植之文化性的自我期許與肯定。按照韋伯的意思，這是一種倫理性的說法，有著恢宏的心志意圖與心理期待，然而，卻別透出一種謙虛的態度，因為他並不強調大學教授一向自許之作為知識分子的強烈「使命感」，甚至對它還是質疑著。依我個人的見解，以去除「使命感」、或謂以對「使命感」質疑的態度來確立學術倫理觀，基本上是強調具自我反思與自我節制的戒慎修養態度，是一種美學的轉折表現，於是乎，倫理與美學產生了交集。在今天這樣一個如麥金泰爾（Alasdair MacIntyre）在其著《德行之後》中所意圖指出的倫理被個體化的時代裡，這樣的交集無疑地有著更為特殊的意義。對我個人而言，三十年來，這樣企圖在倫理與美學之間謀求某種的統一，更是一再實驗、也是嘗試證成的生命目標。

這也就是說，三十年來，我一直對自己所扮演之職業角色調整著自我期許的方向。已經有一段相當的時間，在態度上，我已是相當堅定地認為，不能以學術作為一種企圖創造歷史與改變社會之「使命感」職志的恢宏期待來看待自己在大學教書、寫作的工作。沒錯，承擔創造與改變時代的使命感，一向即是知識分子宣揚、也是肯定自己之社會角色的重要自我期許。然而，我總認為，處在這樣一個一切價值被懸擱而個體性高度膨脹的所謂「後現代」的歷史場景裡，這樣的期許，當然依舊令人感到偉大，也應當給予以尊敬，但是，我總覺得太過沉重，尤其，它有著一不小心就會造孽的風險，自認難以擔當。

對我個人來說，作為大學教授，尤其，處理有關人文與社會現象的教授，過多的知識分子的自我期許，就像韋伯在〈學術作為一種志業〉一文中對當時德國學者利用講堂來宣揚特定政治主張所意圖表達的，縱然其意圖是深具良意的，但是，在知識的傳遞過程中，對純潔白淨的下一代，容易產生危險的僭越影響。基本上，這容易冒失地扞格到「嚴守分際而不具煽動蠱惑作用」的基本倫理要求。三十年來，我一直以此引以為戒，期盼自己能夠克盡良知地把自己所知的知識忠實地傳遞給下一代，而不至於誤導。當然，我沒有把握我自己是否真正做到了，不過，卻是小心翼翼地努力過。再說，作為一個教員，尤其是在大學任教的教員，我更是把這份工作當成是進行著一項藝術創作與表演來經營。我一直認為，一個教員就是一個演員，一上了講台就像一個演員上了舞台一樣，要儘可能的把這齣戲演好。對演員來說，重要的是透過戲碼、演技等等把自己的人生經驗表現出來，讓觀眾能夠分享著感受、開展著想像與醞釀著思想，或者，至少讓他們感動一下而對生命有著進一步的憧憬、啟發與感應。在演戲的過程中，任何以帶著濃郁而厚重的使命感企圖影響、乃至左右著觀眾（甚至其一生），尤其是成就社會的改革，當然是一項偉大的革命事業，只有自稱正統的左派知識分子才做這麼的打算，儘管這或許是西方近代知識傳統最重要、也是最值得尊敬的一個歷史成份。然而，這絕非一個強調美感的演員所必然期望的唯一作為，況且，在絕大部份的現實狀況裡，他也是做不到的。一句話：作為一個演員般的教員，我的自我期許不多、也不大。在我的眼中，戲劇原是屬於美學的，好看，就好了，看了，回味個兩、三天，可以，多了，反而不美，帶來過多的負擔，甚至是一種道德性的罪過。

接著，我要利用這個機會來表達的是，能夠以在大學教書與寫作做為一種職業，對我，毋寧是上蒼恩賜的幸運機緣安排，更是讓我得以有機會細細而安心領略生命脈動的特殊際遇，也有了條件經營一種自己屬意的特殊生命態度與生活方式。在以平民做為歷史主體的時代裡，讓自己能夠享受過去之貴族才有的悠閒生活，當然是一種殊遇。我不避諱地說，選擇這樣的一種自認較為安適的生活方式來安頓自己的生命，正是我所以選擇教書生涯最重要的工具理性考量因素。我求的只是有著可以對日常生活從事一種「閒人」形態之藝術經營的機會。這樣說，或許，褻瀆了大學教授這樣一種職業角色的神聖意涵，更有著知識分子不應當有之自私心的餘慮，但是，長期以來，這卻是我自己真實的感覺，更是對生命確立意義的一種自我定位。對此，我得感謝台灣大學、也感謝整個社會的體制，給了我這樣奢侈的機會，使得我能夠做了三十年的閒人，尤其，做了一些與治國濟世無關的閒事。

話說回來，在此將退休之際，我還是得針對自己作為大學教授的志業倫理，有著深切的反省與交代：簡單說，這三十多年來有沒有辜負了自己的職責，是否誤了人家的子弟。這個自我提問，反省起來，太大了，恐怕還是留給在座諸位來評斷比較適當，在此，我就不再自我坦白、檢討與批判了。但是，在此臨別的時刻，至少對台灣大學社會學系歷屆的學生來說，有一件事我倒是不能不自我坦白、自我檢討，這是關於論文指導的事。

在座諸位當中，不少是我曾經教過的學生，有的更是所謂「跟我寫論文的」（特別是博士論文），而讓我也因此成為所謂的「指導教授」。對此，三十年下來，我總是一直耿耿於懷，今天，藉此機會，做個表白吧！首先，我要說的是，很坦白地說，三十年下來，我所謂「指導」過的論文，幾乎沒有一篇（也許只有到台大社會系任教以後掛名指導教授的第一篇論文，也就是陳素櫻的論文是例外）是我真正用上了自己己修得的功力來「指導」的，因為我沒有這個能力，論文的內容總是超出我自己自認能夠有信心掌握的知識所及的範圍。在這樣的情況下，我所扮演的角色，基本上只是負責改改辭句與學生不小心寫下的錯別字，頂多，提供一點不痛不癢的小意見而已。若說這是放牛吃草，讓學生自行摸索，應當是不為過的。我甚明白，這樣的作為是相當不負責，乃有違背學術倫理之虞，但是，三十年來，我總是一再地被學生的興趣牽著走，絲毫沒有改善與自我糾正的實際作為。對此，我不只深以為遺憾，而且，也甚感愧疚。說真的，我不是不想改善，更不是沒有自我檢討，只是，現實的情況，特別是所謂具「結構」性的客觀條件，總是令我不得不如此的因循下去。這個「結構」性的基本條件是甚麼？今天，我想借這個機會，做點說明，但絕不是自我脫罪。

或許，今天的台灣不能再自稱是一個邊陲社會了，特別就經濟的角度來看，但是，就學術發展而言，我一直認為，我們還是一直讓自己處於邊陲的地帶，幾乎絲毫沒有力圖突破的跡象。大批學生留洋唸學位，自不用細說，留在國內唸書的，所修習、熟悉、關心、感興趣的，也幾乎完全是西方的，不管它是來自美國、英國、或者歐陸。這樣的情形，三十年下來，基本上，並沒有明顯的改變，事實上，也沒有改變的有利條件。我們的學生與老師們談的與想的，依舊是一面倒地向著西方社會學的學術風潮傾斜、移轉，只是，由結構功能論相繼地變成韋伯研究、馬克思主義、世界體系論、批判理論、年鑑學派、結構主義、後結構主義、文化研究、而至後現代主義與後殖民主義等等。或者，由統計量化的實證研究而至形形色色的所謂「質化」研究、網絡分析、制度分析等等。林林總總的改變之中，卻有一樣是不變的，那就是一切緊跟著西方流行的主流學風走。話說回來，對邊陲社會的學者來說，能夠緊跟著西方的潮流走，還算是上進、跟上「潮流」的「前進」作為的，不是嗎？

不過，再怎麼說，在這樣的學術潮流的推動下，我們的學術研究成果既無法有效累積，自然更沒有蔚成傳統的可能。顯而易見的，一旦一個學術體本身所經營出來的知識既無累積、且絲毫沒有形塑傳統之跡象的話，它自然說不上有何吸引人需要特別予以注意的道理。情形淪落至此，說來，都是幾十年下來之所有為師者的責任，錯不在於學生。相反的，在此情況下，西方具龐大、悠遠、細緻之傳統、且不時有所自我批判與創新的優勢知識體系，對我們的學生（尤其，好學敏思的學生），自然有著無比的吸引力，他們因此選擇與西方學者的思想或研究議題對話，自然也就可以理解與預期了。

總而言之，在我所經歷的歲月裡，三十多年來，台灣社會學的研究基本上沒有明顯之具有蔚成獨特知識傳統的累積成果，始終是處於「開創」期的階段。在我的觀念裡，對一個處於「開創」階段的學術領域，作為老師的，只是扮演著「過河卒子」的角色，基本任務乃在於鼓勵學生有著多元的領域發展、深厚紮實的學術底蘊，尤其是對居優勢之西方學術傳統有著一定深度與廣度的認識。就在這樣的認知基礎上，三十年下來，對學生的論文寫作，我也就一直扮演著簽字「背書」的角色。說真的，我並不喜歡這樣的角色，也深以這樣的作為而惴惴乎，然而，現實上，我卻一直就這麼被牽引做著。不過，有一點我卻是相當受用的，那就是：從你們學生身上，我學了許多，這還得感謝在座諸位的。話說到此，我以為，經過三十多年來的發展，特別是自我反省，台灣的社會學界已慢慢有條件可以走出與西方學術亦步亦趨的現象，而走出自己的路子，在此，我以此勉勵在座諸位。這是我作為社會學者一輩子的心願，期盼在座年輕一代的諸位能夠代我完成。

在過去的歲月裡，特別是透過台大社會學系這樣一個場域所賜予的緣份，我與在座諸位中的絕大多數，在生命旅程中有著交集，而讓我們分享著一些共同記憶，也經營出一些令人感受的情愫。儘管，這樣的情愫未必是如涂爾幹所說那在嘉年華會時人們所分享的「亢奮」樣態，也未必讓我們凝聚成為某種的特殊集體意識，然而，這樣既親近又遙遠、既曖昧、含糊、卻又彷彿實在的情愫，無疑是讓我們大家今天聚在一齊的基礎，至少是進行今天這樣一個具儀式意味之集體行為的基礎。當然，我明白，在今天這樣一個時代裡，渴求大家有著強烈的感應情愫，形塑著部落心理，是遠離著時代的氛圍，我個人不敢奢求，也不認為是需要的。但是，能夠看到大家集聚一堂，有的甚至是遠從外地專程而來，其中，某種的情感激素發酵著，應當是至為關鍵的因素。說來，這令我個人深深感動的深層心理構造，絕對不是資本主義體制所開展出來的社會理路。毋寧的，它是牟斯所強調人類在生命歷程中體現人與人互動過程之最原始、純真、不經修飾、值得珍惜的情愫。借用齊美爾的說法，就是所謂的「社交性」。不過，我寧願使用牟斯的概念，說這是大家賜給我的一份珍貴而神聖的「禮物」。對大家這份的情誼，我萬分感謝，我會嘗試慢慢、細細而認真地去體會，在我往後的人生餘年中，它將會一直保留在我的感情記憶裡頭，是我生命旅程中最值得珍惜而彌貴的一個部份。

在此，讓我引用一些前人的詩句，來表達我此刻的心境與處境。十八世紀的德國詩人席勒曾經寫過的一句話。他說：青年人揚起千帆航行在大海之上；老年人則乘著破船駛回海港。是的，從此，我將把這艘破船駛回港口，改搭著車回家，因為這該是休息的時候了。印度的泰戈爾在《頌歌集》中也曾寫下這樣的詩句：白日已盡，鳥兒不再歌唱，風已疲於飄颺，拉下那黑暗的厚幕，覆蓋在我的身上，就像在薄暮時用睡眠的柔衾裹住了大地，輕輕闔上那垂蓮的花瓣。……在這疲憊的夜裡，不須掙扎，把自己交給睡眠吧！也將自己的信賴寄託在上帝的身上。

是的，任何人都抗拒不了大自然的韻律：人老了，沒有令人興奮、憧憬的希望和期待，有的，頂多只有對過去的種種實現作為來個總盤點，並且劃上休止符，如此而已。

最後，讓我引用阿根廷的詩人波赫士（Jorge Lius Borges）的詩《雲團》中的片段來充當為自己在台大任教三十年的總結。詩文是這麼寫著的：

沒有甚麼東西不是過眼的煙雲。
就連大教堂也逃脫不了這樣的命運，
巨大的石頭和玻璃窗上的《聖經》故事，
到頭來都將被時光消磨殆盡。
《奧狄賽》也如不停變幻的大海，
每次翻開都會發現某些不同。

你的容顏在鏡子裡已經變了樣，
時光好似一座謎團密佈的迷宮。
我們全都不過是匆匆的過客，
在西天消散的濃密雲團，
就是我們最為真切的寫照。
玫瑰不停地變為另一枝玫瑰，
你卻一直只是雲彩、大海、與忘卻，
始終只是自己已失去的那一部分。

一句話：在人生的旅途裡，我永遠只是過客，來去都不需留下痕跡，況且，也未必留得下。對這個大時代的改變，我頂多只是曾經充當過歷史發展進程中的一個過河卒子，是一顆微不足道的踏腳石，期待的不多，只是讓後人踏著走過去，留得了痕跡與否，實非我個人能夠掌握，而事實上，也不應在意。明鏡本無塵，人生也終究是要走完的；再多的，帶不走，也得丟；更少的，卻是留不住，也不值得留。一切總是南柯一夢，有來，就有去；空來，更是空去。「我」終究也不會是我，當然，更不是你或他，一切只有隨緣，緣來緣去，一念之間，不好執著，甚至也不好拿捏。或許，這是人世間唯一可以肯定的普遍社會定律，不是嗎？

國家圖書館出版品預行編目（CIP）資料

彳亍躓頓七十年：恰似末代武士的一生 /

葉啟政口述何榮幸執筆. -- 初版. -- 臺北市：遠流, 2013.11

面；　公分. --（綠蠹魚叢書；YLC83）

ISBN 978-957-32-7304-2（平裝）

1.葉啟政　2.臺灣傳記　3.社會學家

783.3886　102020946

綠蠹魚叢書 YLC83

彳亍躓頓七十年：
恰似末代武士的一生

口述／葉啟政
執筆／何榮幸
主編／吳家恆
校對／葉啟政 何榮幸 傅士哲
編輯協力／郭昭君

出版五部總監／林建興
發行人／王榮文
出版發行／遠流出版事業股份有限公司
地址：臺北市南昌路二段 81 號 6 樓
電話：（02） 2392-6899
傳真：（02） 2392-6658
郵撥：0189456-1

著作權顧問／蕭雄淋律師
法律顧問／董安丹律師
排版／中原造像股份有限公司
2013 年 11 月 1 日 初版一刷
行政院新聞局局版臺業字第 1295 號
新台幣售價 280 元 （缺頁或破損的書， 請寄回更換）

ISBN 978-957-32-7304-2

遠流博識網 http://www.ylib.com
E-mail: ylib @ yuanliou.ylib.com.tw